W0175749

Werner Lips
Kvarner Bucht

„Das Kvarner Land ist eine Verbindung von Genüssen,
von denen viele nicht wissen,
dass sie miteinander harmonieren können."
(Kroatische Redensart)

Impressum

Werner Lips
Kvarner Bucht

erschienen im
REISE KNOW-HOW Verlag Peter Rump GmbH
Osnabrücker Str. 79, 33649 Bielefeld

© Peter Rump 2009
2., neu bearbeitete und komplett aktualisierte Auflage 2011
Alle Rechte vorbehalten.

Gestaltung
  Umschlag: G. Pawlak, P. Rump (Layout); K. Schmelzer (Realisierung)
  Inhalt: G. Pawlak (Layout); M. Luck (Realisierung)
  Karten: Th. Buri; C. Raisin; der Verlag
  Fotos: der Autor
  Titelfoto: der Autor

Lektorat (Aktualisierung): Katja Schmelzer

Druck und Bindung: Media Print, Paderborn

ISBN 978-3-8317-2048-4
Printed in Germany

Dieses Buch ist erhältlich in jeder Buchhandlung Deutschlands,
der Schweiz, Österreichs, Belgiens und der Niederlande. Bitte
informieren Sie Ihren Buchhändler über folgende Bezugsadressen:
Deutschland
  Prolit GmbH, Postfach 9, D–35461 Fernwald (Annerod)
  sowie alle Barsortimente
Schweiz
  AVA-buch 2000, Postfach, CH–8910 Affoltern
Österreich
  Mohr Morawa Buchvertrieb GmbH, Sulzengasse 2, A–1230 Wien
Niederlande, Belgien
  Willems Adventure, www.willemsadventure.nl

Wer im Buchhandel trotzdem kein Glück hat,
bekommt unsere Bücher auch über unseren
Büchershop im Internet: www.reise-know-how.de

Wir freuen uns über Kritik, Kommentare und Verbesserungsvorschläge,
gern per E-Mail an info@reise-know-how.de.
Alle Informationen in diesem Buch sind vom Autor mit größter Sorgfalt
gesammelt und vom Lektorat des Verlages gewissenhaft bearbeitet und überprüft
worden. Da inhaltliche und sachliche Fehler nicht ausgeschlossen werden können,
erklärt der Verlag, dass alle Angaben im Sinne der Produkthaftung ohne Garantie
erfolgen und dass Verlag wie Autor keinerlei Verantwortung und Haftung für
inhaltliche und sachliche Fehler übernehmen. Die Nennung von Firmen und ihren
Produkten und ihre Reihenfolge sind als Beispiel ohne Wertung gegenüber anderen
anzusehen. Qualitäts- und Quantitätsangaben sind rein subjektive Einschätzungen
des Autors und dienen keinesfalls der Bewerbung von Firmen oder Produkten.

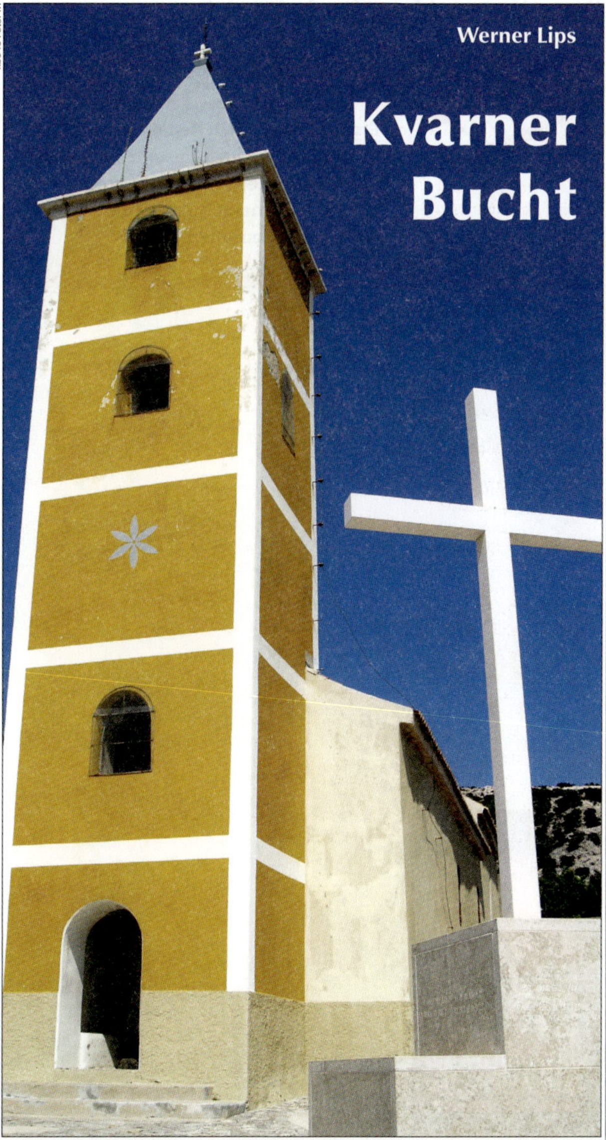

kb048 Foto: wl

REISE KNOW-HOW im Internet

Vorwort

Das „neue" Kroatien, offizieller EU-Beitrittskandidat für das Jahr 2013, verzeichnet eine politische und touristische Erfolgsgeschichte ohnegleichen. Noch am Ende eines unseligen Bürgerkrieges stehend, hatten viele Menschen in den 1990er Jahren in und außerhalb Kroatiens erhebliche Zweifel am Sinn und Nutzen der Eigenstaatlichkeit aus dem zerfallenen Jugoslawien heraus. Hinzu kam eine rechtskonservative Regierung unter *Tudjman,* die mitunter Erinnerungen an das faschistische Ustaša-Regime im Zweiten Weltkrieg hervorrief. Die stetigen Auseinandersetzungen auf dem Balkan (Bosnien, Serbien) taten ein Übriges, um Reisende von der Region fern zu halten. Mit Präsident *Stjepan Mesić* folgte der nationalistischen Tudjman-Administration ein liberaler Freidenker mit Gerechtigkeitssinn und Drang zum Ausgleich mit allen Nachbarn. Er schuf die politischen Voraussetzungen, die das „neue" Kroatien Wirklichkeit werden ließen und das Land auf EU-Kurs führten. Nach ihm steht nun mit *Ivo Josipović* ein Rechtswissenschaftler an der Spitze des Staates, und mit *Jadranka Kosor* als Premierministerin ist zudem seit 2009 eine Regierungschefin im Amt, die resolut gegen politische Korruption vorgeht und so die letzten Hürden für den EU-Beitritt beseitigt. Doch bereits Ende der 1990er Jahre kamen die Touristen trotz der politischen Unruhen. Wie schon im „alten" Jugoslawien erfreute sich die kroatische Küste mit ihren zahlreichen malerischen Buchten, unzähligen Inseln und traumhaften Kleinstädten einer boomenden Beliebtheit, insbesondere im deutschsprachigen Raum.

Dieser Reiseführer soll all denen eine Hilfestellung geben, die – egal ob pauschal oder individuell unterwegs, ob mit eigenem Fahrzeug, Mietwagen oder öffentlichen Verkehrsmitteln – die wundervolle Kvarner Bucht, deren Inseln und das Hinterland bereisen möchten. Er gibt Tipps zur Reisevorbereitung sowie zur Urlaubsgestaltung vor Ort. Eine kurze Landeskunde macht mit Kultur und Geschichte des Gastlandes, mit den Menschen und ihrem Leben vertraut.

Neben der Beschreibung aller lohnenswerten Ziele im Urlaubsgebiet wird im Rahmen dieses Reiseführers einer breiten Interessensvielfalt Rechnung getragen; so finden sich wertvolle Tipps für Segler, Taucher, Wanderer, Biker, Familien mit Kindern, Strandurlauber und und und.

Zum Schluss darf ich noch die außerordentliche Gastfreundschaft der Bewohner der Republik Kroatien hervorheben und allen Reisenden einen interessanten und gelungenen Urlaub wünschen. Gute Reise!

Werner Lips

Hinweise zur Benutzung

In den **„Reisetipps A–Z"** wird allen Fragen, die im Zuge der Reiseplanung und auch vor Ort auftreten, Rechnung getragen. Das Kapitel **„Land und Leute"** führt in Hintergründe, Interessantes und Wissenswertes zum Urlaubsland Kroatien ein. Die Ortsbeschreibungen in den **sechs Regionalkapiteln** schließlich bilden die wichtigste Hilfestellung für den Reisenden vor Ort. Ein kurzes **Glossar** im Anhang hilft mit Kurzbiografien sowie Fachbegriffen aus Geschichte und Kunst. Das ausführliche **Register** enthält alle relevanten Begriffe, die im Buch vorkommen.

Abkürzungen

a/c – Klimaanlage, Air condition
AC – Autocamp (Campingplatz)
AI – All inclusive
DZ bzw. **EZ** – Doppel- bzw. Einzelzimmer
FeWo – Ferienwohnung
TI – Touristeninformation

Inhalt

Reisetipps A–Z

Land und Leute

Die Riviera von Opatija

Inseln Cres und Lošinj

Karten

Auf die passenden Karten/Stadtpläne wird jeweils **in den Kopfzeilen** verwiesen.

Exkurse

Landesüberblick Kroatien

- **Ländername:** Republik Kroatien/*Republika Hrvatska*
- **Klima:** an der Küste maritimes, mildes Mittelmeerklima, sonst Kontinentalklima mit heißen Sommern und kalten Wintern
- **Lage:** mediterraner und mitteleuropäischer Staat mit Landgrenzen zu Slowenien, Ungarn, Serbien, Bosnien-Herzegowina und Montenegro
- **Größe:** 56.542 km² plus 1185 Inseln (davon 67 bewohnt) mit einem Küstenhoheitsgebiet von insgesamt 31.139 km²
- **Hauptstadt:** Zagreb (ca. 790.000 Einwohner, mit Umland 1,25 Mio.)
- **Bevölkerung:** ca. 4,5 Mio., davon ca. 90% Kroaten, 7% Serben, 3% Sonstige
- **Zeitzone:** MEZ und MESZ
- **Reisedokumente:** Personalausweis oder Reisepass, Kinderausweis mit Bild
- **Währung:** Kuna (Kn) (Mai 2011: 1 Euro = 7,35 Kn, 1 Kn = 0,13 Euro; 1 SFr = 5,74 Kn, 1 Kn = 0,17 SFr)
- **Impfvorschriften:** keine, Standardimpfungen nach dem deutschen Impfkalender empfohlen
- **Landessprache:** Kroatisch; Fremdsprachen Deutsch, Englisch, Italienisch
- **Religionen:** 80% römisch-katholisch, 5% serbisch-orthodox, 1% muslimisch
- **Nationaltag:** 30. Mai (Tag der kroatischen Eigenstaatlichkeit)
- **Unabhängigkeit:** Unabhängigkeitserklärung am 25.6.1991; Anerkennung durch Deutschland am 23.12.1991 mit Wirkung zum 15.1.1992, gemeinsam mit der Europäischen Union
- **Staats- und Regierungsform:** parlamentarische Demokratie; Zwei-Kammer-System und starke Stellung des Präsidenten
- **Staatsoberhaupt:** Präsident der Republik, *Ivo Josipović* (seit Februar 2010)

Anmerkungen zur Kvarner Bucht

Überblick   Der Begriff „Kvarner" dient als Sammelbegriff für die **Bucht um Rijeka von Mošćenička Draga bis Novi Vinodolski** mit dem dazugehörigen **Hinterland** bis zur slowenischen Grenze im Nordosten sowie den ebenso interessanten **Inseln Rab, Krk, Cres und Lošinj.** Während die Abgrenzung nach Südosten administrativer Natur ist und unauffällig verläuft, bildet das Čičarija-Gebirge mit dem Učka-Massiv im Westen eine sehr deutliche Barriere zur sich anschließenden Halbinsel Istrien. Die Vielfalt der geografischen Räume bietet dem Besucher eine breite Palette an Eindrücken und Gestaltungsmöglichkeiten für einen Aufenthalt in dieser Region: Die an sich schon sehr unterschiedlichen Inseln sind ein ganz anderes Erlebnis als das über 1500 Meter hohe und faszinierende Bergland um den malerischen Veli Risnjak (1528 m).

Auch kulturhistorisch wird der aufmerksame Beobachter eine Art **„Trennlinie" zwischen Istrien und der Region Kvarner** erkennen: Während Baumeister und Künstler in Istrien vorwiegend aus Italien kamen, warten die Baudenkmäler des Kvarner Landes auffallend häufig mit Namen deutschsprachiger Künstler und Architekten auf. Besonders auffällig ist diese historisch bedingte Tatsache bei den Kirchen.

Tipps für die Wahl des Urlaubsortes

Insel oder Festland?   Zwar wird die Kvarner Bucht als einheitliche administrative Region dargestellt, doch ehe man sich mit der Organisation einer Reise beschäftigt, sollte man die sehr unterschiedlichen Einzelteile vor der Auswahl des Urlaubsstandortes berücksichtigen. Ein grundsätzlicher Faktor ist sicherlich die Frage: Insel oder Festland.

Festland

Auch die Festlandsbucht muss man zweigeteilt betrachten: auf der einen Seite der mondäne **„Flanier-Bereich" westlich von Rijeka** (Riviera von Opatija), auf der anderen Seite der eher stimmungsgeladene **„Action-Bereich" Crikvenica – Novi Vinodolski** sowie – quasi als Mittelpunkt – Rijeka als das eher unattraktive industrielle und verkehrspolitische Zentrum der Region. Oder anders ausgedrückt: Wer das pulsierende Großstadtleben sucht, den zieht es nach Rijeka. Wer nicht unbedingt auf den letzten Euro achten muss, wird sich vielleicht dem gesetzteren Publikum rund um Opatija anschließen wollen, und wer einen „Allzweckküstenort" für das jüngere bis mittlere Alter unter Vermeidung der Inseln bevorzugt, wird am ehesten die Region Crikvenica – Novi Vinodolski favorisieren.

Inseln

Und dann sind da die Inseln, deren jeweils **ziemlich unterschiedlicher Charakter** von den Festlandszonen doch sehr deutlich abweicht. Hierhin zieht es Individualisten vom Segler oder Taucher bis zum Campingfreak, FKK-Anhänger, aber auch Familien, die einfach abseits der lebendigen Festlandsküste die Ruhe und landschaftliche Schönheit der Inseln bevorzugen.

Wer Zeit hat, wird vielleicht **mehrere Inseln besuchen** wollen, vielleicht sogar im Rahmen einer dreiwöchigen Tour alle drei großen Inseln **Cres/Lošinj, Krk** (mit Tagesausflügen auf das Festland per Brücke) und **Rab.** Dies ist auch eine durchaus empfehlenswerte Reihenfolge für „Inselhüpfer": Man kann mit der Autofähre leicht nach Cres/Lošinj, anschließend nach Krk und schließlich von dort auf der jungen Verbindung Valbiska – Lopar (nicht mehr Baška/Krk – Lopar/Rab!) nach Rab übersetzen. Da Krk somit immer „in der Mitte" liegt, macht nur die Reihenfolge Cres – Krk – Rab oder eventuell umgekehrt Sinn.

Für viele Camper ist die Ufernähe entscheidend

Reisetipps A–Z

Anreise

Anreise mit dem Flugzeug

Nach
Rijeka

Als Ziel für die Anreise mit dem Flugzeug zur Kvarner Bucht bietet sich Rijeka an. Verbindungen bestehen u.a. mittwochs von/nach Zagreb *(Croatia Airlines)*, Köln, 5 x wöchentlich *(Air Berlin)*, Stuttgart, 3 x wöchentlich *(Air Berlin)* sowie samstags von/nach Münster/Osnabrück *(Air Berlin)*. Der **Flughafen** von Rijeka liegt übrigens weit außerhalb **auf der Insel Krk** bei Omišalj. Infos unter www.rijeka-airport.hr.

Vom Flughafen nach Rijeka: Abgestimmt auf die Flüge pendelt ein **Bus** der *Fa. Autotrans* (www.autotrans.hr) für 30 Kn vom/zum Flughafen. Abfahrt vom Busbahnhof Rijeka ist ca. 2½ Stunden vor dem geplanten Abflug.

Buchung/
Preise

Grundsätzlich bieten sich für die Buchung alle großen **Online-Anbieter** wie www.expedia.de, www.fluege.de, www.billigflug.de, www.billigflieger.de, www.opodo.de oder www.de.kayak.com an. Am teuersten ist es in der Hauptsaison im Sommerhalbjahr, in der die Preise für Flüge in den Sommerferien im Juli und August besonders hoch sind und über 300 Euro betragen können. Gleiches gilt bei Abflug von internationalen Großflughäfen wie Basel, Hamburg, Frankfurt usw., wo kaum Flüge unter 300 Euro zu haben sind.

Check-in

Nicht vergessen: Ohne einen **gültigen Reisepass oder Personalausweis** kommt man nicht an Bord eines Flugzeuges.

Bei den innereuropäischen Flügen muss man mindestens eine Stunde vor Abflug am Schalter der Airline eingecheckt haben. Viele Airlines neigen zum Überbuchen, d.h., sie buchen mehr Passagiere ein, als Sitze im Flugzeug vorhanden sind, und wer zuletzt kommt, hat dann möglicherweise das Nachsehen.

Bild auf den
Seiten zuvor:
Tauchboot in
der Bucht
von Punat

Das Gepäck

In der Economy-Class darf man in der Regel nur Gepäck **bis zu 20 kg pro Person** einchecken und zusätzlich ein Handgepäck von 5 kg in die Kabine mitnehmen, welches eine bestimmte Größe von 55 x 40 x 23 cm nicht überschreiten darf. In der Business Class sind es meist 30 kg pro Person und zwei Handgepäckstücke, die insgesamt nicht mehr als 12 kg wiegen dürfen. Man sollte sich beim Kauf des Tickets über die Bestimmungen der Fluggesellschaft informieren. **Flüssigkeiten** oder vergleichbare Gegenstände in ähnlicher Konsistenz (z.B. Getränke, Gels, Sprays, Cremes, Shampoos, Zahnpasta, Suppen) dürfen nur in der Höchstmenge von jeweils 0,1 Liter als Handgepäck mit ins Flugzeug genommen werden. Die Flüssigkeiten müssen in einem durchsichtigen, wiederverschließbaren Plastikbeutel transportiert werden, der maximal einen Liter Fassungsvermögen hat. Da sich diese Regelungen ständig ändern, sollte man sich beim Reisebüro oder der Fluggesellschaft nach den derzeit gültigen Regelungen erkundigen.

Aus **Sicherheitsgründen** dürfen Taschenmesser, Nagelfeilen, Nagelscheren, sonstige Scheren und Ähnliches nicht mehr im Handgepäck untergebracht werden. Diese sollte man unbedingt im aufzugebenden Gepäck verstauen, sonst werden diese Gegenstände bei der Sicherheitskontrolle einfach weggeworfen. Darüber hinaus gilt, dass Feuerwerkskörper, leicht entzündliche Gase (in Sprühdosen, Campinggas), entflammbare Stoffe (in Benzinfeuerzeugen, Feuerzeugfüllung) etc. nichts im Passagiergepäck zu suchen haben.

Anreise mit dem Bus

Gute und preiswerte Verbindungen

Von Pauschalreisen abgesehen (Information und Buchung in jedem Reisebüro), gibt es gerade im Bereich des ehemaligen Jugoslawien (alle Nachfolgestaaten, nicht nur Kroatien), auch als Folge der langjährigen Gastarbeitertradition, gute und insbesondere im Vergleich zur Bahn preiswerte Linienbusverbindungen zwischen Deutschland und Kroatien.

Als häufiges Ziel kommt z.B. Rijeka in der Kvarner Bucht in Betracht: eine Rückfahrkarte kostet ab München 87 Euro. Man kommt gegen 3 Uhr nachts an und fährt dann die Küste entlang zu vielen weiteren Zielen. Einzelheiten, Fahrpläne und Buchungen sind bei der *Deutschen Touring GmbH* erhältlich. Auf der Internetseite können Ausgangs- und Zielorte gewählt sowie Fahrzeiten und Preise abgefragt werden:

● **Deutsche Touring GmbH,** Am Römerhof 17, 60486 Frankfurt am Main, Tel. 069-7903-50, Fax 069-7903-219, www.touring.de und www.deutsche-touring.de.

Mitnahme von Reisegepäck

Die Mitnahme von Reisegepäck ist pro Person auf zwei Gepäckstücke in Koffermaßen und ein Handgepäckstück begrenzt. Pro Gepäckstück wird eine Gebühr von 3 Euro beim Einstieg in den Bus erhoben. Als Quittung wird eine Gepäckmarke ausgegeben; das Handgepäck ist frei. Wenn es die Gepäckraumkapazität zulässt, kann nach Ermessen der Fahrer ein drittes Gepäckstück gegen eine Gebühr von 5 Euro mitgenommen werden; es ist daher reine Glückssache, ob man z.B. ein Fahrrad mitnehmen kann oder nicht (ordentlich in Karton verpackt; s.u.).

Wichtig: Die **Rückbestätigung** (Reservierung für die Rückfahrt) muss am Zielort durchgeführt werden, wofür vor Ort eine Gebühr von umgerechnet etwa 3 Euro erhoben wird.

Anreise mit der Bahn

Nach Kroatien

Direkte Verbindungen nach Kroatien bestehen ab Deutschland z.B. ab Frankfurt/Main per Nachtzug um 19.54 Uhr mit Umsteigen in München und Ljubljana und Ankunft in **Rijeka** (Kvarner Bucht) um 8.54 Uhr des Folgetages. Von dort besteht eine regelmäßige Schnellzugverbindung von/nach Za-

kb036 Foto: wl

dar, allerdings dauert diese Expedition insgesamt ca. 24 Stunden und kostet – abgesehen von Liegewagenzuschlägen usw. – über 200 Euro einfach, Teilermäßigungen, wie *Bahncard* nicht berücksichtigt. Der Bahnhof **Split** liegt optimal zwischen Hafen und Altstadt; wer eine Bahntour plant, sollte daher besser zunächst nach Split fahren, dann per Bus bis Zadar oder Rijeka weiterreisen und dann von dort per Bahn zurückfahren. Fahrplanauskünfte erhält man in den Kundencenter der Bahn und online unter http://reiseauskunft.bahn.de.

Anfahrt per Autozug Wer den sommerlichen Autostau Richtung Süden vermeiden will, kann von April bis Oktober auch die Autozugverbindung in Erwägung ziehen. Es bestehen Verbindungen von Berlin-Wannsee, Düsseldorf, Frankfurt (Neu-Isenburg) und Hamburg-Altona nach Triest (Italien). Ab Berlin kann man die Strecke nach Triest je nach Datum und

Spitzendecken und Topflappen werden unterwegs oft angeboten

Buchungszeitpunkt für 230–455 Euro einfache Fahrt mit Pkw und zwei Personen im Liegewagen buchen. Teurer wird's im eigenen Abteil oder im Schlafwagen – allerdings spart man dabei eine Zwischenübernachtung, Benzingeld, Autoverschleiß und Maut ein.

● **DBAutoZug,** www.dbautozug.de,
Tel. 01805-241224 (0,14 Euro/Min.).

Buchung — Man kann **Bahntickets** an jedem größeren Bahnhof direkt kaufen. Es geht aber auch ohne Warteschlangen online oder telefonisch; die Tickets erhält man dann per Post zugeschickt:

● **DB,** www.bahn.de
● **ÖBB,** www.oebb.at
● **SBB,** www.sbb.ch
● **DB NachtZug,** www.nachtzugreise.de

Es gibt bei den Bahngesellschaften regelmäßig attraktive **Angebote.** Damit man keines davon verpasst, kann man bei der DB oder SBB den Newsletter auf der Website abonnieren.

In den Genuss besonderer Ermäßigungen kommen häufig auch die Besitzer einer **Kundenkarte** der Bahngesellschaft (in Deutschland *BahnCard,* in Österreich *VORTEILScard* oder in der Schweiz Halbtax-Abonnenten).

Fahrrad-transport — Hinweis für alle, die ihr Fahrrad mitnehmen wollen: Vielleicht schon in Slowenien, spätestens aber in Kroatien wird der Sportsfreund den heimischen Kartenverkäufer verfluchen, denn es interessiert dort niemanden, was auf der deutschen, daheim gekauften Fahrrad-Fahrkarte steht. Wenn ein Radtransport nicht vorgesehen ist, wird der Drahtesel nicht mitgenommen! Mit anderen Worten: Der Radtransport ist **in Kroatien praktisch nicht möglich!** Es gibt nur wenige Züge mit Sperrgutwaggon, und diese fahren grundsätzlich über Zagreb – eine Anreise nach Rijeka würde also erhebliche Umwege (und Mehrkosten) mit sich bringen.

Es bietet sich im Bedarfsfall daher eher an, die **EMS-Kurier-Post GmbH** mit der Beförderung zu beauftragen: In Verbindung mit der normalen Bahnfahrkarte wird dann für pauschal 25 Euro das Rad zum Bahnhof des Zielortes transportiert. Es muss im Karton verpackt (Lenker quer, Pedale ab; spezielle Radkartons bietet EMS für 5 Euro an) und mit einem Gepäckschein (Bahnhöfe) versehen sein. Spätestens 24 Stunden vor der eigenen Abreise (besser einige Tage vorher) muss EMS unter Tel. 0180-3320520 informiert werden. Das Rad wird von der Haustür abgeholt, man erhält es dann am Bahnhof des Reiseziels wieder.

Anreise mit dem Auto

Drei Routen

Kroatien gehört wie Italien oder Frankreich zu den **„klassischen" Autoreisezielen,** wobei unterschiedliche Routen für die einzelnen Großräume zu beachten sind. Für die Kvarner Bucht stehen seit Fertigstellung der Autobahn-Teilstrecke von Rijeka bis zur slowenischen Grenze nahe Triest (Italien) drei Anfahrtsrouten zur Verfügung:

Tauern- route via Ljubljana/ Slowenien

Die **Haupttransitroute** durch die Alpen führt von München über Salzburg und Villach nach Ljubljana, der Hauptstadt von Slowenien. Dabei passiert man in Österreich die Tauernautobahn und den Karawankentunnel mit der slowenischen Grenze unmittelbar dahinter. Ab Ljubljana gibt es mehrere Möglichkeiten der Weiterreise nach Istrien und zur Kvarner Bucht:

An die **istrische Westküste** fährt man über die Autobahn bis hinter Postojna, von dort geht es auf der Landstraße über Koper und Portorož zum küstennächsten slowenisch-kroatischen Grenzübergang Sečovlje oder zum nahe gelegenen Übergang Kaštel über eine Inlandsstrecke. Von beiden Übergängen erreicht man in wenigen Minuten Savudrija, den nördlichsten istrischen Küstenort, oder die Hauptroute in Richtung Südspitze.

Zentralistrien errreicht man ab Ljubljana und Postojna am besten via Grabovica – Hrastovlje – Sočerga; der kleine Grenzübergang liegt nur wenige Minuten vor Buzet.

Für die **Ostküste Istriens** und zur **Kvarner Bucht** verlässt man bei Postojna die Autobahn und fährt über die „10" zum Grenzübergang Rupa, von wo aus die neue Autobahn (alternativ dazu: Landstraße E 61) nach Opatija bzw. Rijeka führt. Die Fährhafenorte für Cres, Krk und Rab erreicht man dann über die Küstenstraße. Achtung: Diese Hauptroute ist auch die meistbefahrene Route, und tagsüber, sowie an den Sommerwochenenden, fast immer total überlastet!

Tauern-route via Trieste/ Umgehung Sloweniens

Wegen der slowenischen Mautpraxis (s.u.) und dem Autobahnbau rund um Ljubljana (eine zügiger Transit ist derzeit noch nicht sichergestellt) wählen viele Reisende für Nordkroatien **ab dem österreichischen Villach** (noch vor der Karawankenroute rechts der Beschilderung nach Italien/ Udine folgen) alternativ die Autobahnstrecke **über Udine** bis Triest (Autobahnmaut bis Triest knapp 9 Euro). Von dort geht es weiter auf der Landstraße E 61 nach Rijeka. Diese Route ist länger, dafür aber preiswerter und etwas weniger stauträchtig. In Kozina und Podgrad (beide an der E 61 in Slowenien) kann man übrigens sehr preiswert tanken!

Achtung: Für den gesamten Transit muss eine **Pannen-Signalweste** mitgeführt werden! Außerdem besteht für alle Transitländer (Tschechien, Slowenien, Italien, Österreich) wie auch für Kroatien selbst **tagsüber Lichtpflicht** – Verstöße werden mit 15 bis 40 Euro Bußgeld belegt!

Die alternative „Wohlfühl-route"

Gerade in Ferienzeiten droht die „klassische" Tauernroute aus allen Nähten zu platzen, kilometerlange Staus an Tauern- und Katschbergtunnel sind nur eine Folge. Den Abschnitt München – Tauern – Ljubljana – Karlovac kann man auf der (vom ADAC empfohlenen) sogenannten Wohlfühlroute

– wohl weil die Tester dort zufällig einmal nicht im Stau standen – umgehen: Ab Nürnberg fährt man **via Regensburg, Passau, Linz, Graz und Maribor bis Zagreb.** Wer aus Norddeutschland/Ost-österreich anreist, ist damit sicherlich gut beraten; doch ist eine Garantie für staufreie Fahrt auch hier

© REISE KNOW-HOW 2011

natürlich nicht gegeben. Eindrücke und Hintergrundinformationen auf der Website www.wohl fuehlroute.de. Ab Zagreb fährt man dann via Karlovac Richtung Rijeka und von dort aus die Küstenstraße entlang zum Zielort.

Man meide den Samstag!

Unabhängig von der Route ist der vielleicht wichtigste Tipp: Man meide den Samstag auf kroatischen Straßen um jeden Preis – insbesondere im Hochsommer sind **stundenlange Staus** vorprogrammiert! Leider bestehen noch immer viele Unterkunftsvermieter auf den üblichen „Bettenwechsel am Samstag", anstatt durch individuelle Lösungen zu einer Verbesserung der Situation beizutragen.

kb035 Foto: wl

Transit Österreich

Für Kfz bis 3,5 t verlangt Österreich eine **Autobahnvignetten-Gebühr** von 76,50 (Jahr) bzw. 23 Euro (2 Monate); das zehn Tage gültige „Pickerl" kostet immerhin 7,90 Euro – es empfiehlt sich folglich die Anschaffung zweier 10-Tages-Vignetten (Motorrad 30,40/11,50/4,50 Euro).

Damit nicht genug: Die gängige Route Salzburg – Ljubljana via Tauernautobahn und Karawankentunnel wird **zusätzlich** jeweils einfach mit einer Maut von 9,50 Euro **(Tauern)** und 6,50 Euro **(Karawanken)** belegt, auf der Route Linz – Graz sind es 4,50 Euro für den Bosrucktunnel und 7,50 Euro für den Gleinalmtunnel.

Bei den Automobilklubs kann man eine **„Prepaid-Maut"** für die wichtigsten Tunnelstrecken zum gleichen Tarif buchen. Österreichische Mobilfunknetzkunden können Einzelfahrten per Mobilfunk buchen (www.paybox.at), für andere Transitreisende kommt auch die Internet-Buchung in Frage (www.asfinag.at). Damit fährt man an der Mautstation in eine Sonderspur, das Kfz-Kennzeichen wird per Kamera geprüft, fertig. Theoretisch ganz nett, aber: Zum einen ist die tatsächliche Zeitersparnis vor Ort eher gering (den Stau bis zur Mautstation kann man damit nämlich nicht umfahren ...), zum zweiten hat man sich mit der (bezahlten, nicht rückerstattbaren) Buchung festgelegt, kann also nicht je nach Verkehrslage flexibel auf eine Umgehungsroute ausweichen.

Die elektronische Lkw-Maut in Österreich funktioniert reibungslos: Kfz über 3,5 t müssen eine **„Go-Maut-Box"** für einmalig 5 Euro erwerben (an allen Grenzbüros/Tankstellen in Grenznähe) und diese dann mit einem Guthaben von 50 bis 500 Euro aufladen. Auf allen mautpflichtigen Strecken wird dann automatisch per Funksignal die entsprechende Gebühr „abgebucht". Dieses System gilt auch für Wohnmobile, wobei die Bemautung nach

Reisetipps A–Z

Für Kinder ist die Anreise zur Kvarner Bucht ein Abenteuer

Emissionsklassen automatisch vorgenommen wird. Infos unter www.go-maut.at.

Eine **Umgehung der Tauernautobahn** ist möglich, kostet aber Zeit und ist für zugkräftige Fahrzeuge mit Einschränkungen, für Kradfahrer jedoch durchaus empfehlenswert: Tauernautobahn Abfahrt „Lammertal", dann via Radstadt und Mauterndorf bis Rennweg (Mehraufwand ca. 40 Minuten, malerische Strecke über zwei Pässe); Karawankentunnel bei Villach-West via Wurzenpass (bis 20% Steigung, für Gespanne gesperrt!) nach Kranjska Gora, dort Richtung Bled und Ljubljana (Mehraufwand ca. 45 Minuten).

Auch eine **Umgehung der Karawankenroute** ist möglich – hierzu folgt man kurz vor Villach der Autobahn Richtung Udine/Italien, kurz darauf der Beschilderung „Wurzenpass"; auch hier gilt: vor allem für Biker interessant.

Transit Slowenien

Slowenien erhebt Maut in Vignettenform, die an grenznahen Tankstellen in Österreich oder vorab über die Automobilclubs gekauft werden kann: Pkw/Gespanne bis 3,5 t 15 Euro/Woche, 30 Euro/Monat, 95 Euro/Jahr; Motorräder 7,50 Euro/Woche, 25 Euro/Halbjahr, 47,50 Euro/Jahr. Hinweis: Es ist nicht möglich die Plakette für einen in der Zukunft gelegenen Termin entwerten zu lassen. Ein im Mai gekauftes Monatspickerl wird für den Mai entwertet (und ist im Juni nicht mehr gültig! Kaufbeleg für Kontrollen aufbewahren und mitführen, Ausnahme sind die 7-Tagesplaketten). Achtung: Fahren ohne Plakette kostet bis zu 800 Euro **Bußgeld!** Überdies kosten Überholverbot 500 Euro, Rote Ampel 250 Euro, Handy 120 Euro, ohne Licht 40 Euro, Parkverbot 40 Euro, 0,5 bis 0,8 Promille: 450 Euro, bis 1,1 Promille 570 Euro, darüber 950 Euro!

Umgehung Slowenien

Wegen der slowenischen Mautpraxis und des noch immer andauernden Autobahnbaus (ein zügiger Transit ist derzeit noch nicht sichergestellt)

Reisetipps A–Z

	Deutschland	Österreich	Slowenien	Kroatien	Bosnien-Herzegowina
Höchstgeschwindigkeit Ort/Landstr./Autobahn	50 / 100 / keine	50 / 100 / 130 km/h	50 / 90 / 130 km/h	50 / 80 / 130 km/h	50 / 90 / keine
Promillegrenze	0,5	0,5	0,5	0,0	0,5
Strafe für: Alkohol am Steuer	ab 500 €	ab 300 €	ab 180 €	ab 135 €	ab 150 €
20 km/h zu schnell	35 €	ab 20 €	ab 50 €	20-70 €	ab 20 €
Rote Ampel überfahren	90-320 €	ab 70 €	250 €	270 €	150 €
Überholverstoß	30-250 €	ab 70 €	170 €	95 €	150 €
Parkverstoß	10-70 €	ab 20 €	40 €	40 €	ab 20 €
Treibstoff-Preisniveau	100 %	5-15 % günstiger[1]	10 % günstiger[2]	10 % günstiger[2]	10 % günstiger[2]
ADAC-Notruf	089-767676 Fax 76762501	01-2512060	051-3440650	01-3440666	051-3440660
Mautgebühren	keine	Autobahnplakette Karawanken und Tauern extra	Karawanken und Autobahnplakette	Autobahnen, Ucka-tunnel, Krk-Brücke	keine

[1] Landstraßentankstellen 15%, an Autobahnen ca. 5%   [2] landesweit gleiche Preise

wählen viele Reisende für Nordkroatien ab dem österreichischen Villach (noch vor der Krawanken-route rechts der Beschilderung nach Italien folgen) als kostengünstige Alternative die Autobahnstrecke über Udine bis Triest (Autobahnmaut bis Triest rund 9 Euro) und folgen dort der Landstraße E 61 nach Rijeka. Die Route ab Triest ist nicht ganz einfach zu finden, einen ordentlichen Planer bietet www.oeamtc.at/routenplaner. Achtung: In Italien muss auch bei kurzen Transitreisen eine Pannen-**Signalweste** mitgeführt werden. Außerdem besteht für alle Transitländer (Tschechien, Slowenien, Italien, Österreich) wie auch für Kroatien selbst auch tagsüber **Lichtpflicht,** Verstöße werden mit 15 bis 40 Euro Bußgeld belegt.

Maut in Kroatien

In Kroatien kosten die Autobahnen eine **moderate Gebühr,** eine Umgehung lohnt keinesfalls; von der slowenisch-kroatischen Grenze zahlt ein Pkw bis Split (Dalmatien) rund 160 Kn (ca. 21 Euro), wer in der Kvarner Bucht bleibt, zahlt nur rund 3 Euro. Die Autobahnen sind ausgezeichnet, viele Autobahnraststätten bieten Übernachtungsmöglichkeiten, die Spritpreise sind landesweit identisch (auch an Autobahnen). An der Autobahnzu-

kb086 Foto: wf

fahrt erhält man ein Ticket (gut aufbewahren!), welches man beim Verlassen an der Mautstation abgibt, erst dann wird der Routenpreis berechnet.

Die **genauen Autobahngebühren** (detailliert zwischen zwei Ein-/Ausfahrten) kann man unter **www.hak.hr** – dort den Suchbegriff „Straßengebühren" eingeben – einsehen und ausdrucken. Für die slowenischen Straßengebühren werfe man einen Blick auf www.kroatien-information.de/html/kroatische_maut_kroatien.html.

Ausrüstung und Reisegepäck

Weniger ist mehr

Grundsätzlich gilt: So wenig wie möglich mitnehmen, bei Bedarf kann nahezu alles unterwegs nachgekauft werden. Neben Toilettenartikeln und der persönlichen Bekleidung, die in den Sommermonaten leicht und luftig sein sollte, könnte eine **Basisausrüstung** folgendermaßen aussehen:

- **Schwimmkleidung,** evtl. Schnorchelausrüstung (Inseln).
- **Schuhe:** für die Stadt gute Laufschuhe, denn die Kopfsteinpflaster der oft steilen Altstadtgassen sind auch bei Trockenheit glatt wie Schmierseife; für die Berge Wander- oder gute Sportschuhe; für den Strand Schlappen oder Gummisandalen (Steinstrände!).
- **Regenschutz:** Ein Schirm kann gleichzeitig als Sonnenschutz dienen; für Fahrrad- und Mopedtouren eine leichte Regenjacke.
- **Sonnenschutz:** Sonnencreme sowie Tuch, Hut oder Mütze für Wanderungen oder Sonnenbäder in der heißen Jahreszeit (insbesondere für Kinder!), Sonnenbrille.
- **Taschenmesser:** Multifunktionsmesser mit Büchsenöffner, Schere, Feile usw.
- **Wäscheleine** zum Aufhängen der Handwäsche, besser noch ein flexibles Hosengummi.
- **Waschmittel:** Spezielle Reisewaschmittel sind vor Ort meist nicht erhältlich, ein Stück Kernseife genügt.
- **Wanderausrüstung:** Tagesrucksack, bruchfeste Feldflasche.

Wer mit Auto unterwegs ist, hat bei der Zusammenstellung des Gepäcks natürlich einen ganz anderen Spielraum.

Ähnlich wie bei uns werden **Reisende mit Rucksack,** wenn sie in ein mittleres oder besseres Hotel kommen, zuweilen schräg angesehen. Aber gerade **Koffer** sind das denkbar ungeeignetste Transportmittel, wenn man nicht gerade von Hoteltür zu Hoteltür fährt bzw. gefahren wird. Für alle Zwecke sehr gut bewährt haben sich **Reisetaschen.** Wer sich überwiegend in Städten und an Stränden aufhalten will, sollte mit einer Tragetasche mit Schulterriemen gut beraten sein.

Wie in Mitteleuropa versteht es sich von selbst, dass man in Museen, Kirchen, guten Restaurants, Kasinos usw. **angemessene Kleidung** trägt, während an den Stränden, in Touristenorten und auf Wanderungen Freizeitkleidung völlig in Ordnung ist. Für offizielle Anlässe oder Geschäftsreisen sind Kostüm bzw. Anzug und Krawatte unverzichtbar.

Autofahren in Kroatien

Defensiv fahren!

„Hinter Wien beginnt der Balkan", hieß es immer – hinsichtlich der Fahrweise vieler Bewohner Ex-Jugoslawiens sicherlich nicht aus der Luft gegriffen. Trotz der recht häufigen Polizeikontrollen mutet manch riskantes Überholmanöver der Einheimischen recht abenteuerlich an. **Als Gast im fremden Land** sollte man besonders vorsichtig und defensiv fahren, um Unfälle oder Ärger von vornherein zu vermeiden.

Straßennetz

Das Straßennetz ist an sich **vollkommen ausreichend.** Trotz etlicher Neubaumaßnahmen muss jedoch auf dem Großteil der alten Küsten- und Landstraßen mit Vorsicht gefahren werden. Neben den Autobahnen sind auch die autobahnähnlichen Schnellstraßen in Istrien sowie die Brücke zur Insel Krk mautpflichtig.

Viele Orte sind im Zentrum autofrei

kb037 Foto: wl

Landkarten Allgemein hilfreich für die Anreise (einschließlich Transit) sind die **ADAC-Reisekarten,** die (für Mitglieder kostenlos) in den Geschäftsstellen erhältlich sind. Bei REISE KNOW-HOW gibt es detaillierte Landkarten mit Ortsregister zu Istrien (Maßstab 1:70.000), Dalmatien (1:175.000) und Kroatien (1:300.000/700.000).

Geschwindigkeit In Kroatien sind folgende Geschwindigkeitsbegrenzungen zu beachten: **50 km/h** in Siedlungen, **80 km/h** auf Landstraßen außerhalb von Siedlungen, **100 km/h** auf Kraftfahrtstraßen, **130 km/h** auf Autobahnen; für Pkw mit Anhänger gelten außerhalb von Ortschaften grundsätzlich 80 km/h.

0,0 Promille! Auf kroatischen Straßen gilt ein absolutes Alkoholverbot! Hierzu eine kleine **Anekdote:** Ein Priester hat sich gegen die 0,0-Promille-Regelung vor Gericht beschwert. Seine Argumentation: Er müsse mehrere Gemeinden betreuen, am selben Tage oft Messwein trinken und käme so aus beruflichen Gründen auf einen gewissen Pegel ...

Parken Wichtig sind auch die neuen Parkregelungen, die in fast allen größeren Orten mittlerweile umgesetzt wurden: Das Parken ist (abgesehen von Parkhäusern, z.B. in Zagreb) **nur auf farbig markierten Parkflächen erlaubt.** Dabei steht „Rot" für 60 Min., „Gelb" für 120 Min. und „Grün/Blau" für 180 Min., die in aller Regel Mo bis Fr von 7–20 Uhr und Samstag bis 14 Uhr **gebührenpflichtig** sind (Parkscheinautomaten).

Sonstiges **Weitere Vorschriften:** In Kroatien besteht eine grundsätzliche Anschnall- und (für Kradfahrer) Helmpflicht. Stets mitzuführen sind Verbandskasten, Warndreieck sowie ein Abschleppseil, auch Ersatzbirnen für die Beleuchtung des Fahrzeugs sind offiziell Pflicht. Ersatzkanister mit Treibstoff dürfen nicht mitgeführt werden. Kinder unter 12 Jahren dürfen nur auf dem Rücksitz befördert werden. **Tagsüber** muss – wie auch in Österreich und Slowenien – **mit Abblendlicht** gefahren werden.

Papiere

An Pkw-Papieren sind **Führerschein** und **Kfz-Zulassungsschein** Pflicht; die **„Grüne Versicherungskarte"** ist ebenfalls vorgeschrieben.

Panne bzw. Unfall

Bei Unfällen sollte man unbedingt eine **polizeiliche Unfallbestätigung** ausstellen lassen! Nur damit ist die problemlose Ausreise möglich, da Fahrzeuge mit auffälligen Karosserieschäden die Grenze nicht passieren dürfen, ehe der (mögliche) Verkehrsunfall nachweislich geregelt wurde. Für die heimische Versicherung und um langwierige Schadensersatzprozesse zu vermeiden, unbedingt das mehrsprachige Formular „Europäischer Unfallbericht" (Automobilklubs) mitführen und zusammen mit dem Unfallgegner ausfüllen!

Hilfe ist z.B. für ADACPlus-Mitglieder oder ÖAMTC-Mitglieder teilweise kostenlos. Man kann sich auch direkt an seinen **Automobilklub** wenden. Hier die drei größten für Deutschland, Österreich und die Schweiz:

● **ADAC,** in Zagreb, Tel. 01-3440666, sonst in Deutschland (auch aus dem Ausland) unter Tel. 0180-222222, unter (D-) Tel. 089-767676 gibt es Adressen von deutschsprachigen Ärzten in der Nähe des Urlaubsortes (Liste auch vorab anforderbar).
● **ÖAMTC,** in Zagreb, Tel. 01-3440644, sonst in Österreich unter Tel. 01-2512000 oder (A-)Tel. 01-2512020 für medizinische Notfälle. Als allgemeine Notrufnummer wurde die 0800-133133 des ÖAMTC aufgenommen.
● **TCS,** (CH-)Tel. 022-4172220 (Einsatzzentrale) und 0844-888111 (24-Stundenservice).

Die **Pannenhilfe des kroatischen Autoklubs HAK** ist unter Tel. 987 und aus Mobilnetzen unter 01987 durchgehend erreichbar (andere Pannenhelfer sind wesentlich teurer).

HAK-Autowerkstätten

● **Crikvenica:** Tomislavova bb, Tel./Fax 051-241440
● **Krk:** Radića 13, Tel./Fax 051-221-159
● **Rijeka:** Dolac 11, Tel./Fax 051-212-442
● **Senj:** Obala Kr. Zvonimira 14, Tel./Fax 053-881120

Leihwagen Zahlreiche international renommierte Unternehmen *(Avis, Hertz)* bieten ihren Service auch in Kroatien an und sind an den Flughäfen sowie in größeren Ortschaften vertreten. Die Preise liegen in Kroatien überdurchschnittlich hoch – unter 45 Euro pro Tag ist kaum ein Kleinwagen zu haben. Die namhaften Vermieter verlangen in der Hauptsaison oft das Doppelte! Günstiger sind Fahrräder und Mopeds, die von kleineren Händlern in vielen Touristenorten vermietet werden. In aller Regel ist unabhängig vom Fahrzeug eine Kaution zu entrichten. Auf die Vermietstellen/Agenturen vor Ort wird in den Ortsbeschreibungen hingewiesen.

Die meisten Verleihstellen schließen **Grenzübertritte** (etwa nach Ungarn oder Bosnien-Herzegowina), auch zu Tagesbesuchen, aus. Ausnahme ist, nach Erprobung durch Leser, die Fa. *Hertz* (www.hertz.de). Andere Leser haben mit kroatischen Leihwagen sehr schlechte Erfahrungen z.B. in Montenegro gemacht (willkürliches Abschleppen mit hoher Auslöse usw.).

Die Entstehung der Krawatte

Die „Krawatte", gemeinhin die gängige Bezeichnung für Halsbinde oder Schlips, hat überraschenderweise ihren **Ursprung in – Kroatien!** Das deutsche Wort leitet sich vom französischen „cravatte" ab, das folgendermaßen entstand: Im 17. Jh. hielten sich am französischen Königshof Gesandte aus aller Herren Länder auf, auch wurden besondere Militärverbände gerne aus anderen Ländern rekrutiert, da man diesen größere Loyalität unterstellte. Ein solch besonderer Kavallerieverband wurde von den Franzosen aus Kroatien angeworben, die hervorragend ausgebildeten Reiter dienten der französischen Reiterei als Vorbild. Bemerkenswert war aber noch etwas anderes: Um ihren Hals trugen diese Kroaten seltsam gebundene Halstücher, die schon bald als modisch empfunden und am Königshof getragen wurden. Da es keinen eigenen Namen für diesen Halsschmuck gab, nannten die Franzosen ihn nach der Herkunft seiner Träger „Crvate" (aus altslavisch „Chvat"), woraus dann allmählich französisch „cravatte" und das deutsche „Krawatte" wurde.

Diplomatische Vertretungen

Die Republik Kroatien unterhält diplomatische Beziehungen zu über hundert Ländern, von denen etwa die Hälfte ihre Botschaft in Zagreb hat, einige Länder haben zudem Konsulate in Rijeka, Split und Dubrovnik.

In Kroatien

●**Deutschland, in Zagreb:** Njemačko Veleposlanstvo, Ulica Grada Vukovara 64, Tel. 01-6300100, und bei dringenden Notfällen Tel. 098-227136.

●**Österreich, in Zagreb:** Austrijsko Veleposlanstvo, Radnicka cesta 80, 9. Stock (Zagreb-Tower), Tel. 01-4881050; **in Rijeka:** Austrijski Konzulat, Stipana Istranina Konzula 2, Tel. 051-338554.

●**Schweiz, in Zagreb:** Švicarsko Veleposlanstvo, Bogoviceva 3, Tel. 01-4878800.

Im deutschsprachigen Raum

●**Botschaft der Republik Kroatien,** Ahornstr. 4, 10787 **Berlin,** Tel. 030-21915514, Fax 23628965. Generalkonsulate in Bonn, Düsseldorf, Frankfurt/M., Hamburg, München und Stuttgart-Bad Cannstadt; siehe www.auswaertiges-amt.de und http://de.mfa.hr.

●**Botschaft der Republik Kroatien,** Heuberggasse 10, 1170 **Wien,** Tel. 01-4802083, Fax 4802942.

●**Botschaft der Republik Kroatien,** Thunstr. 45, 3005 **Bern,** Tel. 031-3520275, Fax 3520373. Generalkonsulat in Zürich, Bellerivestraße 5, Tel. 01-4228318; siehe www.eda.admin.ch.

Ein- und Ausreisebestimmungen

Stand Mai 2011

Ein- und Ausreisebestimmungen können sich kurzfristig – insbesondere nach vollzogenem EU-Beitritt Kroatiens – ändern. Bitte **informieren** Sie sich hier vor Antritt der Reise nach dem aktuellen Stand:

●**Deutschland:** www.auswaertiges-amt.de und www.diplo.de/sicherreisen (Länder- und Reiseinformationen), Tel. 030-5000-0, Fax 5000-3402.

●**Österreich:** www.bmeia.gv.at (Bürgerservice), Tel. 05-01150-4411, Fax 05-01159-0 (05 muss immer vorgewählt werden).

●**Schweiz:** www.dfae.admin.ch (Reisehinweise), Tel. 031-3238484.

Reisetipps A–Z

Papiere — Für die Einreise nach Kroatien mit einer geplanten Aufenthaltsdauer von bis zu drei Monaten genügt ein gültiger **Personalausweis.** Schweizer und Reisende durch Bosnien-Herzegowina (z.B. nach Süddalmatien) benötigen einen **Reisepass** (vor Ort genügt aber häufig der Personalausweis). Kinder müssen in den Reisedokumenten der Eltern eingetragen sein, ab 12 Jahren ist ein eigener **Kinderausweis** mit Lichtbild erforderlich. **Impfvorschriften** bestehen keine.

Mitnahme von Tieren — Für die Mitnahme von Tieren wird ein gültiger und aktualisierter **Impfpass** (Tierarzt) benötigt. Achtung: Auch schon für die Durchreiseländer innerhalb der EU muss für das Tier eine ordnungsgemäße Tollwutschutzimpfung und ein EU-Heimtierausweis („Pet Passport" genannt) oder übergangsweise der bisherige Impfausweis vorgelegt werden. Darüber hinaus muss das Tier neuerdings mit einem Microchip gekennzeichnet sein.

Zoll in Kroatien — Auf Gegenstände des persönlichen Bedarfs in üblichen Mengen wird kein Zoll erhoben. Bei der **Ausfuhr** gelten die internationalen Höchstmengen: 200 Zigaretten/250 g Tabak, 50 ml Parfum, 250 ml Eau de Toilette, 1 l Spirituosen oder 1 l Wein.

Wertvollere **professionelle und technische Ausrüstung** muss deklariert werden (nicht aber die private Kamera- oder Tauchausrüstung).

Devisen — Die Ein- und Ausfuhr von Devisen ist **in unbegrenzter Höhe** zulässig, die Landeswährung darf bis zu 2000 Kuna ein- bzw. ausgeführt werden.

Mehrwertsteuer — **Für in Kroatien gekaufte Waren** (mit Ausnahme von Treibstoffen) kann die Mehrwertsteuer (PDV) auf Rechnungen von über 500 Kuna rückerstattet werden. Beim Kauf verlangt man hierzu das Formular PDV-P, welches vom Verkäufer ausgefüllt werden muss. Bei der Ausreise lässt man diese Rechnungen vom Zollamt gegenbestätigen. Die

Mehrwertsteuer kann dann innerhalb von sechs Monaten rückerstattet werden: entweder persönlich beim Verkäufer, bei dem die Ware gekauft wurde, oder postalisch (Adresse des Verkäufers) unter Angabe der Kontonummer, auf die der Betrag eingezahlt werden soll. Die Erstattung erfolgt innerhalb von 15 Tagen nach Eingang.

EU-Zoll

Bei der Rückeinreise gibt es auch auf europäischer Seite **Freigrenzen, Verbote und Einschränkungen.** Folgende Freimengen darf man zollfrei einführen in die EU und die Schweiz:

● **Tabakwaren** (für Personen ab 17 Jahren): 200 Zigaretten oder 100 Zigarillos oder 50 Zigarren oder 250 g Tabak oder eine anteilige Zusammenstellung dieser Waren.
● **Alkohol** (für Personen ab 17 Jahren) in die EU: 1 l Spirituosen (über 22 Vol.-%) oder 2 l Spirituosen (unter 22 Vol.-%) oder eine anteilige Zusammenstellung dieser Waren, und 4 l nicht-schäumende Weine, und 16 l Bier; in die Schweiz: 2 l bis 15 Vol.-% und 1 l über 15 Vol.-%.
● **Andere Waren** (in die EU): 10 Liter Kraftstoff im Benzinkanister; für See- und Flugreisende bis zu einem Warenwert von insgesamt 430 Euro, über Land Reisende 300 Euro, alle Reisende unter 15 Jahren 175 Euro (bzw. 150 Euro in Österreich); (in die Schweiz): neu angeschaffte Waren für den Privatgebrauch bis zu einem Gesamtwert von 300 SFr. Bei Nahrungsmitteln gibt es innerhalb dieser Wertfreigrenze auch Mengenbeschränkungen.

Wird die Wertfreigrenze überschritten, sind **Einfuhrabgaben** auf den Gesamtwert der Ware zu zahlen und nicht nur auf den die Freigrenze übersteigenden Anteil. Die Berechnung erfolgt entweder pauschal oder nach dem Tarif jeder einzelnen Ware zuzüglich sonstiger Steuern.

Einfuhrbeschränkungen bestehen u.a. für Tiere, Pflanzen, Arzneimittel, Betäubungsmittel, Feuerwerkskörper, Lebensmittel, Raubkopien, verfassungswidrige Schriften, Pornografie, Waffen und Munition; in Österreich auch für Rohgold und in der Schweiz auch für CB-Funkgeräte.

Infos

● **Deutschland:** www.zoll.de oder beim Zoll-Infocenter, Tel. 069-46997600.

●**Österreich:** www.bmf.gv.at oder beim Zollamt Klagenfurt Villach, Tel. 01-51433-564053.
●**Schweiz:** www.ezv.admin.ch oder bei der Zollkreisdirektion in Basel, Tel. 061-2871111.

Einkäufe und Souvenirs

Obst und Gemüse

Man wird als Selbstverpfleger gar nicht umhin kommen, von dem leckeren, frischen Obst und Gemüse zu kosten, das auf den lokalen **Märkten** und oft auch am Straßenrand angeboten wird.

Ein paar **Richtpreise** (für 1 kg):
●**Paprika: 6–7 Kn**
●**Tomaten: 5–6 Kn**
●**Trauben: 14–16 Kn**
●**Bananen: 8–10 Kn**
●**Pfirsiche: 12–16 Kn**
●**Kohl: 5–6 Kn**
●**Zucchini: 5–7 Kn**
●**Melonen: 5 Kn**
●**Kartoffeln: 4–5 Kn**

Fleisch und Fisch

Frischfleisch und Fisch kauft man in der **mesnica** (Fleischerei, Metzgerei) und in der **ribarnica** (örtliche Fischhalle), wo hauptsächlich vormittags Muscheln, Tintenfische, Scampi und diverse Speisefische je nach Saison fangfrisch verkauft werden – für Fischfreunde ein Muss!

Bäckereien

Bäckereien **(pekarna)** gibt es in jedem Ort; Brote und Teigwaren sind durchweg sehr preiswert, wobei überwiegend mit Weizenmehl gebacken wird (ein Laib Weißbrot kostet ca. 5 Kn). Kuchenteilchen sind sehr preiswert und lecker – es gibt viele Sorten, man sollte einfach mal durchprobieren! Die bekanntesten Leckereien sind *fritule, krostule,* Strudel, *cukerančići* und die pikant gefüllten *burek* (s.u.). In kleineren Orten, seltener in den großen, steht zu bestimmten Tageszeiten ein Bäckereiwagen mit einem Grundsortiment frischer Brote und Kuchen.

Mini- und Super-märkte

Eier, Frischmilch, Konserven, Getränke aller Art und ein **ähnliches Angebot** wie in westeuropäischen Lebensmittelmärkten sind in Mini-Märkten (größere „Tante-Emma-Läden") oder Supermärkten erhältlich, die sich rapide an den Hauptverbindungsstraßen der größeren Orte ausbreiten.

Eisdielen

Unübersehbar dem italienischen Einfluss sind – neben den Pizzerien – die vielen Eisdielen („Gellateria") zuzuschreiben. Im Gegensatz zu früheren Jahren kann das Speiseeis (5–8 Kn pro großer Kugel) heute als sehr gut bezeichnet werden.

Souvenirs

Was kann man mitbringen? Von kitschigen Erinnerungsstücken abgesehen, die in den Touristenorten angeboten werden, könnte eine Spitzendecke oder eine Strickjacke gerade älteren Menschen Freude machen. Auch Holzschnitzereien, etwa Puppen mit Regionaltrachten, kommen in Frage. Als Idee für die Wohnungsgestaltung sei erwähnt, dass es in den kroatischen Städten unendlich viele Künstler gibt, die moderne Aquarelle, Radierungen, Plastiken u.v.m. feilbieten.

Mehr als ein Verlegenheitssouvenir sind lokale **Weine und Schnäpse,** allen voran das auf jedem Bauernhof gebrannte **Nationalgetränk Sliwowitz** (*Šlivovica*). In Touristenorten bekommt man diesen Pflaumenbranntwein als verdünnten Fusel mit künstlichen Aromen, aber in schönen Flaschen, oft mit Kräutern oder eingelegten Früchten. Richtig guten Schnaps erhält man auf den Höfen – einfach auf Schilder wie „Vino" und „Šlivovica/Rakija" achten.

Elektrizität

220 V bei 50 Hz

Die Stromspannung beträgt wie bei uns 230 V bei 50 Hz, die **Steckdosen** sind landesweit **ohne Adapter nutzbar.**

Essen und Trinken

Kroatien kann sich einer **ausgezeichneten Küche** überall im Lande und auf den Inseln rühmen. Es versteht sich von selbst, dass die unterschiedlichen **Regionen** ihre jeweils eigenen **kulinarischen Spezialitäten** hervorgebracht haben.

Fisch

Aufgrund der Lage am Meer sind Fischgerichte, Hummer, Scampi, Muscheln und andere Meeresfrüchte **typisch für die** meisten der in diesem Buch beschriebenen **Küstenorte.** „Klassische" Speisefische sind Goldbrasse, Wolfbarsch, Drachenkopf und Rotbrasse. Sehr beliebt sind auch Krebs- und Seepolypensalat, Austern sowie Jakobs- und Miesmuscheln, *dondole* genannt. Ferner dürfen gegrillte Sardinen oder Sardellen (köstlich!) auf den Speisekarten nicht fehlen.

Reiseeeips A–Z

Nudeln Nicht zu verachten sind die **hausgemachten Nudeln,** z.B. Makkaroni mit Fleischsauce. Maultaschen *(fuži)*, gnocchi mit Wild und *krafi* (mit Käse gefüllte Ravioli) mit Fleischsauce sind Gerichte, deren Rezepte von Generation zu Generation weitervererbt werden.

Maneštra, Die unersetzliche *maneštra* (Minestrone, Gemüse-
Würste, suppe) mit Bohnen und jungem Mais oder Gers-
žarebnjak tenkorn, hausgemachte Würste und *žarebnjak* (geräuchertes Schweinskarree) mit Sauerkraut sind traditionelle **„Hausmannskost",** die in alten Weinstuben und Lokalen *(gostionica, konoba)* serviert wird.

Eine kulinarische Besonderheit Slawoniens, das man evtl. im Transit über Tschechien passiert, ist das exzellente **Gulasch,** welches auf die kulturelle Nähe Donaukroatiens zur „Urheimat des Gulasch" (Ungarn) hinweist.

Rohschin- An kleinen, kalten Speisen seien der ausgezeich-
ken und nete Rohschinken **(pršut)** und Schafskäse **(sir)** er-
Schafskäse wähnt, ergänzt durch selbst gebackenes Brot *(kruh)*.

Spanferkel Und da wir gerade von zünftigen, deftigen Lecker-
und Lamm bissen sprechen: Unübersehbar sind die **entlang der Straßen** scheinbar unentwegt rotierenden, knusprigen Spanferkel **(svinjetina;** im Norden bzw. im Hinterland) und Lämmer **(janjetina;** in Dalmatien), die jeder einmal gekostet haben sollte. In der Region Kvarner beschränkt sich diese Leckerei allerdings hauptsächlich auf die Insel Cres (Hochburg: rund um Osor).

Gebratene Maiskolben – ein leckerer Snack

Gegrillte Kleinigkeiten	Gegrillte Kleinigkeiten wie **čevapčići** (čevapi, Hackfleischröllchen), **pljeskavica** (Frikadellen) oder **ražnjići** (Fleischspieße) werden mit *ajvar*, einer roten Paprikapaste, serviert.
Burek	Sehr beliebt sind auch warme *burek* (Blätterteigtorte, in Bäckereien), die **mit Spinat, Käse, Hackfleisch oder Apfel gefüllt** sind, eine – wie auch das Lamm am Spieß – von den muslimischen Bosniern übernommene Spezialität.
Beilagen, Gemüse	Die beliebtesten Beilagen sind Brot, Reis und Pommes Frites. An Gemüse werden je nach Saison Mangold, Tomaten, Feldsalat, Wildspargel, Zucchini, Bohnen, Erbsen und Oliven gereicht.
Getränke	An Getränken steht zuvorderst der heimische **Wein** in diversen Sorten, zu nennen sind vor allem *Pleškavica* (weiß und rot), *Malvazija-Weißwein*, *Teran-* und *Borgonja-Rotwein* sowie *Hrvatica-Rosé*, im Süden die bekannten *Pelješac-Weine*. Hausmarken können übrigens in den meisten Orten (Schilder „Vino" beachten) direkt vom Erzeuger für 5–6 Kn pro Liter gekauft werden, ebenso **Schnäpse,** allen voran *Šlivovica* (Pflaume) und *Kruškovac* (Birne), wobei besonders die handwarm getrunkene Mischung *Juliška* (Pflaume und Birne) zu empfehlen ist. Als typischer Aperitif wird gern der überall erhältliche, sehr milde **Likörwein** *Prošek* getrunken, bei der Jugend ist *Bambus* aus Rotwein und Cola in oder auch *Gemišt* (Weißwein und Wasser), auch *Bevanda* genannt. Auch **Biertrinker** können getrost zu kroatischen Marken greifen: Neben Karlovačko und Ožujsko werden auch Löwenbräu, Carlsberg/Pan und auch einfachere Biermarken wie Adria, Favorit, Sarajevsko oder Pivo geführt. Einzelne Marken, z.B. Karlovačko, sind auch als Light/Alkoholfrei *(bezalkoholna)* erhältlich. Als Durstlöscher empfiehlt sich **Mineralwasser,** das es mit oder ohne Kohlensäure *(gaz)* in Kunststoffflaschen in Supermärkten gibt.

Pfandsystem: Auf Glasflaschen wird wie bei uns teilweise Pfand erhoben (z.B. Bier, bestimmte Mineralwassersorten usw.); die Flaschen kann man ausschließlich in dem Geschäft, in dem sie gekauft wurden, gegen Vorlage des Kaufbeleges (gilt als Pfandschein) zurückgeben! Plastikflaschen sind fast immer pfandpflichtig und können nur bei ganz bestimmten großen Supermärkten – ohne Kaufbeleg – zurückgegeben werden. Man sollte also beim Kauf im Urlaubsort fragen, was pfandpflichtig ist und wo es abgegeben werden kann.

Restaurants

Ausländische Restaurants sind relativ selten in Kroatien zu finden – mit Ausnahme der allgegenwärtigen **Pizzerien,** gleichzeitig auch die **günstigsten Lokale** in Kroatien.

Ein Wort zum **Preisgefüge:** Essen gehen in Kroatien ist im Durchschnitt immer noch rund 10% günstiger als in Österreich, Deutschland oder der Schweiz. Grundgerichte scheinen geradezu billig zu sein, man darf sich jedoch nicht täuschen lassen: Beilagen werden extra bestellt und gesondert berechnet. Recht günstig sind gemischte Platten für zwei Personen, etwa Fisch für 200–260 Kn oder Grillfleisch für 160–200 Kn. Als Faustregel gilt: Je weiter weg von der Küste, desto uriger, originaler und preiswerter!

Feste und Feiertage

Lokale Feste

Neben den gesetzlichen Feiertagen wird in fast allen Orten mindestens ein lokales Fest im Jahr gefeiert, von zahllosen Veranstaltungen, Ausstellungen, Sportwettkämpfen usw. ganz abgesehen. Sehr interessant ist in diesem Zusammenhang **www.istra.com/events/pregled.html,** wo nach Eingabe des geplanten Aufenthaltszeitraumes und -ortes alle entsprechenden Veranstaltungen und Feste angezeigt werden.

- **1. Januar:** Neujahr
- **6. Januar:** Heilige Drei Könige
- **März/April:** Ostern
- **1. Mai:** Tag der Arbeit
- **30. Mai:** Staatsfeiertag (kroatischer Parlamentsbeschluss von 1991 zum Austritt aus der BR Jugoslawien)
- **22. Juni:** Antifaschismustag
- **5. August:** Staatsfeiertag; Rückeroberung der Krajina 1995
- **15. August:** Mariä Himmelfahrt
- **1. November:** Allerheiligen
- **25. und 26. Dezember:** Weihnachten

Geld und Finanzen

Kuna (K)

Die nationale Währung heißt Kuna (Kn; 1 Kuna = **100 Lipa**), das kroatische Wort für „Marder" (s. Exkurs). Im Gebrauch sind Münzen zu 1, 2, 5, 10, 20 und 50 Lipa sowie 1, 2 und 5 Kuna, ferner Geldscheine im Wert von 5, 10, 20, 50, 100, 200, 500 und 1000 Kuna.

Geldwechsel

Devisen werden in Banken, **Wechselstuben,** auf **Postämtern** sowie in den meisten **Reisebüros, Hotels** und an **Campingplätzen** gewechselt. Die **Banken** sind von 7 bis 19 Uhr geöffnet, samstags bis 13 Uhr, manche Banken in größeren Städten auch sonntags (meist in touristischen Orten); für Schecks werden 1,5%, für Bargeldtransaktionen 1% Kommission verlangt.

Es empfiehlt sich definitiv nicht, Kuna schon zu Hause zu tauschen, denn der **Wechselkurs** vor Ort ist deutlich besser. Die Banken in Kroatien bieten den weit besseren Kurs als beispielsweise Hotels oder Andenkenläden. Wechselstuben sind unkomplizierter, aber ungünstiger.

Wechselkurs (Mai 2011):
- 1 Euro = 7,35 Kn, 1 Kn = 0,13 Euro
- 1 SFr = 5,74 Kn, 1 Kn = 0,17 SFr

Wissenswertes zur kroatischen Währung

Die Bezeichnung „Kuna" für die kroatische Landeswährung reicht viele Jahrhunderte zurück und beweist allein durch ihren Namen die ehemalige Tauschwirtschaft unter den Menschen. **„Kuna"** bedeutet nämlich nichts anderes als **„Marder"**, ein Hinweis darauf, dass vor der Verbreitung von Gold und Geld als allgemeinem Zahlungsmittel die einfachen Kroaten mit den auf der Jagd erbeuteten Marderpelzen bezahlten. Auf den kroatischen Kuna-Münzen ist das Tierchen verewigt.

Recht ähnlich ist auch der ethymologische Hintergrund des russischen **Rubel,** der „das Abgeschlagene" bedeutet, da die Händler Silberbarren bei sich trugen, von denen sie beim Bezahlen mit der Axt etwas „abschlugen".

Derartige **Tauschwirtschaften** wie beim „Kuna" sind auch aus anderen Kulturen bekannt, etwa aus der Südsee, wo man Muscheln als Zahlungsmittel verwendete.

009is Foto: wl

Früher zahlte man mit echten Mardern

**Maestro-
bzw.
EC-Karte**

Sehr praktisch sind die Maestro-(EC-)**Automaten** (auch Deutsch in der Sprachauswahl) an den Banken, wo mit Maestro-(EC-)Karte und PIN-Code bis zu 3000 Kuna pro Transaktion (das Maximum schwankt je nach Geldinstitut) abgehoben werden können. Es kommt allerdings manchmal zu „Verbindungsschwierigkeiten", sodass man nicht unbedingt auf den letzten Drücker versuchen sollte, Geld abzuheben! Die **Barabhebung** per Maestro-(EC-)Karte ist die preiswerteste Art der Geldbeschaffung. Je nach Hausbank wird dieser Service nicht zusätzlich in Rechnung gestellt, sondern ist im Grundpreis der Kontoführung enthalten. Manche Banken erheben jedoch eine Gebühr von bis zu 1% des Abhebungsbetrags. Hier sind jedoch große Unterschiede bei den einzelnen Banken zu verzeichnen. Im Rahmen der EU-Mitgliedschaft sind allerdings künftig verbraucherfreundliche Erleichterungen zu erwarten.

In großen Supermarktketten kann direkt mit der Maestro-(EC-)Karte bezahlt werden.

Kreditkarte

In den meisten Hotels, Restaurants und Geschäften kann mit gängigen Kreditkarten *(American Express, Diners Club, MasterCard, VISA)* bezahlt werden. Von Barabhebungen per Kreditkarte ist abzuraten, weil dabei bis zu 5,5% an Gebühr anfallen. Für das bargeldlose Zahlen wiederum berechnet der Kreditkartenaussteller nur eine Gebühr für den Auslandseinsatz in Höhe von 1–2%. Also am besten viel bargeldlos bezahlen und für Bargeld gleich größere Summen mit der Maestro-(EC-)Karte abheben.

Bei Verlust der Maestro-(EC-) oder Kreditkarte sollte man diese umgehend sperren lassen und schnellstmöglich die ausstellende Bank informieren (siehe hierzu auch Kapitel „Notfälle").

**Preise
und Kosten**

Kroatien ist immer noch **eines der günstigeren Reiseziele Europas.** Die Verpflegung im Land ist preiswert, vor allem dann, wenn man auf Märkten

kb940 Foto: wf

und in Bäckereien einkauft. Auch bei den **Unterkünften** finden sich manchmal Schnäppchen. Dazu muss man sich natürlich etwas umsehen (Zeitschriften) oder das Internet durchforsten – Wochenpreise von 200 Euro/Pers. in einem Hotel sind durchaus normal. Auch Ferienwohnungen können vorab gebucht werden, „Wiederholungstäter" vereinbaren ohnehin oft mit dem Vermieter für den nächsten Urlaub eine direkte Buchung.

Die **Treibstoffpreise** nähern sich immer mehr den mitteleuropäischen an. Die wichtigen Dinge des (Urlaubs-)Lebens wie Bier (18 Kn für 0,5 l) oder Eiscreme (6–8 Kn für die Riesenkugel) sind jedoch erschwinglich. Hier einige **Richtpreise:** Eier 1,20 Kn, Brot 15–18 Kn, Butter 12 Kn, Wurst und Käse sind durchschnittlich 20% teurer als bei uns, Softdrink 12–15 Kn, Kaffee 7–12 Kn, Capuccino 10–12 Kn. Insgesamt kann eine vierköpfige

Auch Wassersport-Vergnügungen sind erschwinglich

Familie für einen dreiwöchigen Camping- oder Apartmenturlaub mit rund 3000 Euro (Eintrittsgelder und Kosten für eigene Anreise inbegriffen) rechnen.

Rabatte Weltweit kann man Rabatte bei bestimmten Unterkünften, Tourveranstaltern etc. bekommen, wenn man im Besitz eines **Internationalen Studenten- (ISIC), Lehrer- (ITIC)** oder **Schülerausweises (IYTC)** ist. Diesen Ausweis muss man schon zu Hause besorgen. Zum Kauf (9,20 Euro bzw. 20 SFr) geht man zum AStA, in ein Reisebüro oder zum Studentenwerk und muss Immatrikulationsbescheinigung bzw. Schüler- oder Lehrerausweis, Personalausweis und Passbild vorlegen. Den nächsten Verkaufspunkt findet man auf den Internetseiten www.isic.org oder www.isic.de. Hier kann man auch die konkreten Vergünstigungen in Kroatien nachsehen.

Trinkgeld Es ist **üblich,** Beträge von Gastronomierechnungen aufzurunden und etwa Hotelpersonal (Zimmermädchen) eine Aufmerksamkeit von ca. 50–100 Kn/Woche zukommen zu lassen.

Informationsstellen

Für einen Urlaub in Kroatien steht eine Fülle von nationalen, regionalen und lokalen Informationsstellen zur Verfügung, bei denen man sich vorab ausführlich informieren und/oder Buchungen vornehmen kann.

Touristikbüros außerhalb Kroatiens Außerhalb des Landes bieten die „klassischen" Touristikvertretungen Kroatiens Informationen, Hilfestellungen und Literatur zur Reisevorbereitung. Die **Kroatische Zentrale für Tourismus** ist im Internet zu finden unter **www.croatia.hr.** Die Seite umfasst neben landesweiten allgemeinen Informationen und Reisemöglichkeiten auch eine Suchmaschine zu diversen Unterkunftsarten. In Deutschland, Österreich und der Schweiz kann man auch Kontakt mit der Vertretung vor Ort aufnehmen:

- **Deutschland:** Kaiserstr. 23, 60311 **Frankfurt,** Tel. 069-2385350, Fax 23853520; Rumfordstr. 7, 80469 **München,** Tel. 089-223344, Fax 223377, www.kroatien.hr.
- **Österreich:** Am Hof 13, 1010 **Wien,** Tel. 01-5853884, Fax 585388420, www.kroatien.at.
- **Schweiz:** Badenerstr. 332, 8004 **Zürich,** Tel. 043-3362030, Fax 362039, www.kroatien-tourismus.ch.

Touristik-büros in Kroatien

Wichtig für Touristen vor Ort ist die Nummer **0800-200-200,** eine landesweit kostenlose **Info-Hotline der Kroatischen Zentrale für Tourismus.**

- **Zentrale für Tourismus**
Iblerov trg 10/IV, 10000 **Zagreb,** Tel. 01-4699333, Fax 01-4557827, http://croatia.hr bzw. www.kroatien.hr.

Daneben existieren einige **regionale touristische Informationsstellen** der Gespanschaften (Verwaltungsbezirke). Diese Stellen bieten reichhaltiges Prospekt- und Informationsmaterial zu den jeweiligen Regionen, ohne einen konkreten Ort besonders hervorzuheben, und sind daher neutraler als die lokalen Touristeninformationen, die ihren jeweiligen Ort propagieren.

- **Primorsko-Goranska**
(Tourismusverband der Region Kvarner), Nikole Tesle 2, 51410 Opatija, Tel. 051-272988, 272665, Fax 272909, www.opatija-tourism.hr.

Für einige **Nachbarregionen** (Durchreise, Anschlussurlaub usw.) sind zu erwähnen:
- **Istarska (Istrien),** Pionirska 1, 52440 Poreč, Tel. 052-452500, Fax 452811 www.istra.hr/de;
- **Karlovačka (Raum Karlovac),** Ambroza Vraniczanya 1, 47000 Karlovac, Tel. 047-615320, Fax 615320;
- **Zadarska (Zadar und Norddalmatien),** Leopolda Mandića 1, 23000 Zadar, Tel. 023-315107, 315316, Fax 315107, 315316.

In Kroatien ist die Institution des **„Turist-Biro/ Agencija"** (auch „Information" oder „Tourist Service/Agency" oder ähnlich) praktisch allerorts vertreten; hier handelt es sich um **kommerzielle Agenturen,** die Privatunterkünfte vermitteln, Geld wechseln, Ausflüge organisieren, Angel- und Tauchlizenzen (nicht alle) ausstellen usw. Dieser Service ist nicht umsonst, Auskünfte – etwa in Form von Stadtplänen – kosten Bares (teilweise werden 5 Euro für einen kleinen Stadtplan verlangt!). Für die Organisation von Fremdenzimmern und Ferienwohnungen sind diese Institutionen unumgänglich (siehe „Unterkunft"), für normale touristische Anliegen (Hintergrundinfos zum Ort, Faltblätter, Stadtpläne usw.) empfiehlt sich jedoch grundsätzlich der Besuch der „richtigen" Touristeninformationen in den einzelnen Orten, kroatisch **„Turistična Zajednica Grada ..."** (Tourismusverband der Stadt ...). Die lokalen, nichtkommerziellen Informationsbüros sind in den jeweiligen Ortsbeschreibungen aufgeführt. Diese verfahren in Bezug auf Informationsmaterial, insbesondere Karten, Wanderpläne usw., insbesondere auf den Inseln, auf unterschiedliche Art und Weise. Während in einem Ort das Material kostenlos ausgegeben wird, werden in anderen Or-

Reisetipps A–Z

ten (derselben Insel) auf ein und dieselben Karten Gebühren von mehreren Euro erhoben.

Infos im Internet

Jede beliebige Suchmaschine findet heute in Sekundenschnelle rund eine Million Internetseiten zum Stichwort „Kroatien"; nur einen Bruchteil davon hier zu kommentieren wäre schlicht unmöglich. An dieser Stelle sei daher auf einige **wichtige oder besonders hilfreiche Seiten** verwiesen. Spezielle Hinweise besonders zu Unterkünften sind im Kapitel „Unterkunft" zu finden, wichtig sind auch die offiziellen Seiten der „Zentrale für Tourismus" (s.o.). Linkhinweise zu den einzelnen Städten und Regionen sind in den jeweiligen Ortsbeschreibungen angegeben.

- **www.istra.com**
Sehr interessant und informativ; unter der Kategorie „Preise" können zu allen Hotels, Pensionen, Campingplätzen (inklusive FKK) usw. die aktuellen Preise (in Euro) des laufenden Kalenderjahres abgerufen werden.
- **www.istra.com/events/pregledd.html**
Für Veranstaltungen, Feste, Aktivitäten usw.; nach Eingabe des geplanten Reisedatums und -zieles werden die entsprechenden Veranstaltungen zu ganz Istrien angezeigt.
- Eine sehr gute Homepage findet man unter **www.kroatien.netzstart.net.** Die Themen der exzellenten Linksammlung reichen von Nationalparks, Verkehrsnachrichten und Sport über Webcams und Kreativurlaub bis hin zu Stadtplänen und Unterkunftsbuchung.
- **www.hak.hr**
Seite des kroatischen Automobilklubs.
- **www.kroatien.hr**
Offizielle Website der kroatischen Fremdenverkehrsämter.
- **www.crm.de**
Allgemeine Infos und Hintergründe zur Gesundheit bzw. zu Krankheiten, konkrete Infos zum gewünschten Reiseland, viele sonstige reise-/gesundheitsrelevante Adressen.
- **www.reise-ziele-online.de/kroatien**
Beschreibungen der Küstenziele (einschl. größerer Inseln) Kroatiens.
- **www.jadro.de**
Deutschsprachige Online-Zeitschrift zu Kroatien mit breit gefächerten aktuellen Themen.

Einfache Strandbäder sind im Kvarner Land sehr beliebt

● **www.reiseinfo-kroatien.com**
Touristische Highlights und Hintergrundinformationen mit
interaktiven Karten und brauchbarem Taucher-Bereich.
● **www.istrien24.com**
Ebenfalls eine deutschsprachige Seite, die sich auf Kurzin-
formationen zu den größeren Orten sowie eine umfangreiche Reise- und Unterkunftsvermittlung in ganz Kroatien
beschränkt.

Kinder auf der Reise

**Die
Kvarner
Bucht wird
Kindern
gefallen!**

Von „Ritterburgen" über „Robinson-Inseln" bis zu
Hüpfburgen wird so allerlei geboten – für kleine
und für große Kinder (siehe bei den Ortsbeschreibungen). Dennoch sollte man ein paar **Kleinigkeiten beachten,** um ungetrübte Urlaubsfreuden mit
der gesamten Familie genießen zu können. Wegen des Klimas (sonniges Mittelmeerklima während der Haupturlaubszeit) versteht sich ein guter
Sonnenschutz (auch für den Kopf ein Hut oder eine Schirmmütze) von selbst; wichtig ist es, viel zu
trinken – am besten Mineralwasser, das vor Ort
preiswert erhältlich ist. Sehr wichtig sind auch
Strandsandalen wegen der häufigen Kies- und
Felsbuchten mit teils unangenehmen scharfkanti-
gen Steinen. Höschenwindeln für ganz kleine Gäste sind nur in größeren Supermärkten/Drogerien
erhältlich, Gleiches gilt für spezielle Babynahrung.

Medien

Rundfunk

Von 6.35 bis 21.35 Uhr sendet das 2. Programm
des kroatischen Rundfunks HRT (98,5 MHz) zu jeder vollen Stunde nach den Nachrichten **touristische Informationen** (Straßenverhältnisse, Sper-
rungen, Staus, wichtige Fähren und sonstige Hinweise) in englischer, deutscher und italienischer
Sprache – allerdings nur vom 1. Juli bis 15. Sept.
(sonst kroatisch und englisch). Der Automobilklub
HAK sendet zudem zweimal täglich in den ge-

nannten Sprachen den Nautikerbericht (Wind- und Seeverhältnisse). Nachrichten in englischer Sprache strahlt das 1. Programm auf der Frequenz 92,1 MHz täglich um 8.03 (sonntags ab 9.03 Uhr), 10.03, 14.03, 20.03 und 00.10 Uhr aus.

Zeitungen Größere **deutschsprachige Tages- und Wochenzeitungen** sind landesweit an Kiosken und in Buchhandlungen erhältlich. Die wichtigsten **kroatischen Tageszeitungen** (in kroatischer Sprache) sind „Večernji List" (Abendblatt), „Vjesnik" (Bote) und „Slobodna Dalmacija" (Freies Dalmatien).

Medizinische Versorgung

Problemlos Das medizinische Versorgungssystem wird permanent verbessert und auch für Touristen erweitert. Viele Campingplätze verfügen über eine Erste-Hilfe-Station, mittlere und größere Städte über ordentliche, moderne Kreiskrankenhäuser. Alle Behandlungskosten sind bar zu entrichten; es empfiehlt sich der Abschluss einer Reisekrankenversicherung (siehe „Versicherungen").

●**Reisegesundheitsinformationen:** www.crm.de

Nachtleben

Vielfältig Die meisten Hotels der höheren Kategorie haben **Nightclubs,** wichtigere touristische Ortschaften verfügen über **Discos.** Im Sommer werden oftmals **Tanzabende im Freien** sowie verschiedene **Unterhaltungsprogramme** und **Kulturveranstaltungen** organisiert – es ist wirklich ein Genuss, eine kroatische Dorfband auf einem der kleinen Plätze der Altstädte zu erleben! In den bekannteren Hotel- und Freizeitanlagen gibt es oft ein **Spielkasino.** Ein „echtes" Nachtleben für Spätaufsteher spielt sich hauptsächlich im Raum Rijeka –

Opatija ab. Nachtschwärmer werden sich ansonsten an den malerischen Promenaden der Küstenstädte wohlfühlen, wenn nach Einbruch der Dunkelheit das Leben in den **Bars** und **Cafés** erwacht.

Notfälle

Man hofft es natürlich nicht, aber wenn doch einmal etwas passiert, sollte man trotz aller Aufregung einen kühlen Kopf bewahren und bei folgenden Stellen Hilfe in Anspruch nehmen.

- Beim **Verlust von Reisedokumenten** kontaktiere man außer der **Polizei** die diplomatische Vertretung; idealerweise hat man Fotokopien gesondert aufbewahrt!
- **Ist das Geld weg, diplomatische Vertretung und/oder Sonderversicherer** (z.B. Automobilklub) kontaktieren, ein Grundbetrag zur Heimreise wird ggf. vorgestreckt. Bei entsprechender Bonität hilft auch die Hausbank mit einer Geldanweisung, um den Urlaub eventuell wie geplant fortsetzen zu können!

Verlust/ Diebstahl

Bei Verlust oder Diebstahl der **Geldkarte oder Reiseschecks** sollte man diese umgehend sperren lassen! Für deutsche Maestro- (EC-) und Kreditkarten gibt es die **Sperrnummer (0049) 116116** und im Ausland zusätzlich (0049) 30 40504050. Für österreichische und schweizerische Karten gelten:

- **Maestro-(EC-)Karte,** (A-)Tel. 0043-1-204-8800; (CH-)Tel. 0041-44-2712230, UBS: 0041-848-888601, Crédit Suisse: 0041-800-800488.
- **MasterCard,** internationale Tel. 001-636-7227111.
- **VISA,** Tel. 0043-1-7111-1770; (CH-)Tel. 0041-58-9588383.
- **American Express,** (A-)Tel. 0049-69-9797-1000; (CH-)Tel. 0041-44-6596333.
- **Diners Club,** (A-)Tel. 0043-1-501350; (CH-)Tel. 0041-58-7508080.

Geldnot

Wer dringend eine größere Summe ins Ausland überweisen lassen muss wegen eines Unfalles o.Ä., kann sich über **Western Union** Geld schicken lassen. Für den Transfer muss man die Person, die das Geld schicken soll, vorab benachrichtigen. Diese muss dann bei einer Western-Union-Vertretung (in Deutschland u.a. bei der Postbank) ein entsprechendes Formular ausfüllen und den Code der Transaktion telefonisch oder anderweitig übermitteln. Mit dem Code und dem Reisepass geht man zu einer beliebigen Vertretung von *Western Union* in Kroatien (siehe Telefonbuch oder unter www.westernunion.com), wo das Geld nach Ausfüllen eines Formulares binnen Minuten ausgezahlt wird.

Notrufnummern
- **Polizei:** Tel. 92
- **Feuerwehr:** Tel. 93
- **Notruf:** Tel. 94
- **Kfz-Pannendienst:** Tel. 987 oder 01-987 (Funktelefon), siehe „Autofahren".
- **Notrufstation von ADAC und ÖAMTC:** Tel. 01-3440666

Öffnungszeiten

Banken, Post, Behörden
Öffentliche Institutionen, Postämter und Banken sind **Montag bis Freitag von 8–16 Uhr** durchgehend geöffnet, Banken und Postämter größerer oder touristischer Orte von 7–19 Uhr. Während der Sommersaison sind viele Postämter auch bis 21 Uhr geöffnet.

Geschäfte
Geschäfte und Warenhäuser unterliegen keiner einheitlichen Regelung, öffnen aber meist von **8–20 Uhr.**

Gastronomie
Gastronomie und touristische Einzelhändler (Souvenirläden usw.) passen ihre Öffnungszeiten dem jeweiligen **Bedarf** an.

Tankstellen
Tankstellen sind jeden Tag von **7–19 oder 20 Uhr,** im Sommer bis 22 Uhr geöffnet, in größeren Städten und auf Fernverkehrsstraßen rund um die Uhr.

Post

Zuverlässig Die **kroatische Post HPT** hat sich als effektiv und zuverlässig erwiesen (Öffnungszeiten s.o.). Briefe (Porto: 7,10 Kn) und Postkarten (3,5 Kn) benötigen drei bis vier Tage nach Mitteleuropa.

Briefmarken sind nicht nur in Postämtern, sondern auch in Zeitschriftenläden und teilweise in Souvenirshops erhältlich (Faustregel: dort, wo es Ansichtskarten gibt).

Pakete können bis zu 10 kg per Post ins Ausland versandt werden, wobei neben der üblichen Paketkarte auch eine Zollerklärung (in dreifacher Ausfertigung) beizufügen ist.

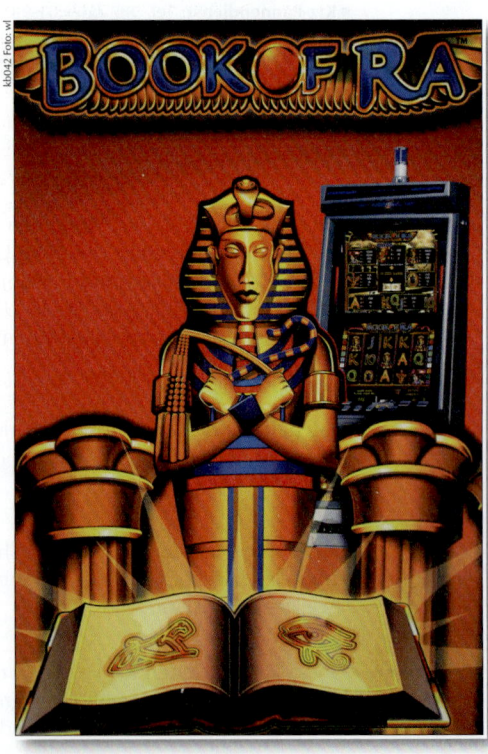

kb042 Foto: wl

Radfahren

Vor- und Nachteile

Es hat so seine Vorteile, **unabhängig und gemächlich** per Drahtesel sein Urlaubsland zu erschließen. Man hat unmittelbaren Kontakt zum Umfeld, zahlt keine zusätzlichen Straßen- oder Schiffsgebühren (Fähren transportieren Fahrräder kostenlos), und ohne Frage wird auf diese Weise auch ein erheblicher Beitrag zum Umweltschutz geleistet. Aber die Nachteile sind nicht zu unterschätzen: Es gibt **nur wenige ausgewiesene Radwege,** Kroatien ist überwiegend hügelig bis bergig, die Nebenstraßen sind in teilweise abenteuerlichem Zustand, und der Verkehr auf den Landstraßen (vor allem am Wochenende auf der Jadranska Magistrala/Küstenstraße) ist teils so brutal, dass von einer reinen Radtour durch Kroatien eher abzuraten ist. Was nicht heißen soll, dass ein Rad gänzlich unnütz ist: Als zusätzliche „Mobilitätsreserve" z.B. im Camper macht es durchaus Sinn, so kann man vor Ort kleinere Nebenstrecken befahren oder vom Campingplatz in den nächsten Ort radeln.

Speziell ausgezeichnete **Radrouten** gibt es inzwischen fast überall; bei Bedarf wende man sich an die Touristeninformationen für Karten (oft mit Höhenprofil), Routenvorschläge, Verleihstellen usw. **Leihräder** sind nicht so oft erhältlich, wie man es vielleicht erwartet; in den Touristenhochburgen der Inseln wird man am ehesten fündig.

Kombi-
touren

Kombinierte Touren **Boot/Rad** oder **Boot/Wan-**
dern für die Kvarner Bucht bietet in unterschiedlichsten Bausteinen die Firma **Radurlaub Zeit Rei-**
sen GmbH an (Fritz-Arnold-Str. 16a, 78467 Kons-
tanz, Tel. 07531-8199390, Fax 8199399, www.in
selhuepfen.de). Wer abwechselnd auf dem Segler,
dann wieder per Fahrrad oder zu Fuß unterschiedliche Ziele der Region erkunden möchte, wird hier
sicherlich etwas Passendes finden; ähnliche Angebote enthält auch die Seite www.radreisen.at.

● Interessant für die Vorbereitung eigener Radfahr-Aktivitä-
ten dürften die **Internetseiten** www.dalmatia.hr (dort:
„Fahrradweg, Mountainbike"), www.fahrradreisen.de/laen
der/kro.htm (kleine Datenbank mit Beschreibungen und
Verknüpfung zu den jeweiligen Anbietern) sowie www.
frosch-sportreisen.de, www.inselhuepfen.de oder http://
radreisen-weltweit.de/dalmatien.htm sein. Alle drei sind
Spezialveranstalter für kombinierte Boots-/Radtouren in
Dalmatien mit Wochenpreisen ab 700 Euro (Ü/Boot, VP,
geführte Radtouren).

Reisezeit

Jedem
die Seine

Mit der Empfehlung einer idealen Reisezeit ist es
immer so eine Sache: Der eine mag es lieber hek-
tisch und mit Trubel, der andere liebt die aufblü-
hende Natur im Frühling, und wieder andere sind
auf Schulferien angewiesen und haben nur begrenzt die Wahl eines „idealen" Zeitraums ...

Touristik-
saison

Offiziell wird die Touristiksaison wie folgt gegliedert (kleine Abweichungen sind je nach Ferienbe-
ginn und Region möglich):

● **27.3. bis 22.5.:**	**E**
● **22.5. bis 26.6.:**	**D**
● **26.6. bis 10.7.:**	**C**
● **10.7. bis 24.7.:**	**B**
● **24.7. bis 21.8.:**	**A**
● **21.8. bis 28.8.:**	**B**
● **28.8. bis 4.9.:**	**C**
● **4.9. bis 11.9.:**	**D**
● **11.9. bis 30.1.:**	**E**

Nach diesem Schema berechnen Hotels, Vermieter von Ferienwohnungen und Zimmervermittler die Unterkunftspreise, werden Öffnungszeiten für Museen und Sehenswürdigkeiten, aber auch Preise für Campingplätze abgestimmt.

Die **Kernbereiche A und B** – also Mitte Juli bis Ende August – sind die absolute **Hauptsaison,** in der am meisten los ist und natürlich auch Engpässe im Unterkunftsbereich oder eine „Massenabfertigung" in den Gaststätten vorkommen können.

Die **Vorsaison** hat den Vorteil, dass man sich gemeinhin in Gastronomie und Hotellerie Mühe gibt und die Touristen umwirbt, während in der **Nachsaison** eine gewisse Erschöpfung unverkennbar ist.

Von **Ende Mai bis Anfang September** sind die Sonnentage deutlich in der Überzahl, die Wassertemperaturen laden zum Baden ein.

Außerhalb der Saisonzeiten wird man Mühe haben, etwas anderes als eine Hotelunterkunft zu finden, auch viele Gaststätten stellen von Oktober bis April den Herd ab.

3 goldene Kroatien-Regeln

- **Reise Mitte September nach Kroatien** – Unterkünfte sind dann schon bei immer noch warmem Meerwasser teilweise 50% billiger als noch drei Wochen zuvor!
- **Meide An- und Heimfahrt am Wochenende** wie der Teufel das Weihwasser – an Wochenenden sind stundenlange Staus garantiert!
- **Wähle eine Insel als Haupt-Urlaubsziel** – je südlicher, desto besser (Inseln sind für viele Reisende authentischer und schöner)!

Schwule und Lesben

Wer sich mit der Szene in Kroatien im Allgemeinen sowie hauptsächlich im Raum Rijeka beschäftigen möchte, findet Informationen und Verweise unter **www.touristinfo.gay.hr.**

Sicherheit

Sicheres Reiseland

Kroatien ist ein sicheres Reiseland! Man kann sich **in jeder Hinsicht** unbeschwert im Lande bewegen, es drohen keine nächtlichen Überfälle, Gepäckschlitzer und motorisierte Handtaschenräuber. Taschendiebstahl und Touristen„abzocke" kommen nur selten vor. Insbesondere dem teilweise immer noch verbreiteten Vorurteil, Kroatien sei Krisengebiet, muss deutlich widersprochen werden! Es besteht schon lange kein Grund mehr für irgendwelche Ängste dieser Art!

Sport und Aktivitäten

Strand-freuden

Das Baden im Meer ist für viele die Erholung und der Urlaubsspaß schlechthin. Es gibt in Kroatien kaum private oder gesperrte Küstenabschnitte, und selbst in kleinen und mittelgroßen Städten bieten sich immer wieder kleine **Buchten und Felsstrände** zum Sprung ins kühle Nass an. Sandstrände sind sehr selten: So, wie sich die Berge kahl und steil erheben, so fällt die Küste ebenso kahl und steil ins Meer ab. Die Felsstrände sind zwar nicht sonderlich bequem (zum Sonnenbaden), verleihen jedoch der kroatischen Adria mit ihren spektakulären Felsbuchten und Berglandschaften jene klare und ungetrübte Brillanz, die jeden Besucher verzaubert und fasziniert.

Neben den meisten Hotels und Campingplätzen gibt es reihenweise **Sportplätze** für Tennis, Korbball, Beach-Volleyball usw. Man kann praktisch überall **Boote** sowie **Angel- und Tauchausrüstungen mieten,** auch **Tauch- und Segelkurse** werden organisiert. Auf den Flüssen Dobra und Cetina wird **Rafting** angeboten; **Kajak- und Kanufahrten** auf Wildflüssen werden auf Kupa, Korana, Cetina und Una organisiert. Hier ein kleiner Überblick über die **Preise** der vor Ort üblichen

Strandfreuden, die sich als Richtwert zur Orientierung verstehen:

- **Katamaran:** Verleih 160 Kn/Stunde, 2-Tageskurs ab 600 Kn, 5-Tageskurs ab 1200 Kn
- **Fahrrad:** 20–25 Kn/Stunde, rund 100 Kn/Tag
- **Moped:** 450–500 Kn/Tag
- **Scooter:** ca. 300 Kn/Tag
- **Motorboot:** ca. 1000 Kn/Tag
- **Jetski:** 200 Kn/15 Min.
- **Wasserski:** ab 120 Kn/Runde
- **Ruderboot:** 30 Kn/Stunde
- **Tretboot:** 50 Kn/Std.
- **Hüpfburg/Trampolin:** 20 Kn/5 Min.
- **Sonnenschirm:** je ca. 25 Kn/Tag

FKK

Spezialisierte **FKK-Campingplätze** mit langer Tradition stehen reihenweise zur Verfügung, teilweise mit Mietbungalows. Neben den meisten Hotelstränden und Campingplätzen gibt es auch gesonderte **FKK-Strände** – diese Bereiche sind stets gut beschildert. Kroatien als eines der ältesten FKK-Paradiese Europas gilt auf diesem Sektor ungebrochen als eines der beliebtesten Urlaubziele überhaupt.

Segeln

Kroatien ist ein sehr beliebtes Revier von Hobby- und Freizeitkapitänen, insbesondere Seglern. Es stehen über vierzig eingerichtete **Marinas** mit etwa 12.300 Anlegeplätzen im Meer und ca. 4200 Landliegeplätzen zur Verfügung. Größere Marinas bieten technischen Service, Kräne, Tankstellen, Geschäfte und Gaststätten. In den meisten Marinas kann man Jachten mieten, auch Segelkurse werden organisiert.

Zum Thema **Jachtcharter** informieren folgende Verbände/Clubs:
- **Deutscher Segler-Verband (DSV),** Kreuzer-Abteilung, Tel. 089-586282, www.dsv.org.
- **Zentrale des Adriatic Croatic International Club (ACI),** HR-51410 Opatija, Maršala Tita 151, Tel. 051-271288, Fax 271824, www.aci-club.hr. In den Charterbasen Vodice (Norddalmatien, 43°45,2' Nord, 015°47,0' Ost, Tel. 022-443086, Fax 442470, m.vodice@aci-club.hr, VHF-Kanal 17) und Trogir (Mitteldalmatien, 43°30,8' Nord, 016°15,2' Ost,

Tel. 021-881544, Fax 881258, m.trogir@aci-club.hr) wurde eine eigene **Charterflotte** des ACI aufgestellt, bestehend aus Elan-333-, Elan-36-, 40er und 45er Schiffen. Im ACI sind mittlerweile 21 Marinas in Kroatien zusammengefasst, auch Einweg-Charter (auch von einer der anderen Marinas) ist möglich. Je nach Boot liegt der reine Charterpreis/Woche zwischen 1150 und 3500 Euro (Hauptsaison, in der Nebensaison bis zu 50% Nachlass).

Törns:
● Mitgliederreisen aller Art im Motorsegler „MSY Adria" ab 900 Euro; **ADAC** Mitgliederreisen, PF 190101, 80601 München, Tel. 089-76762552, Fax 7439153.

Messe-Schnäppchen:
● Segelfreunde wissen natürlich, dass auf der jährlichen **Messe BOOT** in Düsseldorf (Ende Januar) praktisch alle wichtigen Törnanbieter vertreten sind und z.T. zu Schnäppchen- bzw. Messepreisen um Kunden werben. Auch für Überführungstörns, Pauschaltouren und Komplettcharters hat sich die BOOT als optimale Plattform etabliert.

Wichtige Hinweise für Freizeitkapitäne:
● **Es ist verboten, sich mit Motor- und Gleitbooten der Küste näher als bis zu 300 m zu nähern!** Strengste Vorsicht ist wegen der Badenden geboten, bei Nichteinhaltung dieser Anordnung können fatale Unfälle passieren!
● Vor Verlassen des Hafens **Wetterbericht** einholen; beim Verlassen des Hafens ist eine Abmeldung erforderlich. Wenn der Bericht ungünstig ist, fahren Sie nicht los!
● Unternehmen Sie keine Fahrt ohne entsprechenden **Anker** und eine Ankerleine von mindestens 50 m Länge.
● Für alle Motorboote sowie sonstigen Boote über 3 m Länge (Segel- oder Ruderboote) muss beim Hafenamt eine **Fahrtgenehmigung** beantragt werden. Die Anmeldung ist bei jedem Einlaufen eines Bootes in den Hafen bzw. bei Anreise über das Festland erforderlich; die erteilte Genehmigung gilt für ein Jahr. Vorzulegen sind Funkerlaubnis, Führerschein und Bootspapiere. Bei Anreise zur See erfolgt die Anmeldung in einem der ganzjährig geöffneten Hafenorte: Umag, Poreč, Rovinj, Pula, Raša-Bršica (südlich von Labin), Rijeka, Mali Lošinj, Senj, Maslenica, Zadar, Šibenik, Split, Ploče, Metković, Korčula und Dubrovnik.
● **Segelwetter** Kroatien (24-Stunden-Dienst) unter: Rijeka Radio auf Kanal 4, 16, 24, 20; Split Radio auf Kanal 7, 16, 21, 23, 28; Dubrovnik Radio auf den Kanälen 7, 16, 24. Die drei Küstenfunkstellen strahlen täglich Seewetterberichte in kroatischer und englischer Sprache aus: Rijeka Radio

Ein Traum aller Segler – die Kulisse von Mali Lošinj

(UKW-Kanal 24) um 6.35, 15.35 und 20.35 Uhr, Split Radio (UKW-Kanal 21, 07, und 28) um 6.45, 13.45, und 20.45 Uhr) und Dubrovnik Radio (UKW-Kanal 07 und 04) um 7.25, 14.20 und 22.20 Uhr. Zwischen Mai und Oktober sendet Rijeka Radio außerdem auf Kanal 69 nonstop Wettermeldungen, auch auf Deutsch.

**Boots-
ausflüge**

Den Löwenanteil organisierter Bootstouren – abgesehen von reinen Ausflügen, die in den Touristenagenturen angeboten werden – stellen Touren **ins Nationalparkgebiet der Kornaten** (Kornati National Park, Betina 2, Tel. 00385-22-435740, Fax 435058, www.kornati.hr). Teilweise werden derartige Bootstouren auch von Ausflugsagenturen in Touristenorten der Kvarner Bucht angeboten; diese arbeiten dann mit einem der offiziellen Lizenznehmer für die Kornaten zusammen. Der Preis liegt bei 220–250 Kn inkl. Essen (zzgl. Parkeintritt). Aktuelle von der Parkverwaltung lizensierte **Agenturen** für die Kornaten sind:

● **Betina, Morska Lastavica,** Tel. 022-436550, morska-lastavica@globalnet.hr.
● **Biograd, Sangulin Tours,** Tel. 098-299659, www.sangulin.hr.

● **Murter, Aquakornat,** Tel. 022-434151,
aquarius-murter@si.t-com.hr;
Coronata, Tel. 022-435089, www.coronata.hr.
● **Sibenik, NIK,** Tel. 022-338550, www.nik.hr.
● **Vodice, Lirica Tours,** Tel. 022-443018,
www.lirica-tours.hr.

**Wind-
surfen**

Das Windsurfen findet in Kroatien nicht den großen Anklang, den man vielleicht erwartet; daraus
resultiert auch ein allgemeiner Mangel an Verleihstellen. Von den großen Hotels abgesehen gibt es
für Individualreisende vor allem ein Zentrum des
Windsurfens, und das ist Viganj auf der Halbinsel
Pelješac (Süddalmatien), wo der Westwind günstig in den natürlichen Kanal zwischen der Halbinsel Pelješac und der Insel Korčula bläst. Für die
Kvarner Inseln wird in den Ortsbeschreibungen
auf die wenigen Verleihstellen hingewiesen.

Tauchen

Tauchen mit ABC-Ausrüstung (Brille, Schnorchel,
Flossen) ist ohne Genehmigung erlaubt, für das
Gerätetauchen ist eine **Genehmigung** erforderlich, die unter Vorlage von Pass und Brevet bei
den Hafenmeistereien, über eine Tauchschule
oder bei den Touristenagenturen (nicht bei allen!)
problemlos ausgestellt wird. Das ein Jahr gültige
Permit kostet 100 Kn, sofern man seine Tauchgänge über eine ortsansässige Basis arrangiert (diese
organisiert dann die Genehmigung). Wer selbstständig tauchen möchte, wird mittlerweile mit
stolzen 2400 Kn zur Kasse gebeten.

Wer sich diesen Betrag leisten will, für den ist es
nicht erforderlich, die Tauchgänge über eine
Tauchbasis zu arrangieren. **Selbsttaucher** haben
an den meisten Basen die Möglichkeit der Flaschenfüllung (rund 30 Kn); zur eigenen Sicherheit
ist der Taucher jedoch verpflichtet, bei jedem
Tauchgang eine auf der Wasseroberfläche
schwimmende Boje mit sich zu ziehen. Theoretisch kann ganzjährig von Sonnenauf- bis Sonnenuntergang selbstständig getaucht werden, für
Nachttauchgänge sollte eine Tauchschule einge-

schaltet werden. Filmen und Fotografieren unter Wasser ist erlaubt, strengstens untersagt – und für echte Taucher selbstverständlich – ist es, irgendetwas vom Meeresboden zu entfernen; insbesondere das Sammeln von Steinbohrermuscheln (*Lithophaga*) und Seedatteln u.Ä. ist verboten; generell ist auch das Tauchen in Häfen und auf den Schifffahrtswegen strengstens verboten.

Richtpreise für Tauchgänge und Equipment:
- **Flaschenfüllung:** ca. 7 Euro
- **Weste, Automat:** je 5 Euro
- **6er-Tauchpaket:** 150 Euro (eigene Ausrüstung, nur Blei und Flasche); 200 Euro (volle Leihausrüstung)
- **10er-Tauchpaket:** 250–300 Euro (Leihausrüstung extra)
- **Bootsausfahrten** werden meist gesondert berechnet (3–5 Euro pro Tauchgang), ebenso Nichttaucher auf dem Boot (ca. 20 Euro).
- **Grundkurs** Anfängertauchschein inkl. Leihausrüstung): ab ca. 300–350 Euro.

Weitergehende Infos:
- **Kroatischer Tauchverband,** Dalmatinska 12, **Zagreb,** Tel. (00385) 14848765, Fax 14849119, www.diving-hrs.hr.
- **Dekokammern** befinden sich in **Pula** (Istrien), P. Togliattija 47, Tel. 052-24572, Fax 217877, Mobil 098-255945, und in **Split** (Dalmatien), Domovinskog rata 1, Tel. 021-343980, Fax 361355, Mobil 099-475095.

Sehr beliebt sind **Pauschalarrangements** für Segler oder Taucher, die in Fachzeitschriften („Tauchen") oder auf der internationalen Bootsmesse BOOT in Düsseldorf alljährlich angeboten werden. Bei eigener Anreise kostet beispielsweise eine Woche mit Übernachtung und Frühstück inklusive Non-Limit-Tauchen rund 300 Euro.

Insgesamt werden den deutschsprachigen Taucher die Inseln der Kvarner Bucht ebenso begeistern wie Dalmatien. Die wichtigsten deutsch-kroatischen oder deutschsprachigen Basen werden in den Ortsbeschreibungen – soweit möglich mit Mailadresse oder Website – gesondert aufgeführt, da diese oftmals auch gute Unterkunft preiswert arrangieren oder auch selbst anbieten (bevorzugt für Taucher; siehe auch Pauschalangebote in einschlägigen Fachzeitschriften wie „Unterwasser" oder „Tauchen").

Angeln/ Außer zum Angeln am Ufer benötigt man eine
Fischen Bewilligung der zuständigen Gemeinde. Beim **lizenzfreien Küstenangeln** ist ein Fang von bis zu 5 kg täglich erlaubt. In Häfen und Naturschutzparks ist der Fischfang verboten, dies gilt auch für Muscheln und Krebse.

Fischfanggebiete sind die Gewässer rund um die Küste und die Inseln, wobei hauptsächlich Tintenfisch, Makrele, Goldbrasse, Brauner Serran, Thunfisch, Drachenkopf, Meeräsche, Aal, Zahnbrasse, Gelbstriemen, große Geisbrasse, schwarzer Schattenfisch, Muräne, Sackbrasse, Seebarbe und Rotbrasse gefangen werden.

Die Fremdenverkehrsämter geben alljährlich die **Gratisbroschüre „Sportfischerei"** heraus, ferner kann man sich an die Tourismusbüros vor Ort oder den **„Zentralverband für Unterwasseraktivitäten und Sportfischerei am Meer"** wenden (51000 Rijeka, M. Gupca 2, Tel. 051-25255).

Wandern Die meisten Kroatien-Urlauber suchen Erholung am Strand bzw. in den Küstenorten; doch seien wir ehrlich: Nach ein oder gar zwei Wochen des reinen Müßigganges reizt es gewiss, wieder einmal etwas anderes zu sehen und vielleicht einsame Gegenden des Hinterlandes kennen zu lernen. Das **Hinterland** der Region Kvarner, aber auch die **Inseln** bieten interessante Wandermöglichkeiten. An den **Küsten** laden teilweise kilometerlange befestigte Spazierwege entlang malerischer, einsamer Felsbuchten zu ausgedehnten Promenaden ein. Besonders beliebt sind hier Opatija – Lovran oder Mali Lošinj – Veli Lošinj auf der gleichnamigen Insel. Einige beispielhafte Wanderungen werden im Rahmen der Ortsbeschreibungen ausführlicher dargestellt. Es empfiehlt sich zudem, die recht ausführliche Broschüre „Wege und Promenaden" des Tourismusverbandes Kvarner (siehe

„Informationsstellen") für Spaziergänge und Wanderungen zu Rate zu ziehen.

Wandern kann vor allem in den Sommermonaten Juli und August extrem **schweißtreibend** sein – man sorge daher neben vernünftigem Schuhwerk stets auch für ausreichenden Getränkevorrat.

**Winter-
sport**

Kroatien bietet **drei Skizentren** mit mehreren Drahtseilbahnen und eingerichteten Skipässen: Medvednica bei Zagreb, Platak bei Rijeka und vor allem das Olympiazentrum Bjelolašica bei Ogulin. Drei Schlepplifte und ein Sessellift bedienen insgesamt über 6000 m Piste bei sehr günstigen Preisen. Infos unter www.bjelolasica.hr (Skigebiet) sowie www.hoteljastreb.com (Skihotel in Mrkopalj).

Sprache

Kroatisch

Die kroatische Sprache gehört ebenso wie das Slowenische und das Serbische zu den südslawischen Sprachen. Im Unterschied etwa zum Bulgarischen oder Serbischen wird in Kroatien unsere **lateinische Schrift** verwendet, sodass dem Besucher die Orientierung anhand von Straßenschildern oder Hotelnamen einfacher fällt als in Sprachgebieten mit kyrillischer Schrift.

Eine Sonderform im kroatischen Sprachgebiet bildete das vermutlich seit Ende des 19. Jahrhunderts ausgestorbene **Dalmatische,** eine vom Venezianischen geprägte romanische Sprache. Das Verbreitungsgebiet lag etwa im heutigen Dalmatien und kannte sogar mundartliche Tendenzen, wie etwa das Ragusische, eine in Ragusa (Dubrovnik) in Stadtparlament und Handel gesprochene Unterform des Dalmatischen. Am längsten hielt sich das Dalmatische auf der Insel Krk.

Aussprache
● c wie ts
● č wie tsch
● ć wie tj

- **s** wie ss
- **š** wie sch
- **ž** wie sh in „Gelee"
- **z** wie s in „Suppe"
- **e** wie ä
- **dj** wie j in „James"
- **h** wie ch in „ach"
- **v** wie w
- **r** wie är (Krk = Kärk, Hrvata = Härvata)

Sprach-
führer

Obgleich man in Kroatien bzw. der Kvarner Bucht sehr gut englisch, italienisch und deutsch versteht, kann ein kleiner Wortschatz der Landessprache in entlegenen Gebieten oder kleinen Orten doch sehr hilfreich sein. Wer sich Kroatisch-Kenntnisse für den Urlaub aneignen möchte, sei auf den Kauderwelsch-Band **„Kroatisch – Wort für Wort"** verwiesen, der im REISE KNOW-HOW Verlag erschienen ist. Hier werden sehr anschaulich die Grundlagen der Alltagskommunikation erläutert, ohne dass man sich mit unnötiger Theorie und Grammatik herumplagen muss. Eine Begleit-CD ist ebenfalls erhältlich.

Kleine Sprachhilfe

Allgemein	Ja	*Da*
	Nein, nicht	*Kne*
	Bitte sehr	*Molim*
	Danke (sehr)	*Hvala ljepo*
	Guten Tag	*Dobar dan*
	Auf Wiedersehen	*Doviđenja*
	Entschuldigung ...	*Molim vas ...*
Geld	Zahlen bitte!	*Platiti molim!*
	Wieviel kostet das?	*Pošto je to?*
	Kreditkarte	*Kreditna kartica*
	Geldautomat	*Bankomat*
	Wieviel kostet das?	*Pošto je to?*
	Ich zahle mit Kuna/Euro	*Placam u kunama/euro*
	Geldautomat	*Bankomat*
Unterwegs	Abfahrt von	*polazak iz*
	Abfahrt nach	*polazak za*
	rechts	*desno*
	links	*ljevo*

Fahrkarte	*Bilet*
Bahnhof	*Kolodvor*
Busbahnhof	*Autobusni kolodvor*
Haltestelle	*Stanica*
Wann fährt der Zug?	*Kada polazi vlak?*
Busbahnhof	*Autobusni kolodvor*
Haltestelle	*Stanica*
Wo (ist)	*Gdje (je)*
Fähre	*Trajekt*
Im Zentrum	*U centru*
Wie kommt man nach …?	*Kako se die u …?*
Straße	*Ulica*
Autobahn	*Autoput*
Landstraße	*Cesta*
Panne; Unfall	*Kvar, sudar*
Werkstatt	*Radionica*
Grüne Versicherungskarte	*Zeleni karton*
Parkplatz	*Parkiralište*
Tankstelle	*Benzinska pumpa, crpka*

Vor Ort

Fahrrad	*Bicikl*
Laden	*Prodavnica*
Kaufhaus	*Robna kuća*
Markt	*Tr nica*
Wo kann man … kaufen?	*Gdje se mo e kupiti …?*
Handyempfang	*Prijem mobitelu*
Was?	*Što?*
Wer?	*Tko?*
Ich, du, er/sie	*Ja, ti on/ona*
Wir, ihr	*Mi, vi, oni*
Ich suche …	*Tra im …*
Gibt es …/es gibt …	*Ima li … /ima …*

Zahlen

0	*nula*	18	*osamnaest*
1	*jedan*	19	*devetnaest*
2	*dva*	20	*dvadeset*
3	*tri*	21	*dvadeset jedan*
4	*četiri*	22	*dvadeset dva*
5	*pet*	30	*trideset*
6	*šest*	40	*četrdeset*
7	*sedam*	50	*petdeset*
8	*osam*	60	*šesdeset*
9	*devet*	70	*sedamdeset*
10	*deset*	80	*osamdeset*
11	*jedanaest*	90	*devedeset*
12	*dvanaest*	100	*sto*
13	*trinaest*	200	*dvjesto*
14	*četrnaest*	300	*ctristo*
15	*petnaest*	400	*četrsto*
16	*šesnaest*	500	*petsto*
17	*sedamnaest*	1000	*tisuća*

Zeit		
	täglich	*svaki dan*
	werktags	*radni dan*
	Samstag	*Subota*
	Sonn- und Feiertag	*Sedelja i blagdan*
	Montag	*Ponedjeljak*
	Dienstag	*Utorak*
	Mittwoch	*Srijeda*
	Donnerstag	*Četvrtak*
	Freitag	*Petak*
	Wie spät ist es?	*Koliko je sati?*
	5 vor X	*pet do X*
	5 nach X	*X i pet*

(Hinweis: Grundbegriffe zur **Gastronomie** s.a. „Essen und Trinken" in diesem Kapitel.)

Telefonieren

Festnetz

Von den meisten öffentlichen Telefonen kann direkt **nach Mitteleuropa** gewählt werden: Auslandsvorwahl eingeben (Deutschland 0049, Österreich 0043, Schweiz 0041), Ortskennzahl ohne „0" sowie die Rufnummer des Teilnehmers.

Telefonkarten für öffentliche Fernsprecher/ Festnetz sind an Kiosken und in Postämtern erhältlich; Richtpreis ca. 3 Kn/Minute bei Prepaid-Telefonkarten der T-Com, die das öffentliche Fernsprechnetz betreibt.

Die **Auslandsvorwahl** nach **Kroatien** lautet **00385,** dann ist ebenfalls die Ortsvorwahl (ohne „0") sowie die Teilnehmernummer zu wählen. Innerhalb Kroatiens wird die „0" (z.B. 01 für Zagreb, 052 für Istrien, 051 für die Kvarner Bucht einschließlich Pag) mitgewählt.

Handy

Handys funktionieren in Kroatien gut. Die Gesprächskosten ändern sich allerdings gerade im Mobiltelefonbereich permanent – ein grober Anhaltspunkt für ein Handy-Gespräch sind derzeit ca. 65 Ct./Minute. Am klügsten ist es, wenn man beim Provider nachfragt oder auf der Website nachschaut, welcher der kroatischen Roamingpartner *VIP* oder *T-Mobile* in Kroatien am günstigsten ist, und diesen per manueller Netzauswahl bei den Telefonaten voreinstellt. Nicht zu vergessen sind die passiven Kosten, wenn man von zu Hause angerufen wird. Ein Anrufer im Heimatland zahlt nur die Gebühr ins inländische Mobilnetz, die Rufweiterleitung nach Kroatien findet man später auf der eigenen Handyrechnung wieder – daher Rufumleitungen deaktivieren.

Falls das Mobiltelefon **SIM-lock-frei** ist (keine Sperrung anderer Provider) und man innerhalb Kroatiens viele Gespäche führen muss, kann man sich eine örtliche **Prepaid-SIM-Karte** besorgen (siehe auch www.vipnet.hr und www.t-mobile.hr).

- Wichtige **Notrufnummern** siehe Abschnitt „Notfälle".
- **HAK** (kroatischer Automobilklub) für Straßeninformationen: Tel. 01-4640800.
- **Touristische Infos:** Tel. 0800-200-200 (gebührenfrei).
- **Inlandsauskunft:** Tel. 988.

Uhrzeit

MEZ

In Kroatien gilt wie bei uns die **Mitteleuropäische Zeit** (MEZ) und vom letzten Märzwochenende bis Ende Oktober die **Sommerzeit** (MEZ + 1 Std.).

kk038 Foto: wl

Unterkunft

Hotels und Ferienwohnungen

Bei Hotels und Apartments/Bungalows sowie Privatunterkünften wird in Kroatien nach den **Klassen A bis D oder 1 bis 4** unterschieden, selten gibt es zusätzlich „L" für Luxus. Manchmal wird in Hotels und Apartments für Kurzzeitbelegungen (bis drei Nächte) ein Zuschlag von 30% erhoben.

Campingplätze

Für Campingplätze existieren **unterschiedliche Kategorisierungen** und Angaben über die Qualität, teilweise werden Sternchen (* bis ****), teilweise Kategorien benannt (Kat. I bis IV), wobei jeweils „1/I" die geringste und „4/IV" die höchste Komfortklasse bedeutet.

Insgesamt gibt es in den Urlaubsgebieten über 300 registrierte Campingplätze, etwa je zur Hälfte auf Istrien/Kvarner Bucht und Dalmatien verteilt. In Nordkroatien sind sie größer und organisierter (Tischtennis, Minimarkt, Busanbindung etc.). In der Hochsaison ist eine Woche die übliche Mindestbelegzeit auf Campingplätzen; darunter wird man manchmal – hauptsächlich im Falle kleiner Plätze – erst gar nicht aufgenommen. Wildes Campen ist generell untersagt.

Kategorien in diesem Buch

Um dem Leser eine **Orientierung** zu ermöglichen, wird in den Ortsbeschreibungen in diesem Buch einheitlich **nach vier Klassen** katalogisiert, illustriert durch hochgestellte Euro-Zeichen (€€€€). Diese Einteilung ist unabhängig davon, ob vor Ort „2", „**", „B" oder „II" verwendet wird. Die Kategorien sind der abgebildeten **Tabelle** zu entnehmen. Genannt sind die Höchstpreise während der Hauptsaison (Mitte Juli bis Ende August); außerhalb der A-Saison (siehe „Reisezeit") sinkt der Preis auf etwa zwei Drittel, in der Nebensaison teilweise bis auf ein Drittel! Viele Prospekte, Preistafeln usw. in Kroatien arbeiten bereits auf Euro-Basis, die Abrechnung vor Ort erfolgt jedoch meist in Kuna (manchmal wird auch Zahlung in Euro ausdrücklich gewünscht). In der Tabelle sind für eine Kategorie jeweils die niedrigsten und höchsten ermittelten Preise in Euro angegeben, bei Wohnwagen und Wohnmobilen inklusive Strompreise, jeweils pro Tag. Bei den Camping-Kategorien handelt es sich um vereinheitlichte Richtwerte; für die individuelle Planung empfiehlt es sich, den kostenlosen Campingplatzkatalog der Fremdenverkehrsämter (siehe „Informationsstellen") anzufordern.

Buchung Es ist zumindest außerhalb der Hochsaison kein Problem, ohne Vorabarrangement nach Kroatien zu kommen; entweder orientiert man sich an den allgegenwärtigen, oft mehrsprachigen Schilderwäldern (*apartman* = Ferienwohnung, *sobe* = Zimmer), oder man wendet sich an eine der sogenannten **Touristenagenturen („Agencija"),** die dem Suchenden eine Liste von Privatzimmern und Ferienwohnungen vorlegen – das ist etwa so kompliziert wie bei uns der Zeitungskauf an einem Kiosk. Dann besichtigt man selbstständig das Objekt. Sollte das Zimmer zusagen, füllt man – wieder beim Agenten – die Unterlagen aus. Der Pass wird zur Registrierung einen Tag (bzw. bis zur Rechnungsbegleichung) hinterlegt. Somit ist gewährleistet, dass Privatzimmer auch ordnungsgemäß versteuert werden (bis zu 40%!) und die Kurtaxe gezahlt wird (0,50–1 Euro/Tag). Der Kunde merkt von Kurtaxe und Vermittlungsprovision nichts, er zahlt einen Endbetrag.

Wer **direkt zu Vermietern** geht (manche freuen sich, können doch Steuer und Kurtaxe sowie Agenturenprovision gespart werden), darf nicht irritiert sein, wenn man gelegentlich trotz der Eigeninitiative an eine Agentur verwiesen wird: Es bestehen oft feste Verträge mit Agenturen, oder man will ehrlich Steuern zahlen.

Man kann also entweder vor Ort **direkt zum Vermieter gehen** oder sich an die **örtliche Tou-**

risteninformation oder eine der zahlreichen **Agenturen** wenden, von denen einige günstig gelegene jeweils beispielhaft in den Ortsbeschreibungen erwähnt werden. Zunehmend bedeutsam werden auch **Internetkontakte,** die entweder über Agenturen (Vermittler) oder auch – allerdings noch nicht so häufig – direkt mit dem Vermieter geknüpft werden können. Dabei sind einige **Besonderheiten** zu beachten: Eine Agentur in D/A/CH rechnet in Euro ab und fungiert quasi als „Reiseveranstalter" (mit Sicherungsschein usw.) – man hat also einen Ansprechpartner im Heimatland. Die Rechnung wird nicht nach Kroatien überwiesen (recht hohe Überweisungskosten in Nicht-EU-Länder), dafür sind die Kosten höher als bei Agenturen in Kroatien. Diese treten auch als Vermittler auf, fordern meist eine Anzahlung von etwa 20%, der Rest ist dann direkt an den Besitzer der Unterkunft zu zahlen (bar bei der Ankunft). Dabei hat mancher Urlauber ein „flaues Gefühl",

Kategorien in diesem Buch (Preise in Euro)

Kategorie	Hotel	Apartments/FeWo	Campingplatz
€	DZ Ü/F	2er 25–40	4 Pers./Zelt 20–25
	(kplt f. 2 Pers.)	4er 40–60	4 Pers./WoWa 25–30
	40–65	6er 50–70	4 Pers./WoMo 25–30
€€	65–90	2er 40–60	4 Pers./Zelt 25–30
		4er 60–90	4 Pers./WoWa 30–35
		6er 70–100	4 Pers./WoMo 30–40
€€€	90–160	2er 60–90	4 Pers./Zelt 30–35
		4er 90–120	4 Pers./WoWa 35–40
		6er 100–140	4 Pers./WoMo 35–40
€€€€	160–200	2er ab 100	4 Pers./Zelt 35–45
		4er 120–180	4 Pers./WoWa 40–60
		6er ab 150	4 Pers./WoMo 40–60

Abkürzungen: DZ = Doppelzimmer; Ü/F = Übernachtung mit Frühstück; FeWo = Ferienwohnung; WoWa = Wohnwagen; WoMo = Wohnmobil; kplt = komplett, Pers. = Personen

gibt es doch keinen Sicherungsschein, ist die Anzahlung nach Kroatien vorab zu überweisen und muss man zudem darauf vertrauen, dass die Unterkunft zum Zeitpunkt der Ankunft wie vereinbart auch tatsächlich frei ist. Zumindest in der Hauptsaison kann man bei zeitgerechter Vorplanung dafür aber auch sicher sein, ein „Wunschobjekt" anmieten zu können. Hier eine kleine **Auswahl zuverlässiger Anbieter im Internet:**

● Auf der internationalen Seite **www.ferienwohnungen. net** findet man auch Privatanbieter, u.a. kann man hier „Robinsonurlaub auf den Kornaten" (auf einer einsamen Insel) buchen.

● **www.homeholidays.com** bietet sehr schöne, private und günstige Unterkünfte; der Kontakt wird direkt zum Vermieter hergestellt.

● Die Firma *Adrialin,* **www.kroatien-adrialin.de,** arbeitet im Unterkunftsbereich mit TÜV-Süd und rund 7500 Privatanbietern zusammen und bietet Gästezimmer, familienfreundliche Ferienanlagen sowie exklusive Ferienvillen.

● **www.croliday.com** ist die Homepage der mit zahlreichen Häusern in ganz Kroatien zusammenarbeitenden deutschkroatischen Unterkunftsvermittlung *Croliday-Reisen.*

● Schon seit vielen Jahren ist die Agentur *Koima,* **www. apartmani-hrvatska.com,** im Geschäft.

● **www.terra-reisen.com** bietet als einer der größten Autoreise-Veranstalter sehr interessante Angebote im Unterkunftsbereich, aber auch Flüge etc.

● Keine Informations-, sondern eine reine Unterkunftsvermittlungsseite findet man unter **www.istrien.info.** Man kann über die im Portal integrierte Suchmaschine, aber auch persönlich bei Herrn *Zlatko Dipalo* über Mail (service @istrien.info) oder Tel. 089-97893282 (München) buchen.

● Als weitere gute Seiten seien **www.istrien24.com, www. kroatien-holiday.at, www.adriatica.net** und **www.idriva. de** erwähnt.

● **Hinweis:** Leider tummeln sich inzwischen auch schwarze Schafe in der Masse der Internetanbieter. So warnen Reisende ausdrücklich in den einschlägigen Foren vor Anbietern, die bereits mehrfach zwar kassiert, dann aber beim Erscheinen der Buchenden vor Ort gar keine Unterkunft bereitgestellt haben sollen. Dabei soll zudem bereits vor der Reise (eigene Anreise, nur Unterkunftsbuchung) der gesamte Preis für die Unterkunft bezahlt worden sein, was in Kroatien unüblich ist und stets stutzig machen sollte! Üblich ist bei der reinen Unterkunftsbuchung lediglich eine Anzahlung nach der Buchung (meist 100 Euro) und Begleichung des Restbetrages bei der Schlüsselübernahme.

Jugend-herbergen

Jugendherbergen in der Kvarner Region, die dem internationalen Jugendherbergsverband angeschlossen sind (www.hihostels.com), gibt es derzeit lediglich in Punat/Krk, Veli Lošinj und Rijeka. Wegen der großen Nachfrage ist eine **Reservierung** empfehlenswert (am besten über die offizielle Homepage www.hfhs.hr).

Weitere Auskünfte sowie aktuelle Preislisten können hier angefordert werden:

● **Deutsches Jugendherbergswerk,** Bismarckstr. 8, 32657 Detmold, Tel. 05231-74010, www.jugendherberge.de.
● **Österreichischer Jugendherbergsverband,** Schottenring 28, 1010 Wien, Tel. 01-5335353, www.oejhv.or.at.
● **Schweizer Jugendherbergen,** Schaffhauserstr. 14, 8042 Zürich, Tel. 044-3601414, www.youthhostel.ch.
● **Youth Hostel Association,** Savska Cesta 5, 41000 Zagreb, Tel. 01-4829294, www.hfhs.hr.

Verkehrsmittel

Bahn

Im Vergleich zum Bus bietet die Bahn in Kroatien eigentlich nur eine Alternative für Eisenbahnfans. Die Anbindungen, insbesondere im Süden, sind – bedingt durch die gebirgige und teils unzugängliche Landschaft – **außerordentlich beschränkt.** Bahnlinien führen von Slowenien nach Pula (Südspitze Istriens) oder über Karlovac nach Rijeka bzw. durch das Binnenland nach Dalmatien (Zadar, Šibenik und Split). In den Ortsbeschreibungen wird auf die jeweiligen Verbindungen hingewiesen. Je nach Route zahlt man in der 2. Klasse als Richtpreis etwa 1,2 bis 1,5 Kn pro Kilometer.

Busse

Der Bus dürfte für diejenigen, die nicht mit einem eigenen Fahrzeug unterwegs sind, das Haupttransportmittel sein; die **Verbindungen** zwischen den einzelnen Ortschaften sind sehr **ordentlich** und zudem ausgesprochen **preiswert:** Als Faustregel gilt, dass pro Kilometer 0,95 bis 1 Kn zu entrichten sind – auch auf internationalen Routen, wenn die Tour in Kroatien beginnt.

Fahrpläne hängen in Busbahnhöfen und an Haltestellen aus, dabei sollte man die Begriffe „polazak iz ..." (Abfahrt von ...), „polazak za ..." (Abfahrt nach), „radni dan" (werktags), „subota" (samstags) und „nedelja i blagdan" (sonn- und feiertags) kennen.

Stadtbus/ Straßenbahn

Soweit vorhanden, werden die innerstädtischen Verkehrsmittel **im Rahmen der jeweiligen Ortsbeschreibungen** erläutert.

Fähren

Zu den vielen interessanten und sehr beliebten **Inseln** verkehren ganzjährig **Autofähren,** zu kleineren Inselchen **Passagierfähren** (teilweise Privatanbieter, zu buchen direkt am Pier). Die meisten in den Karten verzeichneten „Fährorte" sind nur eine Anlegestelle mit einer kleinen Ticketbude. Selbstfahrer stellen sich einfach hinten an und kaufen während der Wartezeit das Fährticket; von den beiden Coupons wird einer bei der Einfahrt auf die Fähre abgegeben, die Kopie gilt als Beleg. Das Fährpersonal ist auch in Stressphasen sehr hilfsbereit und nett. Wartezeiten kommen durchaus vor, auf die Frequenzen und Verbindungen der diversen Routen wird in den Ortsbeschreibungen eingegangen.

●**Infos:** Über die aktuellen Preise und Fährverbindungen zu den Inseln informiert die Hauptfährgesellschaft Jadrolinija unter **www.jadrolinija.hr.** Für alle Inselfahrer empfiehlt sich die Gegenkontrolle der Fährzeiten für die gewählte Insel kurz vor der Abreise wegen häufiger Änderungen (oft auch zusätzliche Fähren im Hochsommer!).

Taxis

Einige wenige **größere Städte** verfügen über einen regulären, relativ teuren Taxi-Service; Einzelheiten und Richtpreise finden sich in den Ortsbeschreibungen, insbesondere zu Rijeka.

Trampen

Trampen ist **nicht sonderlich beliebt** in Kroatien, eigentlich sogar eher verpönt. Das heißt allerdings nicht, dass in Notfällen oder bei miserablem Wetter nicht geholfen würde. Im Sommer allerdings stehen die Chancen für Tramper eher schlecht, obgleich zu dieser Zeit mehr Touristen als Einheimische auf kroatischen Straßen fahren.

Versicherungen

Egal, welche Versicherungen man abschließt, hier ein Tipp: Für alle abgeschlossenen Versicherungen sollte man stets die **Notfallnummern notieren und mit der Policenummer gut aufheben!** Bei Eintreten eines Notfalles ist es ratsam, die Versicherungsgesellschaft sofort telefonisch zu verständigen!

Der Abschluss einer **Jahresversicherung** ist in der Regel kostengünstiger als mehrere Einzelversicherungen. Günstiger ist auch die Versicherung als Familie statt als Einzelpersonen. Hier sollte man nur die Definition von „Familie" genau prüfen.

Krankheit im Ausland Die **gesetzlichen Krankenkassen** von Deutschland und Österreich garantieren eine Behandlung im akuten Krankheitsfall auch in Kroatien, wenn die Versorgung nicht bis nach der Rückkehr warten kann. Als Anspruchsnachweis benötigt man die **Europäische Krankenversicherungskarte,** die man von seiner Krankenkasse erhält.

Im Krankheitsfall besteht ein Anspruch auf ambulante oder stationäre Behandlung bei jedem zugelassenen Arzt und in staatlichen Krankenhäusern. Da jedoch die Leistungen nach den gesetzlichen Vorschriften im Ausland abgerechnet werden, kann man auch gebeten werden, zunächst die **Kosten** der Behandlung selbst zu tragen. Obwohl bestimmte Beträge von der Krankenkasse hinterher erstattet werden, kann ein Teil der finanziellen Belastung beim Patienten bleiben und zu Kosten in kaum vorhersagbarem Umfang führen. Deshalb wird der **Abschluss einer privaten Auslandskrankenversicherung** dringend empfohlen.

Bei Abschluss der Versicherung – die es mit bis zu einem Jahr Gültigkeit gibt – sollte **auf einige Punkte geachtet** werden. Zunächst sollte ein Vollschutz ohne Summenbeschränkung bestehen, im Falle einer schweren Krankheit oder eines Unfalls sollte auch der Rücktransport übernommen werden, denn der Krankenrücktransport wird von den gesetzlichen Krankenkassen nicht übernommen. Manchmal ist eine solche Auslandsversicherung, auch für die gesamte Familie, in Kontenverträgen mit Kreditkarte (Bank fragen) bereits enthalten oder kann auch preiswert über die Automobilclubs abgeschlossen werden, insbesondere wenn man bereits Mitglied ist. Diese Versicherung bietet den Vorteil billiger Rückholleistungen (Helikopter, Flugzeug) in extremen Notfällen. Wichtig ist auch, dass im Krankheitsfall der Versicherungsschutz über die vorher festgelegte Zeit hinaus automatisch verlängert wird, wenn die Rückreise nicht möglich ist.

Schweizer sollten bei ihrer Krankenversicherungsgesellschaft nachfragen, ob die Auslandsdeckung auch für Kroatien inbegriffen ist. Sofern man keine Auslandsdeckung hat, kann man sich kostenlos bei Soliswiss (Gutenbergstr. 6, 3011 Bern, Tel. 031-3810494, www.soliswiss.ch) über mögliche Krankenversicherer informieren.

Zur **Erstattung der Kosten** benötigt man ausführliche Quittungen (mit Datum, Namen, Bericht über Art und Umfang der Behandlung, Kosten der Behandlung und Medikamente).

Mögliche Versicherungen

Ist man mit einem Fahrzeug unterwegs ist der **Europaschutzbrief** eines Automobilklubs eine Überlegung wert. Wird man erst in der Notsituation Mitglied, gilt diese Mitgliedschaft auch nur für dieses Land und man ist meist verpflichtet fast einen Jahresbeitrag zu zahlen, obwohl die eine solche Mitgliedschaft nur für einen Monat gültig ist.

Ob es sich lohnt, **weitere Versicherungen** abzuschließen wie eine Reiserücktritts-, Reisegepäck-, Reisehaftpflicht- oder Reiseunfallversicherung, ist individuell abzuklären. Gerade diese Versicherungen enthalten viele Ausschlussklauseln, sodass sie nicht immer Sinn machen.

Die **Reiserücktrittsversicherung** ab 45 Euro lohnt sich nur für teure Reisen und für den Fall, dass man vor der Abreise einen schweren Unfall hat, schwer erkrankt, schwanger wird, gekündigt wird oder nach Arbeitslosigkeit einen neuen Arbeitsplatz bekommt, die Wohnung abgebrannt ist u.Ä. Nicht gelten hingegen: Terroranschlag, Streik, Naturkatastrophe etc.

Die **Reisegepäckversicherung** lohnt sich seltener, da z.B. bei Flugreisen verlorenes Gepäck oft nur nach Kilopreis und auch sonst nur der Zeitwert nach Vorlage der Rechnung ersetzt wird. Wurde eine Wertsache nicht im Safe aufbewahrt, gibt es bei Diebstahl auch keinen Ersatz. Kameraausrüstung und Laptop dürfen beim Flug nicht als Gepäck aufgegeben worden sein. Gepäck im unbeaufsichtigt abgestellten Fahrzeug ist ebenfalls nicht versichert. Die Liste der Ausschlussgründe ist

kb045 Foto: wf

endlos ... Überdies deckt häufig die Hausratsversicherung schon Einbruch, Raub und Beschädigung von Eigentum auch im Ausland. Für den Fall, dass etwas passiert ist, muss der Versicherung als Schadensnachweis ein Polizeiprotokoll vorgelegt werden.

Eine **Privathaftpflichtversicherung** hat man in der Regel schon. Hat man eine **Unfallversicherung,** sollte man prüfen, ob diese im Falle plötzlicher Arbeitsunfähigkeit aufgrund eines Unfalls im Urlaub zahlt. Auch durch manche **(Gold-)Kreditkarten** oder eine Automobilklubmitgliedschaft ist man für bestimmte Fälle schon versichert. Die Versicherung über die Kreditkarte gilt jedoch meist nur für den Karteninhaber!

kb060 Foto: wl

Land und Leute

Überblick

Kroatien

Auf der Karte ähnelt das Territorium Kroatiens einem Bumerang, dessen Basis nach Nordwesten und dessen Spitzen nach Südosten zeigen. Diese recht eigentümliche Form erklärt sich aus der Geschichte bzw. der Zusammensetzung des ehemaligen Vielvölkerstaates Jugoslawien und seiner unterschiedlichen ethnischen Besiedlung. Im Norden **grenzt Kroatien** an Slowenien (gemeinsame Grenzlänge: 501 km), im Osten an Ungarn (329 km), Serbien (241 km) und Bosnien-Herzegowina (932 km), im Süden an die jugoslawische Teilrepublik Montenegro (25 km). Das Staatsgebiet umfasst ungefähr 56.542 km² und beinhaltet **1185 Inseln,** die größtenteils an der dalmatischen Küste liegen, von denen nur 67 bewohnt sind. **Hauptstadt** der Republik Kroatien ist **Zagreb,** wo, mit Umland, rund ein Viertel der insgesamt rund 4,5 Millionen Bewohner des Landes lebt und arbeitet. Die **Bevölkerung** besteht zu 90% aus Kroaten, 7% sind Serben, 3% Italiener, Ungarn, Slowaken, Slowenen, Deutsche und Bosnier.

Geografie

Geografisch unterteilt man Kroatien in das fruchtbare Flachlandbassin von Sava und Drava im Nordosten, ein bergiges Karstland im Norden und im Zentrum sowie die touristisch bedeutsame **mediterrane Küstenregion.** Diese Küstenregion – und somit der untere „Bügel" des Bumerangs – gliedert sich historisch bedingt in drei Regionen: die **Halbinsel Istrien,** die sich anschließende **Kvarner Bucht** sowie, im Süden, **Dalmatien.** Die gesamte Küste ist 1780 Kilometer lang.

Bild auf den
Seiten zuvor:
Morgendlicher
Brottransport
in Cres-Stadt

An den Küsten lebt fast jeder vom Tourismus

Region Kvarner

Die kroatische Region Kvarner bildet den nördlichsten und somit Mitteleuropa am nächsten gelegenen Teil Kroatiens mit den Mittelmeerabschnitten **Kvarner, Kvarneric** und dem **Velebit-Kanal,** der wegen der häufigen Fallwinde zu einer der gefährlichsten Seepassagen weltweit gehört. Bewohnte **Inseln** der Kvarner-Bucht sind Krk, Pag, Cres, Lošinj, Rab, Susak, Unije und Ilovik. Das wichtigste urbane Zentrum ist Rijeka, touristische Küstenhochburgen sind u.a. Opatija und Crikvenica. Der Küstenstreifen von Zagorje bei Brsec bis oberhalb von Opatija wird manchmal auch als „Liburnische Küste" bezeichnet.

Land und Leute

kb074 Foto: wl

Klima

**Mittel-
meerklima** Entlang der kroatischen Küste herrscht Mittelmeerklima mit **warmen, trockenen Sommern**
und **milden Wintern,** wobei es innerhalb dieses
langen Küstenabschnitts noch gewisse Unterschiede gibt (siehe Grafik). Der Grund dafür ist
die jeweilige Lage zu den schützenden Bergketten
des Festlands.

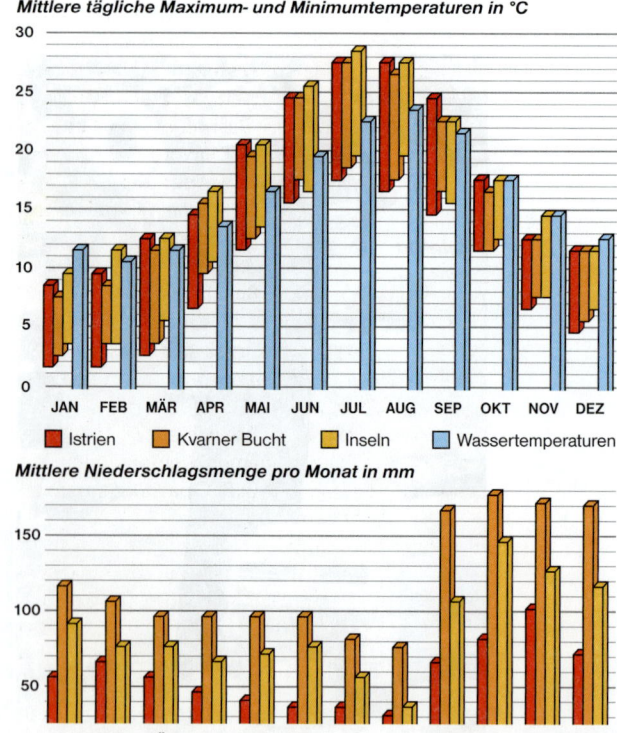

Mittlere tägliche Maximum- und Minimumtemperaturen in °C

■ Istrien ■ Kvarner Bucht ■ Inseln ■ Wassertemperaturen

Mittlere Niederschlagsmenge pro Monat in mm

Als Faustregel kann festgehalten werden, dass es von **Mitte Juni bis Ende August kaum regnet** und die Tageshöchsttemperaturen mit schöner Regelmäßigkeit über die 30°C-Marke klettern, wobei die Temperaturen der südlichen Gefilde meist noch um ein bis zwei Grad höher liegen als etwa die in der Kvarner Bucht.

Zur Thematik vergleiche auch den **Abschnitt „Reisezeit"** im Kapitel „Reisetipps A–Z".

Land und Leute

Flora und Fauna

Pflanzen-welt

Jedes Fleckchen fruchtbarer Erde wird zum Anbau genutzt: Wein, Paprika, Oliven, Tomaten und andere **Obst- und Gemüsesorten** zählen zu den wichtigsten landesüblichen Agrarerzeugnissen, wobei die Pflaume als Basis für den allgegenwärtigen selbst gebrannten *Sliwowitz* (Pflaumenschnaps) nicht vergessen werden darf. Häufige **Nutzpflanzen** sind auch Maulbeer-, Lorbeer- und Feigenbaum sowie Esskastanien (Maroni). Ansonsten wächst auf dem steinigen Karstboden ein spärlicher, immergrüner **Buschwald** mit Rosmarin, Salbei und Thymian; sehr markant duftet auch das Maggikraut. An der istrischen Küste und auf den Inseln gedeiht der **Ölbaum,** sonst finden sich vorwiegend **Nadelhölzer** wie Zypressen, Kiefern und Pinien. Exotische Gewächse wie etwa Tamarisken, Akazien, Agaven und Palmen werden an einigen „Vorzeigepromenaden" (z.B. Opatija) gepflegt.

Säugetiere

Wo eine Kultivierung der Felslandschaften nicht möglich ist, dominieren Ziege und Schaf als pflegeleichte **Nutztiere.** Esel und Mulis dienen noch heute als Transportmittel auf den unwirtlichen Bergpfaden und Hängen. **Wild lebende Säugetiere** scheinen weit seltener vorzukommen als in nördlicheren Gefilden; gelegentlich hoppelt ein Hase durchs Hinterland, auch Rot- und Schwarz-

wild lebt im Landesinneren. Luchse und Bären haben im Kvarner Hochland zwischen den Nationalparks Plitvice und Risnjak eine Heimat gefunden. Mit etwas Glück kann man sogar Steinadler beobachten, auf den Kvarner Inseln auch Weißkopf- oder Gänsegeier.

Land und Leute

Traumbucht bei Lubenice

**Unter-
wasser-
fauna**

Unter Wasser entdeckt der Taucher Nackt-
schnecken, Einsiedlerkrebse, Garnelen, Seeigel,
Seespinnen, Sepia, Zackenbarsche und sogar Kat-
zenhaie. Auch an Wracks und Grotten oder Höhlen mangelt es nicht. Bedingt durch den Felsbo-
den ist die **Sicht sehr gut,** das **Wasser fast überall von hervorragender Qualität.** Umweltschä-
den sind in der kroatischen Adria glücklicherweise
nicht vorhanden.

Geschichte Kroatiens

Überblick

Die Entwicklung der einzelnen Regionen Kroatiens nahm – bedingt durch die Lage zwischen verschiedenen Machtregionen – einen sehr unterschiedlichen Verlauf. Daher wird in den Ortsbeschreibungen der jeweiligen Stadtgeschichte stärker Rechnung getragen, an dieser Stelle sei zunächst ein kurzer Gesamtüberblick zu Kroatien
gegeben.

kb053 Foto: wl

Jung-steinzeit	**Besiedlung der Adriaküste** vor 10.000 Jahren, erste Haustiere und Kulturpflanzen.
ab 1000 v. Chr.	**Illyrische Stämme** siedeln sich – von Nordeuropa kommend – in Istrien (Histrer) und Dalmatien (Dalmater und Liburner) an.
ab 400 v. Chr.	Einwanderung von **Kelten** und Verschmelzung zu einer illyrisch-keltischen Mischbevölkerung. **Griechische Kolonialisten** gründen Handelsniederlassungen auf Korčula, Hvar und Vis sowie dem Festland zwischen Split und Dubrovnik.
200 v.– 200 n. Chr.	Die **Römer** erobern zunächst den illyrischen Siedlungsraum (Kaiser *Augustus* und *Tiberius*), Zentrum der neuen Kultur wird Pula.
3.–5. Jh.	Der in Dalmatien geborene Kaiser *Diokletian* macht Split zu seinem Zentrum (Diokletians-Palast). Das **Christentum** verbreitet sich, erste christliche Basiliken entstehen.
um 620	Einwanderung der **Kroaten** aus der slawischen Urheimat, die in der südwestlichen Ukraine (Pripjat-Sümpfe) angenommen wird, unter dem Druck der Völkerwanderungen.
bis 825	Der kroatische Balkan steht unter **byzantinischer und fränkischer Oberhoheit.**
925	Unabhängiges Königreich unter König *Tomislav*.
1102	*Koloman von Ungarn* wird König von Kroatien: Beginn der **ungarischen Oberhoheit** (bis 1918).

Land und Leute

Die berühmt-berüchtigte Uškokenburg von Senj

1527	*Ferdinand I.* von Habsburg (der spätere römisch-deutsche Kaiser) wird König von Ungarn-Kroatien; die **Habsburger** behalten die Krone bis 1918. Kroaten und Deutsche haben bis 1806, Kroaten und Österreicher bis 1918 ein gemeinsames Staatsoberhaupt.
1573	Bauernaufstände.
1797	*Napoleon* erobert Dalmatien.
ab 1830	Nationale Wiedergeburt, insbesondere auf sprachlichem Gebiet.
1848	Krieg und Trennung von Ungarn.
1868	Kroatisch-ungarische Gleichberechtigung.
1.12.1918	Königreich der **Serben, Kroaten und Slowenen.**
1918	Nach dem Zusammenbruch der k.u.k. Doppelmonarchie Österreich-Ungarns am Ende des Ersten Weltkriegs fällt ganz **Istrien an Italien** (bis zum Jahr 1943).
10.6.1928	Kroatenführer *Stjepan Radič* (Gründer der Bauernpartei) wird im Parlament in Belgrad ermordet.
6.1.1929	**Königreich Jugoslawien.**
6.4.1941	Einmarsch der **deutschen Truppen** in Jugoslawien und Besetzung.
10.4.1941	Kroatischer, faschistischer Ustaša-Staat unter Führer *Ante Pavelič*.
17.4.1941	Bedingungslose Kapitulation Jugoslawiens.
29.11.1945	Sozialistische Föderative Republik Jugoslawien unter **Tito**.

28.6.1948 **Bruch mit Moskau** (Beginn des jugoslawischen „Sonderweges").

1970/71 **„Zagreber Frühling":** National-demokratische Massenbewegung unter Führung von Intellektuellen und Studenten zusammen mit der kroatischen Parteispitze, Niederschlagung durch die jugoslawische Regierung.

4.5.1980 Tod *Titos*.

8.4.1990 *Dr. Franjo Tudjman* wird Präsident des kroatischen Republik-Präsidiums.

Mai 1990 Die „Kroatisch Demokratische Gemeinschaft" (HDZ) gewinnt die absolute Mehrheit bei den ersten freien postkommunistischen Parlamentswahlen.

Aug. 1990 Aufruhr kroatischer Serben in Knin, Beginn des bewaffneten Konflikts.

17.3.1991 „Serbische Republik Krajina" erklärt sich für unabhängig.

25.6.1991 **Unabhängigkeitserklärung Kroatiens.**

3.8.1991 1. Briuni-Abkommen: Dreimonatiges Moratorium der Unabhängigkeitserklärung.

ab Sept. 1991 **Krieg in Kroatien.**

7.10.1991 Serbische Bombardierung von Zagreb.

19.11.1991 Fall von Vukovar.

23.12.1991 **Anerkennung** durch Deutschland und die meisten anderen EU-Staaten mit Wirkung vom 15. Januar 1992.

Land und Leute

19.1.1992	Aufnahme diplomatischer Beziehungen mit der Bundesrepublik Deutschland.
Jan. 1992	Vance-Friedensplan.
12.2.1992	UNO-Truppen-Stationierung (UNPROFOR).
Frühjahr 1992	Serbische Belagerung und Beschuss Dubrovniks.
2.1.1993	Kroatischer Angriff im Hinterland von Zadar (Maslenica).
28.2.1993	Washingtoner Abkommen zur Gründung der **Bosnisch-Kroatischen Föderation** in Bosnien und Herzegowina (BiH).
April 1993	Ausbruch bewaffneter Konflikte zwischen Kroaten und Muslimen in Bosnien-Herzegowina.
Sept. 1993	Kroatische „Medak-Offensive" bei Gospič.
1.5.1995	Kroatische Rückeroberung des serbisch kontrollierten Westslawoniens („Aktion Blitz").
2.–3.5.1999	Raketenbeschuss Zagrebs durch Serbien.
4.–7.8.1995	Kroatische Rückeroberung der serbisch kontrollierten Krajina („Aktion Sturm").
12.11.1995	Vertrag von Erdut mit den Behörden der serbisch kontrollierten Gebiete in Ostslawonien, der Baranja und Westsyrmiens über Wiedereingliederung in Kroatien nach VN-Verwaltung (UNTAES).
14.12.1995	Kroatien unterzeichnet das Daytoner Friedensabkommen.
23.8.1996	Normalisierungsabkommen zwischen Kroatien und der **Bundesrepublik Jugoslawien.**

Land und Leute

6.11.1996	Aufnahme Kroatiens in den **Europarat.**
15.1.1998	Ende des UNTAES-Mandats und vollständige Wiedereingliederung von Ostslawonien, Baranja und Westsyrmien in den kroatischen Staatsverband.
Nov. 99– Jan. 2000	Der schwer erkrankte Präsident *Tudjman* liegt im Sterben, seine Nachfolge ist offen, sein Tod beendet eine autokratische Ära.
Febr. 2000	**Stipe Mesić** wird am 7.2. zum neuen Präsidenten gewählt und am 18.2. offiziell in sein Amt eingeführt. Der Chef der HND verspricht eine Abkehr vom Einheitsstaat der bis dato vorherrschenden HDZ und der Tudjman-Verstrickungen.

Relikt der kaiserlichen Ära in Rijeka

13.7.2000 Die **Liberalisierungswelle** erreicht einen vorläufigen Höhepunkt mit der Entlassung des Tudjman-Getreuen *B. Tolič* als Chef der staatlichen Nachrichtenagentur HINA.

1.10.2000 *Mesić* kritisiert öffentlich kroatische Kriegsverbrechen der HVO (kroatische Armee) während des Balkankrieges und verspricht weiterhin gerichtliche Verfolgung, auch wenn es sich um Kroaten handele; mehrere rechtsnationalistische Generäle attackieren ihn in einem offenen Brief. *Mesić* setzt sich durch und schickt sie in den Ruhestand.

März 2001 Kroatien liefert den wegen Kriegsverbrechen angeklagten General *Norič* aus – Zehntausende protestieren in Split dagegen, ebenso viele in Pula dafür; die Regierung bleibt hart.

25.6.2001 Zehnjähriges Unabhängigkeitsjubiläum. Präsident *Mesić* will seine Politik der inneren Liberalisierung und außenpolitischen **Westintegration** bei gleichzeitiger Aussöhnung mit den östlichen Nachbarn fortsetzen.

Juli 2002 Die Regierung *Račan* tritt zurück, 5-Parteienkoalition gescheitert. **Nationalkonservative** im Aufwind (rechtskonservative HDZ demoskopischen Umfragen zu Folge wieder stärkste Partei).

Sept. 2002 *Ivica Račan* wird von *Mesić* wieder zum Premier ernannt – er versucht nun ohne HSLS *(D. Budiša)* die **Europäisierung** (EU-Beitritt) umzusetzen und den Abbau der Arbeitslosigkeit (über 20%!) voranzutreiben.

Jan. 2003 Der damalige EU-Erweiterungskommissar *Günther Verheugen* bezeichnet Kroatien und Bosnien-Herzegowina als aussichtsreiche Kandidaten für spätere Beitrittsrunden.

Febr. 2003 Erneut werden in der Landespresse amerikanische Pläne zur Modernisierung des traditionellen Diokletianspalastes (Split) heftig und kontrovers diskutiert. Das marode Weltkulturerbe soll angeblich einem modernen Stadtzentrum weichen.

April 2003 Auf dem **Athener EU-Gipfel** (Beschluss der großen Osterweiterung für 2004) legt Kroatien sein offizielles **EU-Beitrittsgesuch** vor.

Herbst 2003 *Ivo Sanader* reformiert die bis dahin extrem rechtskonservative **HDZ** und kooperiert in offenen Fragen hinsichtlich EU und Auslieferung gesuchter Kriegsverbrecher. Die HDZ wird damit wieder „hoffähig".

2004 Die HDZ gewinnt die **Parlamentswahlen,** *Ivo Sanader* löst *Ivica Račan* als Premierminister ab, und Kroatien wird offizieller **EU-Beitrittskandidat.**

2006 Kroatien wird offiziell von der UN-Sonderbeauftragten für die Verfolgung von Kriegsverbrechen, *Carla del Ponte,* für die gute Zusammenarbeit gelobt und in dieser Hinsicht als **EU-reif** beurteilt.

2007 Nur mit knappem Vorsprung bleibt die **HDZ** von Regierungschef *Ivo Sanader* bei der Parlamentswahl im November **stärkste Partei.**

2008 *Ivo Sanader* bildet eine **neue Mitte-Rechts-Regierung** aus HDZ, HSLS (Sozialliberale), HSS (Bauernpartei) und SDSS (Serbische Minderheitspartei) und hält am Ziel „EU-Beitritt" fest.

2009 *Sanader* stürzt über **Korruptionsskandale,** Nachfolgerin als Premierministerin wird *Jadranka Kosor,* die resolut gegen politische Korruption vorgeht, sich zügig im Grenzkonflikt mit Slowenien einigt und so die letzten Hürden für den EU-Beitritt beseitigt.

Land und Leute

2010   Mit **Ivo Josipović** als Präsident wird ein Rechtswissenschaftler an die Spitze des Staates gewählt. Ex-Premier *Sanader* flieht ins Ausland und wird per internationalem Haftbefehl gesucht.

Frühjahr   Gegen die Auslieferungspolitik von mutmaßlichen
2011   Kriegsverbrechen protestieren rechte Veteranen in Zagreb – die Polizei knüppelt eine Gegendemonstration nieder. Weitere sozialpolitisch motivierte (linke) Kundgebungen gegen die Regierungspolitik folgten. Durch Ausweitung der **Demos** auf Rijeka, Split und andere Großstädte gerät die Regierung *Kosor* weiter unter Druck, will aber am EU-Kurs (Auslieferung von Kriegsverbrechern und Haushaltseinsparungen) festhalten.

Geschichte der Region Kvarner

Antike   Die Kvarner Bucht wurde im Altertum wechselweise von Illyrern, Liburnern, Japoden, Griechen und Histrern bewohnt, ehe die **Römer** 221 v. Chr. erstmals den Versuch unternahmen, die Region gemeinsam mit Istrien (Histrer) zu besetzen. Dieses Vorhaben gelang 178 v. Chr. endgültig. Mit dem Zerfall des Römischen Reiches im 4. Jahrhundert verblieb die Region Kvarner beim weströmischen Teil des Imperiums, ehe mit dem Sieg der Ostgoten über Westrom ab 476 erneut die Oberhoheit wechselte. 539 verdrängte Byzanz (Ostrom) in dem Bestreben, das Römische Reich zumindest an der Ostadria zu restaurieren, die Goten, musste sich aber im Zuge der Einwanderung slawischer und awarischer Völker während der Völkerwanderung (Ende 6. Jh.) zurückziehen.

Mittelalter   Zu den Slawen zählen auch die **Kroaten,** die fortan die Kvarner Bucht besiedeln, ab dem frühen 9. Jahrhundert *(Karl der Große)* allerdings zunächst unter fränkischer Oberhoheit stehen. 1288 gelingt es dem frankopanischen Fürstentum von Vinodol,

Der „Kroatische Frühling"

Der kroatische PEN-Klub (Schriftstellerverband) um *Miroslaw Krleža* veröffentlichte **1967** eine Denkschrift zur kroatischen Schriftsprache, die ausgehend von Intellektuellen und Studentenvereinigungen zu einer kleinen kroatischen **Nationalbewegung** im Zeitalter der Volksaufstände in den Marionettenstaaten hinter dem „Eisernen Vorhang" („Prager Frühling", Ungarn) erwuchs. Während das Tito-Regime jeglichen Nationalismus als staatsgefährdend verbot, bestand diese Bewegung auf einer gewissen Eigenständigkeit innerhalb des Staates. Es ging dabei weniger um einen kroatischen Nationalismus, als vielmehr um **wirtschaftliche Gerechtigkeit** (rund 85% der Einnahmen mussten an Belgrad abgetreten werden).

Die zunächst rein theoretische Auseinandersetzung begann im Jahr **1971** zu eskalieren, als Studenten in Zagreb öffentlich demonstrierten und kroatische Sprachwissenschaftler eine rein kroatische Grammatik veröffentlichten.

Das Tito-Regime musste reagieren: Die Grammatik wurde verboten (da nicht „jugoslawisch", „serbokroatisch" oder „kroatoserbisch"), Studentenführer und viele Professoren von den Hochschulen ausgeschlossen, die Bewegung als „kroatischer Faschismus" verfolgt. **Folterungen, Inhaftierungen und politische Morde** an Exilkroaten durch den jugoslawischen Geheimdienst UDBA waren die Folge. Dennoch blieb die Auseinandersetzung im Vergleich zu anderen Staaten relativ gewaltfrei. 1974 wurde dann eine neue Verfassung verabschiedet, die den Teilrepubliken umfassende Autonomien einschließlich eines (1991 dann auch reichlich genutzten) Sezessionsrechtes einräumte – ein weit vorausschauender Triumph der Initiatoren des „Kroatischen Frühlings".

Land und Leute

die Kvarner Bucht kurzzeitig zu kontrollieren, es muss sich aber Ende des 13. Jahrhunderts den Venezianern beugen, die vor allem an Exporthäfen an der Ostadria interessiert sind. 1358 tritt die Dogenrepublik **Venedig** ihre Rechte rund um Fiumen (heute Rijeka) an Ungarn ab, das wiederum 1471 Rijeka an die **Habsburger** Dynastie (Österreich) abgibt. Damit wird das Festland der Region Kvarner mehr oder weniger von Österreich, die Inseln (ab 1480 auch Krk) von Venedig kontrolliert, was im 16. und 17. Jahrhundert mehrfach zu Konflikten der beiden Mächte führt und im gemeinsamen siegreichen Kampf Österreichs mit den Uškoken gegen Venedig gipfelt (1615–17).

Neuzeit

Nach einer längeren und eher ruhigen Phase als Freihafen wird **Rijeka** 1779 zunächst an Ungarn übergeben, um kurzzeitig zurück an Österreich, während der napoleonischen Kriege Anfang des 19. Jahrhunderts kurz an Frankreich zu fallen. Nach dem Ende der napoleonischen Ära (1815) bleibt die Kvarner Bucht bis zur Gründung des ersten jugoslawischen Königreiches (1918) österreichisch, zahlreiche architektonische Relikte gehen auf diese Phase zurück. Mit Unterbrechung der Jahre 1941–43 (deutsche Besatzungsphase) folgt die Geschichte der Kvarner Bucht seit 1918 den Ereignissen um das ehemalige **Jugoslawien** bzw. das moderne Kroatien (s.o.).

Heldenmonumente zeugen von der semi-sozialistischen jugoslawischen Epoche

Staat und Politik

Das neue Kroatien

Parlamentarische Demokratie

Dem Modell moderner europäischer Staaten folgend, basiert die „Republika Hrvatska" (Republik Kroatien) gemäß der Verfassung von 1990 auf einer demokratischen und sozialen Struktur. Die kroatische **parlamentarische Demokratie** – zumindest nach *Tudjman* nicht nur auf dem Papier existent – zeichnet sich demgemäß durch eine Gewaltenteilung in Legislative (Gesetzgebung), Judikative (Gerichtsbarkeit) und Exekutive (Vollzugsorgane) mit einem **starken Präsidenten (Stipe Mesić)** an der Spitze aus.

Land und Leute

kb053 Foto: wl

Die Mesić-Administration genießt im Westen einiges Ansehen und ist ernsthaft bemüht, den „Filz" der Tudjman-Ära zu beseitigen. Dies gilt sowohl für Ex-Premier *Račan* als auch den aktuellen **HDZ-Regierungschef Ivo Sanader,** der nicht nur die einstige Einheitspartei reformierte, sondern auch das brisante Thema der Kriegsverbrecherfragen energisch und im Sinne Den Haags (internationales Strafgericht) anging.

Allerdings konnte offenbar auch *Sanader* einem üppigen Griff in die Kassen nicht wiederstehen – er verlor 2009 sein Amt als Regierungschef an *Jadranka Kosor,* setzte sich 2010 ins Ausland ab und wurde per internationalem Haftbefehl gesucht.

Unter dem Strich bemüht sich Kroatien, Anschluss an die westlichen Nachbarn zu gewinnen und kurz- bis mittelfristig einen Platz in der Europäischen Union zu finden (der Beitritt ist für 2012/2013 vorgesehen). Als vor einem endgültigen EU-Beitritt noch zu verbessernde Sachgebiete gelten das **Justizwesen,** die **Verwaltung** und die **Bekämpfung der Korruption.** Dafür steht insbe-

sondere auch der neue Präsident und Rechtswissenschaftler *Ivo Josipović*. International ist Kroatien seit 1992 Mitglied der UN, der OSZE und des IWF.

Verwaltung

Kroatien

Die Republik Kroatien ist administrativ in **20 Gespanschaften** (eine Gespanschaft entspricht etwa einem Kanton bzw. Bundesland) und die **Stadt Zagreb** gegliedert. Der Begriff Gespanschaft stammt aus der k.u.k. Zeit, als südosteuropäische Territorien in **„Banate"** gegliedert waren und der Ban (Herr) des Banates den Großgespan quasi als Gouverneur der Gespanschaft ernannte. Diese Gliederung wurde 1918 übernommen (Königreich der Serben und Kroaten), nach dem Zweiten Weltkrieg abgeschafft und 1992 reaktiviert.

Kvarner Bucht

Verwaltungstechnisch setzt sich die Kvarner Bucht (s.a. „Geografie") aus den Gespanschaften (Verwaltungsdistrikte, kroat.: *županje*) **Primorje-Gorski Kotar** im Norden und **Lika-Senj** südlich davon zusammen. Die Gespanschaft Primorje-Gorski Kotar umfasst flächenmäßig etwa 3600 km² mit rund 305.000 Einwohnern, Lika-Senj ca. 5350 km² mit nur knapp 58.000 Bewohnern. Hierzu zählt auch der Nordteil der touristisch ebenfalls bedeutsamen Insel Pag, die jedoch mehrheitlich schon zu Norddalmatien gehört (siehe dazu den Reiseführer „Norddalmatien", REISE KNOW-HOW Verlag). Auch einige bekannte Natur- und Nationalparks liegen im Kvarner Land, etwa der Nationalpark Risnjak, die Plitwitzer Seen sowie die Naturparks Učka im Norden oder Velebit im Süden (bis nach Dalmatien hinein).

Land und Leute

Verspielte Ornamentik am Rathaus von Rijeka

Staatssymbole

Kroatien Die kroatische Flagge setzt sich als Trikolore aus den waagerechten Balken **Rot-Weiß-Blau** zusammen und entstand in dieser Form 1848 im Geiste der europäischen Revolutionen. Zur Unterscheidung etwa von der niederländischen Staatsflagge wird die kroatische mittig ergänzt durch das **Staatswappen,** ein rot-weißes Schachbrett mit 25 Feldern, dessen Ursprung auf die ersten kroatischen Könige (Funde aus dem 11. Jahrhundert) zurückgeht und als „typisch kroatisch" gilt. Oberhalb des Schachbretts befindet sich eine Krone, die sich aus den fünf ältesten kroatischen Wappen (Kroatisches Königreich, Istrien, Dalmatien, Slawonien und Republik Dubrovnik) zusammensetzt.

National- Die kroatische Nationalhymne **„Lijepa Naša"**
hymne (Unsere schöne Heimat), 1835 von *A. Mihanović* geschrieben, wurde 1974 offiziell genehmigt und dient seither als ein alle Kroaten einigendes Band.

Wirtschaft

Gute Die gesamtwirtschaftliche Lage **seit der Unabhän-**
Wirt- **gigkeit** stellt sich mit einem Pro-Kopf-Bruttoin-
schafts- landsprodukt (BIP) von ca. 8000 Euro im 5-Jahres-
daten durchschnitt (2003 bis 2007) um rund 20% besser dar als in anderen Ländern der Region (Bulgarien, Rumänien), die sogar schon EU-Mitglieder sind.

Das unter *Tito* wohlhabende Jugoslawien zeigte sich nach zehnjähriger HDZ-Regentschaft und Balkankrieg zunächst als wirtschaftlich zerrüttet. Mit den Kriegswirren 1995 brach die EU zunächst alle Verhandlungen ab, auch Kredite des IWF (Internationaler Währungsfond) wurden eingefroren, ausländische Investoren zogen sich zurück. **Hyperinflation** (1500%) war die Folge, auch der Tourismus brach zusammen. Neben einer künstlichen

Kroatiens fünf größte ...

Kroatiens fünf höchste Berge (in m):

Dinara	1830
Kamešnica	1810
Sveti Jure	1762
Vaganski Vrh	1757
Ozeblin	1657

Kroatiens fünf längste Flüsse (in km):

Sava	562
Drava	505
Kupa	296
Donau	188
Bosut	151

Kroatiens fünf größte Inseln (in km²):

Krk	410
Cres	404
Brač	395
Hvar	300
Pag	285

Kroatiens fünf größte Städte (Einwohner):

Zagreb	710.000
Split	190.000
Rijeka	168.000
Osijek	105.000
Zadar	77.000

Kroatiens fünf größte Nationalparks (in km²):

Kornati	234
Plitwitzer Seen	195
Krka-Fälle	110
Paklenica	102
Mljet	54

Land und Leute

Überbewertung des Kuna sorgte ein immenses **Handelsdefizit** – die Importe betrugen fast das Doppelte der Exporte – für Stabilitätsprobleme.

Die EU-nahen Folgeregierungen unter Präsident *Mesić* schafften unerwartet rasch eine deutliche **Trendwende:** Das Wachstum, die wichtigste Kennzahl einer Volkswirtschaft, stieg bis 2008 im Durchschnitt jährlich um knapp 4% an, wobei die Krisenjahre 2009/2010 dann zu einem zwischenzeitlichen Nullwachstum führten. Mit einem Pro-Kopf BIP von knapp 10.400 Euro stand Kroatien auch 2010 besser da als EU-Mitgliedsstaaten wie Rumänien (9800 Euro, -6,8%) oder Bulgarien (8400 Euro, -4,5%). Für 2011 und 2012 wird in Kroatien wieder mit einem vorsichtigen Wachstum von ca. 2% gerechnet. Deutliche Fortschritte wurden in den Bereichen Inflationsbekämpfung (2010 rund 1,5%) und Eindämmung der noch vor 10 Jahren mit 25% extrem hohen Arbeitslosigkeit (ca. 3,5%) erzielt. Nicht zuletzt aufgrund dieser Entwicklung erklärte Brüssel Kroatien zum offiziellen EU-Beitrittskandidaten. Schon heute wickelt Kroatien über die Hälfte seines Außenhandels mit EU-Staaten ab, dabei etwa zu einem Viertel mit der Bundesrepublik Deutschland.

Schwerindustrie, Handel, Landwirtschaft und **Fischerei** sind die wichtigsten Säulen der nationalen Wirtschaft, auch dem **Tourismus** (22% BIP-Anteil) kommt eine wichtige Rolle zu (s.u.).

Wirtschaftliche Eckdaten Kroatiens:
1. Zeile: BIP (Wachstum), 2. Inflation, 3. Arbeitslosigkeit (jeweils in %)

2007	2008	2009	2010	2011
4,0	4,9	0,4	0,8	2,0*
2,2	2,3	1,5	1,8	2,2*
13,5	13,4	16	18,5	14,0*

*2011: Prognosen

Wichtigste **Exportgüter** Kroatiens sind Maschinen, Kleidung, Kleingeräte und petrochemische Produkte; **importiert** werden hauptsächlich Fahrzeuge, Transportausrüstungen und Industriemaschinen. Zentren der Schwerindustrie (Schiff-, Maschinen-, Bergbau, Petrochemie) sind Rijeka, Zadar, Šibenik und Split, während Istrien und Slawonien als Agrarhochburgen (nur gut 15% des kroatischen Landes sind für intensive landwirtschaftliche Nutzung geeignet) das Land mit Obst, Gemüse, Wein, Oliven und Getreide versorgen. Fischfang, meist nur noch im Nebenerwerb, wird auf den Inseln und in den meisten Küstenorten Kroatiens betrieben.

Land und Leute

Tourismus

20 Mio. Kroatien-Urlauber

Nach Jahren der Skepsis und der irrigen Ansicht, Kroatien sei ein Teil Jugoslawiens und daher ob des Balkankrieges sowie wegen des Kosovo-Konfliktes ein unsicheres Reiseland, erfreut sich die Tourismusbranche wieder einer **kontinuierlich steigenden Tendenz.** Während das „alte" Kroatien der 1980er Jahre 60 Millionen Besucher jährlich verbuchen konnte, brach der Tourismus Anfang der 1990er Jahre (Balkankrieg) fast völlig ein und lag 1995 gerade noch bei knapp 13 Millionen Übernachtungen (fast ausschließlich in Istrien). Seither verbucht die Branche satte Zuwachsraten, die mittlerweile jährlich zwischen 5 und 10% betragen und letztlich zu ca. 80 Millionen Übernachtungen führten. Von den heute jährlich gut 20 Millionen Kroatien-Urlaubern kommen die meisten **Auslandsgäste** aus Italien (ca. 2.500.000), Deutschland (ca. 2.200.000), Tschechien und Slowenien (je ca. 750.000).

Die **Verteilung der Besucherströme** unterliegt dabei einem markanten **Nord-Süd-Gefälle,** der kroatische Küstenstreifen zieht dabei die große Mehrheit der Urlauber an: Rund 50% der Kroati-

k0056 Foto: wl

en-Touristen reisen nach Istrien, 25% zur Kvarner Bucht, 20% entfallen auf die dalmatinische Küste, Nordkroatien und das Binnenland teilen sich 5%, Letzteres ist meist nur Transitstation.

In der Region Kvarner selbst, wählen die Gäste als Sommerurlaubsquartier vornehmlich eines der

folgenden fünf Ziele: Riviera von Opatija (mehr das gesetztere Publikum), Crikvenica/Novi Vinodolski, Insel Cres/Lošinj, Insel Krk und Insel Rab.

Die touristische Infrastruktur in der Region ist gut

Verkehr und Umwelt

**Intakte
Natur**

Man ist sich in Zagreb darüber im Klaren, dass nur eine heile Umwelt auf Dauer den Anspruch an stetig steigende Besucherzahlen flankieren kann. Gleichzeitig steht auch fest, dass westliche Besucher gestiegene Ansprüche an Infrastruktur, Unterkunft und allgemeine Qualität des Urlaubszieles (von der Eiscreme über den Straßenzustand bis hin zum Unterhaltungsangebot) stellen. Und erstaunlicherweise scheint die Quadratur des Kreises zu gelingen: Wegen der recht **geringen Industrie- und Fahrzeugdichte** bleibt die Umwelt nahezu intakt, was sich vor allem auf die Luft- und Wasserqualität positiv auswirkt.

**Veraltete
Technik**

Probleme bereiten allenfalls veraltete **Chemiewerke.** Aufgrund fehlender finanzieller Möglichkeiten wurden sehr strenge gesetzliche Auflagen bei Neuinvestitionen und -gründungen festgeschrieben, um zumindest keine neuen Sünden zu schaffen. Es bedarf dennoch westlicher Unterstützung, um eine technische „Entgiftung" der altjugoslawischen Kraftwerke und Chemieanlagen zu ermöglichen.

**Wasser
und Luft
sind sauber**

Der Tourist wird hiervon allerdings wenig bemerken, sicht- und spürbar sind saubere Luft und exzellente Wasserqualität. **Messstationen** an der gesamten kroatischen Adriaküste kontrollieren dies permanent und bezeugen lastenfreien Badespaß allerorten!

Mentalität und Brauchtum

Freundlich und hilfsbereit

Allgemein sind die Kroaten sehr freundlich und hilfsbereit, dabei aber weit weniger aufdringlich, als man dies aus anderen Ländern der Region gewohnt ist – aber Achtung: Allein reisende Frauen werden durchaus angesprochen, allerdings stets im höflichen Rahmen. Die Kroaten geben sich im Großen und Ganzen sehr **deutschfreundlich,** zeigte sich Deutschland doch als (im Westen umstrittener!) Vorreiter bei der Anerkennung des unabhängigen Kroatien.

Sehr wichtig ist es, die **Privatsphäre** zu respektieren, bei aller Freundlichkeit bleibt man Fremden gegenüber immer etwas reserviert. Dies ändert sich schlagartig, wenn man etwa privat unterkommt und Kontakt zum Vermieter hat – sehr schnell sind freundschaftliche Bande geknüpft, wozu auch der dann reichlich fließende hausgebrannte Sliwowitz oder ein Krug Wein aus eigener Herstellung beitragen.

Sonst trifft man sich zu einem **Plausch vor der Tür,** spaziert die Promenaden entlang, beobachtet die lokalen Kicker beim Training oder spielt eine Partie **Boccia,** ein im westlichen Mittelmeerraum weit verbreiteter Freizeitspaß. Am Sonntag treffen sich die Männer nach dem Kirchgang zum Frühschoppen in einer Bar, die Frauen zum Schwatz auf den Straßen, oder es werden vor den Türen Spitzendecken und Wolljacken gehäkelt.

Das Wichtigste aber ist, dass der Besucher den **Stolz der Kroaten** auf ihre junge Republik und die wirtschaftlichen Leistungen würdigt und nicht durch abwertende Bemerkungen über Land, Leute und Eigenheiten verletzend wirkt.

Politik ist Männersache in Kroatien, **Frauen** lösen sich erst ganz allmählich aus der traditionellen Rolle als Hausfrau und Mutter. Immerhin sind per Gesetz die Löhne und Gehälter zwischen den Geschlechtern angenähert worden, und eine moderne Sozialgesetzgebung ermöglicht mit dem Erzie-

Land und Leute

Der Begriff „Kroate"

Der Begriff „Kroate" kommt vom altslawischen *chrvat*, was sich wiederum vom altiranischen *fšuhaurvat* ableitet, und bedeutet (damals wie heute) **„Viehhüter"**, ein Hinweis auf den Haupterwerb bzw. die Haupttätigkeit der frühen Bewohner der kroatischen Landstriche.

Die Kroaten wurden bekanntlich im 7. Jahrhundert vom byzantinischen Kaiser *Herakleios* zum Schutz gegen die vordringenden Awaren ins Land gerufen und lebten zunächst als Hirten und Viehzüchter an der dalmatinischen Adriaküste, von wo sie sich nach Norden bis zur Kupa und nach Osten bis zur Save und Drau ausbreiteten.

Achtung: Hobbyangler werden sich vielleicht des deutschen Wortes „Kroat" entsinnen, das die gemeine Garnele bezeichnet. Dieser Begriff hat nichts mit dem südslawischen „Kroaten" zu tun.

kb035 Foto: wl

hungsurlaub für Frauen die Berufstätigkeit auch als Mutter.

Der familiäre Zusammenhalt ist nach wie vor sehr groß und bildet die Grundlage der **sozialen Gemeinschaft,** aber auch Vetternwirtschaft und Schwarzarbeit sind – von obersten Führungsetagen bis zum kleinen Mann – weit verbreitet, teilweise aus schnöder Gewinnsucht, teils aber auch aufgrund sozialer Nöte.

Wie anderswo auch blüht in Kroatien der Irrglaube, man könne mit Lotto und Fußballtoto sein bescheidenes Einkommen aufbessern – die **Wettkioske** scheinen allgegenwärtig zu sein.

Typisch südländisch und angesichts der im Sommer teils unerträglichen Hitze auch verständlich ist die **lange Mittagspause,** die meist von 12 bis 15 Uhr dauert. Zu dieser Zeit scheinen die Dörfer und Altstadtgassen wie ausgestorben; in den Städten herrscht dagegen Dauerbetrieb.

Bildung und Soziales

Schulpflicht

In der Republik Kroatien besteht eine allgemeine Schulpflicht von **neun Schuljahren** ab dem fünften oder sechsten Lebensjahr. Mit Erlangen der Hochschulreife kann an den nationalen Universitäten oder im Ausland ein Studium aufgenommen werden.

Die wichtigsten **Fremdsprachen** sind Englisch, Deutsch und Italienisch, wobei kaum regionale Unterschiede zu machen sind – als Tourist denkt man bald, jeder Kroate beherrsche fließend vier Sprachen.

Die **Sozialgesetzgebung** ist im Vergleich zu Westeuropa immer noch entwicklungsbedürftig.

Religion

Katholisch   Die große Mehrheit der Kroaten gehört traditionell der römisch-katholischen Kirche **(über 80%)** an, daneben existieren serbisch-orthodoxe, moslemische und protestantische Minderheiten im Lande. Die Kirche spielt eine **bedeutende Rolle** im Leben der Kroaten, wenngleich nicht so dominant wie etwa in Italien (gesellschaftlich) oder Polen (politisch). Der katholische Glaube wird zuvorderst als einigendes Band der „Kroaten" und Differenzierung/Abgrenzung zu den orthodoxen (Serbien und Montenegro) und moslemischen (Bosnien-Herzegowina) Nachbarn betrachtet und somit auch als Legitimation für die Westintegration verstanden.

Die bedeutendsten Mönchsorden in Europa

In der Geschichte Kroatiens spielten vielfach verschiedene Mönchsorden bei Klostergründungen und Kirchenbauten eine wichtige Rolle, einige der wichtigsten seien hier kurz vorgestellt.

● **Dominikaner** (in Frankreich Jakobiner): 1215 von *Dominikus* in Toulouse gegründeter katholischer Orden mit weißem Gewand und weißer Kapuze; erster mittelalterlicher Bettelorden, einflussreich, da 1232 mit der Leitung der Inquisition beauftragt. Inhaltlich wissenschaftlich ausgerichtet, haben bedeutende Gelehrte und Prediger hervorgebracht (u.a. *Albertus Magnus, Thomas von Aquin*).

● **Franziskaner:** Berufen sich auf ihren Gründervater *Franz von Assisi* als katholischer Orden der Minderen Brüder, die nach der 1223 von Papst *Honorius III.* bestätigten Bettelorden-Regel des *Franz von Assisi* leben (braune Kutte mit weißem Gurtstrick, oft Sandalen). Theologisch betonen sie die Nächstenliebe als Weg zu Gott. Dispute bzgl. der Ordensregel führten zu zahlreichen Untergruppierungen und Abspaltungen, u.a. der Spiritualen (wörtliche Regelbefolgung), Konventualen (Angleichung an alte Orden) und Kapuziner, die besonders in der Zeit der Gegenreformation als wortgewaltige (Straf-)Prediger wirkten.

● **Augustiner:** Zusammenfassende Bezeichnung für zahlreiche katholische Ordensgemeinschaften, die nach der auf Schriften des heiligen *Augustinus* beruhenden Augustinus-Regel leben.

● **Jesuiten:** Katholischer Regularklerikerorden, 1534 von *Ignatius von Loyola* gegründet und 1540 durch Papst *Paul III.* bestätigt. Hauptziel des

Kunst und Kultur

Traditionelle Künste und Folklore

Häkeln und Stricken
Zu den interessanten kunsthandwerklichen Besonderheiten Kroatiens gehört das Häkeln von Zierdeckchen und das Stricken von Pullovern und Jacken, eine noch heute insbesondere von **älteren Frauen** vor der Haustür oder im Hinterhof in Istrien ausgeübte Volkskunst.

Tänze
Einige Bekanntheit erlangten mehr im Süden auch die mit Begeisterung gepflegten Tänze, die teilweise auf Fastnachtsbräuche und zum Teil auf eine Tradition seit den Türkenkriegen zurückgehen. Bekannteste Bräuche sind in diesem Zusammen-

Land und Leute

Ordens ist die Ausbreitung, Festigung und Verteidigung des katholischen Glaubens durch Mission, Predigt, Seelsorge, Unterricht, wissenschaftliche Arbeit und geistliche Übungen (Exerzitien). War in der frühen Neuzeit wesentliches Element der überseeischen Missionierungen. Die Jesuiten leben in offenen Häusern und Kollegien und tragen keine Ordenskleidung.

● **Zisterzienser/Bernhardiner:** Benediktinischer Reformorden aus dem 11. Jh.; der Ordensname leitet sich von dem 1098 durch *Robert von Molesme* gegründeten Kloster Citeaux ab. Nach der päpstlichen Bestätigung der Ordensverfassung „Charta caritatis" 1119 breitete sich der neue Orden insbesondere unter *Bernhard von Clairvaux* (daher Bernhardiner) aus und gewann Einfluss in ganz Europa. Durch die praktizierte Verbindung von geistlichem Leben und praktischer Arbeit, besonders die Einrichtung von landwirtschaftlichen (Muster-)Betrieben, wurden die Zisterzienserklöster zu wesentlichen Trägern der deutschen Ostsiedlungen im 12. und 13. Jh.

● **Karmeliter:** Katholischer Orden basierend auf einer von Kreuzfahrern im 12. Jh. gegründeten Einsiedlerkolonie auf dem Karmel (Nordisrael), 1226 päpstlich bestätigt, Ausbreitung über Zypern und Sizilien nach Europa. Einige Zweige leben streng asketisch-meditativ und setzen sich primär seelsorgerisch ein.

● **Trappisten:** Aus der Reform-Zisterzienserbewegung 1664 hervorgegangener Orden insbesondere mit strenger Beachtung des absoluten Schweigegelübdes.

● **Johanniter, Templer, Deutschherren:** Militärische Rittermönchsorden, gegründet während der Kreuzzüge zum Schutz der Pilgerwege ins Heilige Land.

hang das Verbrennen einer in türkische Gewänder gehüllten Puppe zu Fasching (**Mesopust),** der **Moreška-Tanz,** ein Schwerttanz aus Süddalmatien, und die **Kumpanija,** ein musikalisch begleitetes Kampfstück. Obwohl die Türken auf kroatischem Boden kaum Relikte hinterließen, so wurden doch Speis' und Trank und auch die Volksmusik erheblich von ihnen beeinflusst, wenn auch nicht so stark wie im weit muslimischer geprägten Bosnien-Herzegowina. Die bedeutendsten Musikinstrumente sind Dudelsack (nur in Istrien), *Tamburica* (eine Art Balalaika), *Kavala* (Langflöte) und *Sopila,* eine in der Kvarner Bucht verbreitete Oboenart.

Volks-trachten
Volkstrachten sind **selten** geworden und werden in der modernen Gesellschaft verdrängt. Nur gelegentlich, etwa zu Feiertagen oder auch bei Festspielen, vornehmlich in touristischen Hochburgen, werden noch Trachten getragen, die sich an ländlicher Kleidung früherer Jahrhunderte orientieren. Es dominieren dabei die Farben Rot, Weiß und Schwarz.

Architektur und Kunst

Griechen
Die im 5. Jahrhundert v. Chr. nach Süddalmatien und auf einige Inseln vorrückende griechische Kultur hinterließ **bemerkenswerte Spuren,** die besonders wegen ihres Realismus bestechen. Ein bekanntes Beispiel ist das Kairos-Relief in Trogir (Dalmatien).

Römer

Mit der römischen Kolonisation folgte für den gesamten Küstenraum eine **architektonische und kulturelle Blüte** durch die Errichtung von Tempeln und Theatern, Aquädukten und Thermen sowie den Bau von Kanalisationssystemen. Damit wurde ein für die damalige Zeit modernes Stadtbild geprägt, das sich noch heute in Poreč oder Pula (Amphitheater) sowie in Zadar studieren lässt.

Byzanz

Nach dem Untergang Westroms folgten Rückeroberungsversuche byzantinischer Kaiser von Konstantinopel aus bis nach Norditalien, wodurch die christianisierte Bevölkerung als neues Gebetshaus die **Basilika** mit Intarsien aus Perlmutt und Marmor, Mosaiken und steinernen Baldachinen am Hauptaltar erhielt. Das Prunkstück schlechthin aus dieser Zeit, die Eufrasius-Basilika, kann in Poreč (Istrien) bewundert werden.

Land und Leute

Slawen Byzantinisch beeinflusst, aber in vollkommen eigenständiger, frühromanischer Bauart, errichteten die eindringenden Slawen vom 7. bis 11. Jahrhundert vor allem zylindrisch geformte, sehr **massiv wirkende Kirchen mit Kuppeldach** in den unterschiedlichsten Größen – so etwa die kleinste Kuppelkirche der Welt in Nin oder die berühmte Donat-Kirche in Zadar (Norddalmatien).

Romanik In den bereits existierenden Städten entlang der gesamten Küste hielt die Epoche der Romanik vom 11. bis ins 13. Jahrhundert Einzug. **Monumentale Kirchenbauten** (Bischofskirchen) entstanden in Dubrovnik, Trogir, Zadar (alle Dalmatien), in Senj sowie auf Rab und Krk. Daneben erfuhr auch der **Profanbau** einen bedeutsamen Aufschwung, grob gehauene Steinblöcke lösten Holz und Fachwerk als Baumaterialien ab. In diesen trutzigen Wohnhäusern (erhalten noch in Split,

Trogir und z.T. in Poreč) waren ebenerdig Stallungen, im Obergeschoss Wohnräume untergebracht.

Gotik

Während der kroatischen Gotik (13. bis 15. Jahrhundert) prallten zwei unterschiedliche Strömungen aufeinander: Durch den blühenden Seehandel waren Fürsten und Kaufleute wohlhabend geworden und versuchten, diesen Wohlstand in einer großartigen Stadtarchitektur zu zeigen und – nicht zu vergessen – vor Eindringlingen von außen zu verteidigen. So entstanden die typischen **mittelalterlichen Stadtanlagen** mit gewundenen Gassen, herrlichen Bürgerhäusern und wehrhaften, die gesamte Stadt umgebenden Stadtmauern und Verteidigungsanlagen. Beste Beispiele hierfür finden sich in Dubrovnik und Trogir (Dalmatien), auf Rab und in Motovun (Kvarner Inseln). Die Geistlichkeit präsentierte sich in dieser Phase in Form von bescheidenen, sogenannten **Bettelorden** (Franziskaner, Dominikaner). Sie bauten ihre Gotteshäuser ebenso schlicht, wie sie lebten. Beispiele für diese einschiffigen, **schmucklosen Kirchen** sind Sv Franje in Pula und Sv Dominik in Dubrovnik.

Renaissance

Vorhandene Bauwerke wurden während der Renaissance (15./16. Jahrhundert) **erneuert und erweitert,** das Stadtbild der führenden Handelsmetropolen wurde zum Muster für die Stadtplanung mit Loggien, Stadtplätzen, Rathäusern und Rektorenpalästen. Gute Beispiele sind etwa das Rathaus in Pula oder der Rektorenpalast in Dubrovnik: Säulengang außen am Erdgeschoss, zwei- oder dreiteilige, verschnörkelte Fenster im ersten Stock und

Land und Leute

Die katholische Kirche hatte erheblichen Einfluss auf die kroatische Kultur

fast quadratische, kleinere Fenster im zweiten Obergeschoss. Fast alle bestehenden Kirchen wurden innen umgestaltet und verziert. Die Stadtmauern wurden wegen der vorrückenden Türken stärker befestigt. Als Paradebeispiel für den Festungsbau sei Karlovac mit seiner typischen Sternform genannt.

Barock

Den Barock des 17./18. Jahrhunderts muss man für Kroatien insofern als zweigleisig betrachten, als die Kvarner Bucht – und hier insbesondere Rijeka – zunehmend unter österreichischen Einfluss fiel (Beispiel: Veitskirche in Rijeka) und mit einigen Neuerungen aufwartete, während der Süden (Republik Ragusa, Dalmatien) im Zuge des türkischen Rückzugs und eigenen Machtverlusts eher eine Flaute erlebte. Die wichtigsten Küstenstädte verlegten sich auf das Minimum, nämlich den **Erhalt der Stadtmauern.** Lediglich in Dubrovnik wurden nach dem verheerenden Erdbeben von 1667 von vorwiegend italienischen Architekten unter Beteiligung örtlicher Baumeister barocke Neubauten geschaffen (Kathedrale).

Klassizismus

Das 19. und frühe 20. Jahrhundert – die Phase des Klassizismus – brachte der Kvarner Bucht, vor allem Rijeka und Pula als durch Bahnlinien erschlossenen Häfen Österreichs, **neue Verwaltungsgebäude und Schauspielhäuser,** aber auch **erste Hotels.** Beispiele hierfür lassen sich gerade zwischen Rijeka und Pula zuhauf entdecken, etwa das Theater und das Jadrolinija-Gebäude in Rijeka oder die verspielten Villenbauten in Opatija, die teilweise in den Jugendstil fallen. Der Bahnanschluss brachte auch den dalmatinischen Städten Split und Zadar neuen Aufschwung und damit klassizistische Neubauten. Im Hinterland entstanden unzählige österreichische Festungs- (z.B. Varaždin, Karlovac) und Repräsentationsbauten (z.B. Našice), die man auf den diversen Transitrouten besuchen kann.

Gegenwart Es ist nur natürlich, dass diese Vielfalt an kulturellen Einflüssen nicht nur ihre Spuren hinterließ, sondern auch Kunst und Kultur der Gegenwart nachhaltig beeinflusst. Im Straßenbild der Städte wird man auf viele kleine Ateliers und Kunstwerkstätten wie z.B. Filigranjuweliere, aber auch Straßenmaler und -musikanten treffen, die den klassischen Vorbildern nacheifern bzw. unter deren Einfluss hervorragende Eigenkreationen hervorbringen. Bekannte Vertreter der gegenwärtigen Kulturszene sind der faszinierende **Maler I. Antolčić** (Lošinj), der beliebte klassizistisch geprägte Bildhauer **I. Meštrović** (Split) und der Regisseur **P. Prpović** mit seinem ungebrochen aktuellen Kinofilm „Tito i Ja" (Tito und ich), der die Erinnerungen eines kleinen Jungen an die Ära *Titos,* der in Kroatien geradezu heroisch verehrt wird, filmisch aufarbeitet.

Land und Leute

Die Riviera
von Opatija

Opatija

⌐A1

Opatija sollte man besucht haben. Nicht, weil es einzigartige kulturhistorische Monumente beherbergen würde. Auch nicht, weil es der Knüller unter den Riviera-Ansiedlungen Kroatiens wäre. Nein, im Gegenteil: Opatija blickt weder auf eine Jahrtausende alte Tradition zurück, noch geht hier abends die Post ab. Und dennoch – ohne Opatija hat man die Kvarner Bucht nicht kennen gelernt!

Geschichte und Allgemeines

Ab 1843 und nach Fertigstellung der Verbindungsstraße nach Rijeka begann eine rasante Entwicklung als **mondäner k.u.k. Erholungsort:** 1843 baute der Handelsmagnat *Higinio* die Villa Angiolina, noch heute das Prunkstück im Herzen der Stadt. 1844 folgte das Hotel Quarnero (Kvarner; errichtet von der österreichischen „Gesellschaft der südlichen Eisenbahnen") als erstes Hotel der kroatischen Adria. 1860 bekam *Maria-Anna,* Gattin von Ex-Kaiser *Ferdinand,* Seeluft verordnet – *Higinio* stellte daraufhin seine Villa Angiolina zur Verfügung, und der Ruf Opatijas als exklusives Seebad war begründet. Am 4. März 1889 wurde die Stadt durch ein Dekret von Kaiser *Franz Joseph* offiziell zum **Kurort** ernannt. Weitere stilvolle Villenbauten folgten, das elektrische Licht kam 1896, ein Jahr darauf ein Wasserwerk und 1908 sogar eine Straßenbahn. Opatija war so berühmt geworden, dass höchste Würdenträger den Ort mit ihrem Besuch beehrten: Prinzessin *Luise von Sachsen-Coburg,* der schwedisch-norwegische König *Oskar* und *Karel I.,* König von Rumänien.

Das noble Ambiente vergangener Tage konnte Opatija bis in die Gegenwart sicht- und spürbar bewahren: **Luxushotels und teure Restaurants,** Spielkasino, Palmen, Avocado-Bäume. Es verwundert daher nicht, dass Opatija als das **„adriatische Nizza"** bezeichnet wird. Und genau dieses in Kroatien einmalige Flair macht einen Besuch der Stadt zu etwas ganz Besonderem.

Bild auf den Seiten zuvor: Lokalerzeugnisse von Marktständen – ein beliebtes Mitbringsel

073is Foto: wl

Die Riviera von Opatija

Sehenswertes

Maršala Tita

Besonders interessant erscheint ein Gang entlang der Maršala Tita mit den prachtvollen Villen, Hotelbauten, Cafés und modernen Geschäften. Auch an der befestigten **Uferpromenade** promenieren Alt und Jung, nutzen die Bademöglichkeiten der Stadt, tanken frische Seeluft unter einem der markanten regenbogenfarbenen Sonnenschirme oder begutachten die kleinen Andenken-, Gewürz- und Kunsthandwerksstände. Dieser Abschnitt gehört zur acht Kilometer langen Uferpromenade **Lungomare,** die von Volosko (zwischen Opatija und Rijeka) bis Lovran führt.

Park 1. Maja

Paradestück der Gründungs- und Blütezeit des Seebades Opatija ist und bleibt der Park 1. Maja (1. Mai) mit der zauberhaften **Villa Angiolina**

(heute Kroatisches Tourismusmuseum, www.hrmt. hr, Tel. 051-603636, tgl. 10–18 Uhr, Eintritt frei). Sein exotischer Bewuchs mit Bambus, Zedern, Zypressen, Eukalyptus- und Mammutbäumen, Dattelpalmen, Akazien, Agaven und japanischer Kamelie versetzt den Besucher in angenehmes Entzücken. Im Park finden sich auch Büsten historischer Persönlichkeiten.

Sv Marija   Zur **Pfarrkirche** Sv Marija gelangt man über eine kleine stufige Gasse, die 50 Meter südlich des Busbahnhofs vor dem Büfett-Grill Elija rechts aufwärts führt. Sie stammt aus dem späten 19. Jahrhundert und besticht durch ihre Holzkuppel, Ziegelwände und prachtvollen, farbigen Glasfenster.

Transport und Verkehr

Busse   Der **Busbahnhof** liegt am Trg Vladimira mitten im Zentrum an der Durchgangsstraße M. Tita. Wichtige Regionalbuslinien sind: 32 (Rijeka – Opatija – Lovran – Mošćenička Draga), 35 (Opatija – Ičići) und 36 (Lovran).

Am Busbahnhof, Tel. 051-271617, liegt die Kartenverkaufsstelle Auto-Trans für **Langstrecken.** Busse fahren von 7.30–22 Uhr tgl. 12–18 x nach

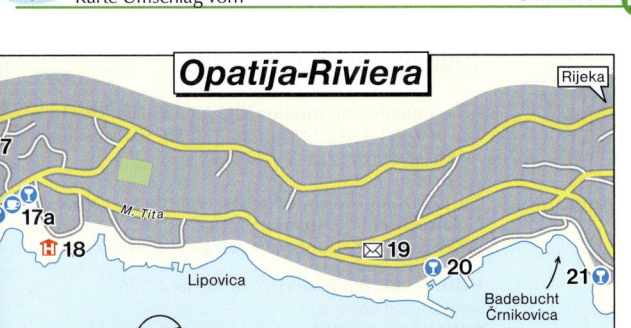

Opatija-Riviera

Rijeka

17a
18
Lipovica
M. Tita
19
20
21
Badebucht
Črnikovica
Volosko

0   200 m

©REISE KNOW-HOW 2011

⊕	**1** Gusto-Grill	⊞	**12** Hotel Kvarner,
⊞●	**2** Hotel Adriatic, Casino	❶	Touristeninformation
⊘	**3** Disco Seven	★	**13** Vila Angiolina und
⊕	**4** Rest. Madonnina	Ⓜ	Tourismusmuseum
	& Hotels Dubrovnik,	⊕	**14** Zelengaj
	Residenz, Admiral	Ⓢ	**15** Banken & Agenturen
⚹	**5** Sv Marija	⊘	**16** Disco Quorum
⊘	**5a** Hard Rock Club	⊠	**17** Post
⊞	**6** Hotel Belvedere	◯17a	Cafés Paris, Stéphanie,
●	**7** Meerwasserbecken	⊕	amelia, Choco Bar,
Ⓑ	**8** Busbahnhof		alma
⊕	**9** Grill/Pizzeria Ruzmarin,	1	**8A**mbasador
⊘	Disco Imperial	1	**9P**ost
⊞	**10** Hotel Imperial	2	**0I**rish Pub
⊕	**11** Kreiskrankenhaus	2	**1N**ightclub 51

Die Riviera von Opatija

Rijeka, 6 x Zagreb, 1 x Dubrovnik, 3–4 x Split/Zadar, 5 x Rovinj, 3 x Poreč und 3 x Triest.

Hier werden auch **Ausflüge** angeboten: Plitvice 300 Kn, Krk 220 Kn, Istrien-Rundfahrt 280 Kn, Venedig 500 Kn.

Mit dem Auto

Einen kostenlosen **Parkplatz** zu finden, ist schwierig bis unmöglich. Im Zentrum sind einige Straßen als gebührenpflichtige Parkmöglichkeit ausgewiesen, z.B. an der Ecke des Parks zum Ufer hinunter (5 Kn/Stunde).

Touristische Infrastruktur

Infos

- Die **Touristeninformation** liegt zentral in der Ul. Maršala Tita 101, Tel. 051-271310, Fax 712290, www.opatija-tourism.hr, geöffnet tgl. außer So 7–21 Uhr.

Agenturen

Für professionelle **Unterkunftsvermittlung, Fahrzeuge, Geldwechsel** und **Ausflüge** bieten sich im Zentrum u.a. folgende an der Hauptstraße gelegene Agenturen an:

- **GIT,** M. Tita 65, Tel. 051-273030, Fax 271967, www.tourgit.com.
- **Atlas,** M. Tita 116, Tel. 051-271032, Fax 271562, www.atlas-croatia.com.
- **Kompas,** M. Tita 110, Tel. 051-271201, www.kompas-travel.com.
- **Kvarner Express,** M. Tita 162, Tel. 051-703723, Fax 703724, www.kvarner-touristik.com.

Unterkunft

Opatija ist **extrem teuer!** So muss man auch in Bezug auf die Unterkunft tiefer in die Taschen greifen als in anderen Orten der Riviera von Opatija. Privatzimmer, von denen etliche in den stilvollen Villen der Stadt liegen, werden über die Agenturen vermittelt (ab 45 Euro/ DZ).

- Die Nr. 1 vor Ort ist sicher das €€€€€**Hotel Ambasador,** F. Peršića 1, Tel. 051-743333, Fax 743444, ambasador@liburnia.hr. Teuer (DZ 146–258 Euro inkl. HP), nicht weil es besonders attraktiv ist, sondern wohl eher wegen des „Opatija-Feelings".
- €€€€**Hotel Kvarner,** P. Tomašića 1, Tel. 051-271233, Fax 271202, kvarner@liburnia.hr. Stilvolles Ambiente, wurde Ende des 19. Jh. erbaut und beherbergte illustre Gäste der k.u.k. High Society. Heute offiziell „3-Sterne-Hotel", aber immer noch mit exzellentem Ruf und häufig Austragungsstätte von Veranstaltungen (Miss-Universe-Wahl, Opatija-Serenaden usw.), DZ inkl. HP 90–156 Euro.
- Beliebt bei Seglern wegen der unterhalb gelegenen Admiral-Marina Opatija ist das €€€€**Hotel Admiral,** M. Tita 139, Tel. 051-271533, Fax 271708, admiral@liburnia.hr, 116–228 Euro/DZ inkl. HP.
- Zu den bezahlbaren Hotels zählt das €€€**Hotel Belvedere,** Tel. 051-271044, Fax 271484, belvedere@liburnia.hr, das sehr zentral und in der Nähe des Busbahnhofs, in der I. Kaline 7, liegt. 62–144 Euro/DZ inkl. HP.
- Ebenso das €€€**Hotel Residenz,** M. Tita 205, 133, Tel. 051-271399, Fax 271225, residenz@liburnia.hr. DZ kosten hier 66–138 Euro für 2 Personen inkl. HP.

Camping

- €€€**Preluk,** Tel. 051-621913, Fax 622381. Liegt 6 km außerhalb Richtung Rijeka an der alten Küstenstraße. Der nächste Platz in südlicher Richtung befindet sich in Ičići.

Essen
& Trinken

Gerade in Opatija bemühen sich die Gastgeber, der Erwartung der Oberklasse-Klientel nachzukommen; so sind es denn auch **gehobenere Restaurants** und **edel anmutende Cafés,** die das Straßenbild prägen.

●Sehr nette und qualitativ ausgezeichnete Kaffeehäuser der Wiener Schule findet man vor allem im Zentrum entlang der M. Tita, u.a. **Café Paris, Café Stephanie** und **Café Camelia.** Besondere Erwähnung verdient dabei das **Café Choco Bar** (M. Tita 94, Tel. 051-603562), geführt von Kroatiens Schokoladenproduzenten Nr. 1 (*Kraš*) – dementsprechend genial sind hier die auf Kakao basierenden warmen und kalten Getränke; geöffnet tgl. 8–24 Uhr. Gelobt für Wiener Kaffeehausatmosphäre und geradezu unverschämt gute Kuchen und Gebäckkreationen wird vor allem das **Café Palma** (M. Tita 108, Tel. 051-706318, tgl. 8–23 Uhr) am *Hotel Bristol.*

●Gut und günstig isst man im hübschen **Grill Ruzmarin** in der Veprinacki put, 50 m westlich vom Busbahnhof. Man sitzt sehr gemütlich, aufmerksame Bedienung und überdurchschnittlich gutes Essen (Pizza, Nudeln, Fisch, kroatische Küche) bei sehr reellen Preisen – wird wiederholt auch von Lesern gelobt.

●Preiswerte Gerichte bietet auch der **Büfett-Grill Elija** an der Hauptstraße.

●Sehr empfehlenswert, da direkt im Zentrum an der Promenade gelegen, ist das **Büfett Vongola,** Tel. 051-711854, M. Tita 113. Geboten werden Snacks und zur Begleitung moderne Musik.

●Als besonderer Tipp der Mittelklasse sei das **Gusto** empfohlen (M. Tita 264, Tel. 051-6704026, 400 m ab Busbahnhof Richtung Lovran), eines der wenigen Restaurants in Opatija, wo man auch im Freien sitzen kann.

●Am Hotel Dubrovnik, in der P. Tomašića 3, liegt das Oberklasse-Restaurant **Madonnina,** Tel. 051-272579, das aber auch recht preiswerte Pizzen (rund 40 Kn) und Salate (ab 25 Kn) anbietet – das Ambiente ist es wert.

●Zu den ganz Großen zählen das **Fourchette d'Or** (Tel. 051-743333, Ul. F. Peršica 1) im Hotel Ambasador sowie das **Zelengaj** (Tel. 051-271450, M. Tita 95) im Zentrum – Riechsalz für den Anblick der Rechnung nicht vergessen!

Unter-
haltung

Auch an abendlicher Unterhaltung geizt Opatija nicht mit seinen Reizen:

●Beliebt sind im Zentrum die **Disco Quorum House,** M. Tita nahe Park 1. Maja, die **Disco Imperial** (zum gleichnamigen Hotel gehörend) sowie der **Hard Rock Club,** M. Tita, gegenüber der Treppe zu den Meerwasserpools.

●Absolut „in" ist derzeit der **Nightclub 51** (tgl. 20–4 Uhr) in Volosko an der Hauptstraße.

●Tipp für die Jugend: Nun, Opatija ist nicht unbedingt ein Traum unverstandener Teenager, die noch mit den Eltern

Die Riviera von Opatija

in den Urlaub fahren (müssen). Aber einen gewaltigen Lichtblick gibt es doch: Erst vor kurzem haben die Betreiber der Hemingway-Bar von Rijeka die **Disco Seven** (M. Tita 125, Tel. 099-4777000, www.discoseven.hr) eröffnet. Viele Themenabende wie sonntags 1980er/-90er Hits, Disco Vibes (samstags) oder donnerstags mit lokalen und internationalen DJ-Größen wie *Harem B, James Tucker, Frankie-the-dj, Alex Ivanov, Tommy* u.v.m. Geöffnet tgl. 22–6 Uhr (Stimmung frühestens ab 23 Uhr), Eintritt je nach Event ab 35 Kn.

● Ebenfalls im Bezirk Volosko, an der Marina, liegt der nette **Irish Pub** (Tel. 051-701640).

● Eher gediegene und „verlustträchtigere" Unterhaltung bietet das **Kasino Opatija** des Hotel Adriatic, Tel. 051-272011. Gespielt wird tgl. 12–4 Uhr amerikanisches Roulette, Stud-Poker, Black Jack usw.

Einkaufen

Entlang der Uferpromenade bieten etliche **Souvenirstände und fliegende Händler** ihre Waren an, meist aus dem Textilbereich: Ledergürtel kosten 120–150 Kn, Shorts 150 Kn, T-Shirts 100 Kn (bessere Qualität bis 250 Kn). Ältere Frauen verkaufen gelegentlich selbst gehäkelte Deckchen und Strickjacken. Den Alltagseinkauf erledigt man aber besser im nahe gelegenen Rijeka (z.B. Rijeka-Tower, siehe dort).

Sonstiges

● **Kreiskrankenhaus:** V. Nazora 2, Tel. 051-271266.
● **Post:** Vjekoslava Spiničica 1; geöffnet Mo bis Fr 7–19, Sa bis 14 Uhr, kleine Filiale in der M. Tita 207.
● **Bank/Geldwechsel:** Zagrebačka und Riadria Banka an der M. Tita gegenüber vom *Hotel Kvarner* (beide mit Geldautomat); sehr gute Kurse erhält man in der Wechselstube am Busbahnhof.

Ika und Ičići   ⚲ A1

Marina ACI Grassetto

Weiter entlang der dicht besiedelten Riviera folgen im unmittelbaren Anschluss Ika und Ičići, einstmals **kleine Siedlungen,** die früher vom Fischfang und heute vom Tourismus leben. Hier befinden sich zwei international renommierte Hotelfachschulen sowie die beliebte Marina ACI Grassetto mit über 300 Liegeplätzen (überwiegend Segler, keine Betankung, Tel. 051-271740, Fax 271374). Zudem liegt in Ičići der einzige Campingplatz im Bereich Opatija. Bademöglichkeiten gibt es in den kleinen **Steinbuchten** entlang des befestigten Uferweges.

Touristische Infrastruktur

Infos

● Informationen erteilt (nur Juli/August) das örtliche **Turist-Biro,** Tel. 051-271187, www.tourism-icici.hr.

Unterkunft & Camping

● €€**Hotel Ika,** Tel. 051-291777, Fax 292044, www.hotel-ika.hr, kleines Familienhotel an der Strandpromenade mit DZ zu 55–100 Euro.
● €€**AC Opatija-Ičići,** Tel. 051-704830, Fax 704046, www.rivijera-opatija.hr. Gute Anlage, mit Tennis, Spielplatz, Minimarkt, Restaurant, Kiesstrand und Bootsanlegestelle in terrassenförmig angelegter Parklandschaft. Geöffnet Anfang April bis Anfang Oktober.

Einkaufen

● **Ribarnica** (Fischgeschäft), aus Opatija kommend am Ortseingang rechter Hand.

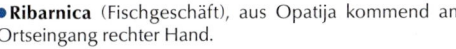

Die beeindruckende Marienkirche von Opatija

Die Riviera von Opatija

Lovran ↗ A1

Historische Altstadt

Die rund 4500 Einwohner zählende Stadt Lovran, die **älteste Siedlung der Riviera von Opatija** aus dem 7. Jahrhundert, bewahrte lange Zeit ihr mittelalterliches Stadtbild. Erst die Entwicklung des Tourismus im 19. und 20. Jahrhundert veränderte die Stadt und die Lebensweise der Bevölkerung nachhaltig. Die berühmte „Lungomare", eine acht Kilometer lange Uferpromenade von Lovran bis Volosko, einem Vorort von Opatija, zog zunehmend Besucher aus aller Welt an. Obwohl Teil der Opatija-Riviera, konnte Lovran mit seiner historischen Altstadt seinen ursprünglichen Charakter weitgehend erhalten. Viele Reisende empfinden Lovran heute als insgesamt angenehmer als das benachbarte Opatija.

Sehenswertes

Durch das **untere Stadttor mit dem Stadtturm** (17. Jahrhundert) kommt man unmittelbar zum kleinen **Zentrum (Trg Sv Juraj)** mit der **Georgskirche (Sv Juraj)** aus dem 12. Jahrhundert. Der ursprünglich frei stehende Glockenturm wurde im 17. Jahrhundert mit der Kirche verbunden. Am Platz sieht man mehrere verzierte Häuserportale; gegenüber der Georgskirche steht das Rathaus mit einem Relief des Hl. Georg, der mit seinem Speer einen Drachen durchbohrt. Ein Relief am Haus neben dem Café zeigt ein Furcht einflößendes Gesicht mit riesigen Bartfransen, genannt „Mustaćon" (von frz. *moustache,* Schnurrbart) – eine Art Abwehrmaske gegen böse Geister. Im **oberen Altstadtbereich,** Richtung Parkplatz, hatte die Bruderschaft des Hl. Johannes (des Täufers) im 14. Jahrhundert eine romanische Kapelle errichtet; 1998 wurden hier Fresken mit Darstellungen aus dem Leben des Johannes entdeckt.

Schutz gegen böse Geister – der „Mustaćon"

An der Hauptstraße zwischen Lovran und Opatija werden dem Durchreisenden **prachtvolle Villen** auffallen. Im späten 19. Jahrhundert wurden sie als Wohn- und Sommerresidenzen errichtet; alle waren ursprünglich von weitläufigen Parkanlagen (wie man sie in Opatija noch findet) mit teilweise exotischer Vegetation umgeben. Einige der Villen sind Werke des als kreatives Genie berühmt gewordenen Wiener Architekten *Karl Seidl*.

Bade-buchten

Zwei Badebuchten locken in Lovran, eine etwas kleinere **gegenüber vom Hotel Splendid** (Richtung Medveja) und eine sehr hübsche **am Park Kormušćak** (1 km die Uferpromenade Richtung Opatija entlang).

Transport und Verkehr

Busse

Die **Regionalbusse** halten auf Höhe der Pizzeria Oaza/TA Kvarner an der Hauptstraße; von hier geht man 150 m hinunter zur Kurve. Das Stadttor mit dem Restaurant Bellavista ist der untere Zugang zur Altstadt.

Die Riviera von Opatija

071is Foto: wl

| **Mit dem Auto** | Der Beschilderung „P-Centar" folgend, wird man zum großen **Parkplatz an der Ulica Brajdice** geleitet; hier steht man genau am oberen Ende des Altstadtkerns. |

Touristische Infrastruktur

Infos

●**Touristeninformation Lovran,** M. Tita 63, Tel./Fax 051-291740, schräg gegenüber dem *Restaurant Kvarner* an der Ufer-Plattform, www.tz-lovran.hr.

Agenturen

Drei Agenturen, alle an der Durchgangsstraße M. Tita, bieten **Information, Geldwechsel, Ausflugsorganisation und Unterkunftsvermittlung:**

●**Lovran,** Tel./Fax 051-291041, lovrana@lovranske-vile.com.
●**Štanger,** Tel./Fax 051-293266, pansion.stanger@ri.htnet.hr.
●**Kvarner Express,** Tel./Fax 051-291119.

Unterkunft

●Wer etwas ganz Exquisites sucht, dem sei die €€€€**Villa Astra** empfohlen (Viktora Cara Emina 11, Tel. 051-294400, Fax 294600, www.lovranske-vile.com), die sich den Luxus mit 270 Euro/DZ vergüten lässt (Apartments 230 Euro).
●Ein hübsches (und recht preiswertes) Mittelklassehotel mittig an der Hauptstraße ist das €€€**Hotel Lovran,** Maršala Tita 19, Tel. 051-291222, Fax 292467, www.hotel-lovran.hr, mit DZ von 55–160 Euro je nach Lage und Saison.
●Das €€€**Hotel Bristol,** Maršala Tita 27, Tel. 051-291022, Fax 292049, www.liburnia.hr, ist bei vergleichbar guter Qualität etwas günstiger (85–135 Euro).
●Die **Pansion Štanger** in der M. Tita 128 (www.pansion-stanger.hr, Tel. 051-291154) bietet schöne Doppelzimmer mit Meerblick zu 44–74 Euro.

Essen & Trinken

●Das **Café Sv Marija** am Trg Sv Juraj bietet günstige Erfrischungen und Snacks.
●30 m daneben liegt das **Restaurant Lovranska Vrata,** Tel. 051-291050, mit guter Küche (Fisch!) der mittleren Preisklasse.
●Beliebt ist auch die **Pizzeria Oaza** an der Hauptstraße, Tel. 051-292674, auch mit Teilchen auf die Hand.
●Das gute **Restaurant Najade,** Tel. 051-291866, gegenüber der Agentur *Lovran* serviert hervorragende Fischgerichte zu moderaten Preisen.
●Für einen Drink oder zum abendlichen Erholen bietet sich der **Lovranski Pub** direkt am Ufer an (kurz vor dem südlichen Ortsende).

Sonstiges

- Das **Kreiskrankenhaus,** Tel. 051-291122, liegt zwischen Lovran und Ika nahe der Badebucht.
- Eine **Ambulanz,** Tel. 051-291042, befindet sich oberhalb vom großen Parkplatz.
- Vom Parkplatz halbrechts 100 m die Brajdice hinauf liegt ein großer **Supermarkt.** Ein Konzum-Supermarkt befindet sich am Ortseingang rechter Hand.
- **Post und Apotheke** findet man an der Hauptstraße M. Tita, 200 m vom Zentrum Richtung Opatija.
- Das **Internetcafé Car-Wash** liegt nahe der Tankstelle an der Hauptstraße.
- **Disco-Club Oscar,** an der Hauptstraße im Zentrum kurz hinter dem *Hotel Lovran* rechter Hand.

Medveja 　　　　🖉A1

Kiesstrand

Mit einem vier Kilometer langen und eher dünn besiedelten Küstenabschnitt hinter Medveja Richtung Mošćenička Draga beginnt das ruhige und **zerklüftete Felsgebiet** mit Baum- und Buschbestand, welches sich von der istrischen Südspitze bis ins Kvarner Land erstreckt, unterbrochen nur von wenigen nennenswerten Ansiedlungen. Nördlich von Medveja ist es vorbei mit der Beschaulichkeit, ein Küstenort reiht sich an den anderen von Bucht zu Bucht. Ein unberührtes Stück Ufer zu finden, erweist sich als unmöglich. Ein ebensolches Kunststück ist es übrigens auch, an der engen Küstenstraße einen Parkplatz zu bekommen, man gehe daher am besten zu Fuß auf dem bis Lovran durchgehend befestigten **Ufer-Fußweg (Obalni Put)** entlang. Der durchaus angenehme Kiesstrand von Medveja ist im Sommer ziemlich überfüllt.

Touristische Infrastruktur

Infos & Agentur

Um die **Vermittlung von Zimmern, Ferienwohnungen und Geldwechsel** bemühen sich die Agentur **Agencija New Sound,** Tel./Fax 051-291111, und die **Touristeninformation,** Tel./Fax 051-291296.

Die Riviera von Opatija

Camping

●Am südöstlichen Ortsrand liegt das €€**AC Medveja,** Tel. 051-291191, Fax 292471, www.liburnia.hr. Tauchschule, Disco, Internet-Ecke, Restaurant. Seit Liburnia die Anlage betreibt, wird sie beständig erweitert, heute gehören auch Bungalows (FeWo), eine Villa (DZ) sowie Mobilheime zum Angebot.

Sonstiges

●Neben dem AC Medveja befindet sich ein **Konzum-Supermarkt** (tgl. 6–21 Uhr geöffnet).
●Am Strand werden **Tauchgänge** von **Sub-Service,** Tel. 051-272153, sowie **Minigolf** angeboten.
●**Busanbindung** besteht mittels der Linien 32 und 54 nach Opatija und Mošćenička Draga (etwa alle 80 Minuten); **Parkplätze** kosten in Medveja 30 Kn/Tag.
●Im winzigen **Vorort Kraj** (Richtung M. Draga) werden entlang der Hauptstraße etliche Privatzimmer/-apartments angeboten, ferner findet man hier die Tauchbasis *Diving Boat.*

Mošćenička Draga ⤢A1

Drei Ortsteile

Das istrische Labin und das Kvarner Mošćenička Draga werden landseitig von dem scheinbar in die See stürzenden **Čičarija-Massiv** getrennt; an der Schnittstelle liegt der **Fährhafen Brestova,** wo die Autofähren zu den Kvarner Inseln Cres und Lošinj ablegen. Die letzte größere Siedlung in der Kvarner Bucht, Mošćenička Draga, besteht aus drei Ortsteilen: Mošćenička Draga selbst an der Küste, das mit allen touristischen Einrichtungen aufwartet, Mošćenice als ruhiges Bergdorf sowie Brseč, der gemütlichen südwestlichsten Station im Kvarner Land. Der Küstenstreifen von Mošćenička Draga bis Opatija ist heute schon beinahe vollständig zusammengewachsen und wird insgesamt gemeinhin als „Riviera von Opatija" bezeichnet.

Mošćenička Draga ⤢A1

Badebuchten

Mošćenička Draga (600 Einwohner) an der Küstenstraße bildet den eigentlichen **touristischen Kern** in der hübschen Bucht. Hier liegt der Großteil der Freizeit- und Unterkunftsmöglichkeiten. Man schlendert die fast zwei Kilometer lange Promenade entlang, badet in der endlos langen Kiesbucht oder der benachbarten Bucht Sv Ivan (FKK-Strand) oder frönt dem Tauchsport.

Wanderfreunde werden den Aufstieg zum **Vojak** (1396 m) lieben, der entweder selbstständig oder in einer geführten Tour via Detani, Trebišće und Učka durchgeführt werden kann (eine Wanderkarte hängt in der Agentur *Liburnia* aus).

Die Riviera von Opatija

Mošćenička Draga vor dem mächtigen Čičarija-Massiv

Transport & Verkehr

Mošćenička Draga liegt an der **Küstenroute Opatija – Labin.** Per Bus (Haltestelle an der Hauptstraße neben der Abzweigung zum Camp) muss man zunächst nach Opatija fahren, um von dort in Langstreckenbusse umzusteigen.

Infos & Agenturen

●**Touristeninformation Mošćenička Draga,** Aleja Slatina 12, Tel. 051-737533, Fax 737584, www.tz-moscenicka.hr.
●**Agentur Liburnia,** an der Durchfahrtsstraße gegenüber der Zufahrt zum Ufer und Autocamp, Tel. 739166, Fax 737533, www.liburnia.hr.
●**Agentur Annalinea,** an der Zufahrtsstraße zu den Hotels, Tel. 051-737207, Fax 737400, www.annalinea.hr. Vermittlung von Privatzimmerm (ab 30 Euro/Zimmer) und Ferienwohnungen (ab 300 Euro/Woche).

Unterkunft

●€€€**Hotel Mediteran,** Tel. 051-737622, Fax 737538, www.liburnia.hr, direkt am Ufer (Aleja Slatina 2). Gute Mittelklasse.
●€€€**Hotel Marina,** Tel. 051-737504, Fax 737584, www.liburnia.hr, unmittelbar im kleinen Ort gelegen (Trg Slobode, Zufahrt wie Camp). Mit Pool und Sauna.
●Zahllose Hausbesitzer entlang der Uferstraßen bieten **private Ferienwohnungen** und **Zimmer** für 2–6 Personen an; ein Anbieter von Apartments wäre *Ornela,* Barba Rike 6 (im Zentrum nahe der Kirche), Tel. 051-737747, www.apart mani-ornela-mdraga.hr, mit Wohnungen für 2–4 Personen ab 450 Euro/Woche. Rund 100 Euro mehr pro Woche kosten die Wohnungen der €€€*Villa Kleiner* (Setaliste 25, Tel. 051-737544, www.villa-kleiner.com), die dafür direkt am Ufer liegt.

Camping

●€€**AC Draga,** Tel. 051-737523, Fax 737339; www.auto campdraga.com; im Zentrum (Aleja Slatina) gelegen und von März bis Okt. geöffnet, ca. 300 m bis zum Ufer.

Essen & Trinken

Von Eisdielen und Snackbars an der Uferpromenade abgesehen – besonders schön sitzt man auf der Uferterrasse bei der **Gostionica Na Rivi kod Benita** (Tel. 051-737502). In der **Konoba Sidro** (Tel. 051-737509, hinter der Agentur *Liburnia* an der Hauptstraße) werden hervorragende Fischgerichte serviert.

Aktivitäten

●**Tauchbasen:** *Diving NB,* Kraj 18, Tel. 051-737295, www.diving-nb.com; *RKE* im *Restaurant-Pension Dante,* Tel. 051-737752.
●**Marine Sport,** Aleja Slatina 2, Tel. 051-737837, www.marinesport.hr. Auch Unterkunftsmöglichkeiten für Taucher.

Büste des modernen kvarner Malers Andro Mihičić

ANDRO VID
MIHIČIĆ
1896 ~ 1992
PJESNIK

Die Riviera von Opatija

● **Am Strand** werden Scooter, Wasserski, „Banane" u.a. angeboten.
● **Wandern:** Die *Agentur Liburnia* bietet für ca. 100 Kn geführte Touren auf den Vojak-Gipfel an.

Mošćenice   ⌁A2

Bergroute Von Brseč nach Mošćenice empfiehlt es sich unbedingt, die „Bergroute" zu nehmen (am Ortsausgang Richtung „Martina, Sv Martin"). Das Gebirge erhebt sich hier immer noch über 800 Meter steil aus dem Meer empor, und die malerische Küstenstraße windet sich über rund zwölf Kilometer bis nach Mošćenice.

Ortskern Gegenüber der Friedhofskapelle Sv Bartolomej (Parkmöglichkeit) liegt mit dem alten **Stadttor** der Zugang zum winzigen Ortskern – es gibt nur **eine Gasse bis zur Kirche,** ansonsten steht man zwischen Privatgemäuern. Unmittelbar am Stadttor liegt ein kleines, aber sehr feines **ethnologisches Museum** mit Trachten und Gerätschaften, die von der einstigen hohen Bedeutung Mošćenices als Agrarstadt zeugen. Die **Pfarrkirche Sv Andrej** mit dem massiven Glockenturm ist aus dem 17. Jahrhundert und rühmt sich kunstvoller Schnitzereien von *Michael Zierer* und einer Meisterorgel von *Peter Rumpel.*

● **Ethnologisches Museum:** geöffnet Mo–Sa 9–13 und 16–20 Uhr, So 9.30–12.30 und 15–19.30 Uhr, Eintritt 20 Kn, Kinder 10 Kn.

Sonstiges

● Im Ort kann man unmittelbar neben der Kirche in einer sehr hübschen **Privatunterkunft** nächtigen: €**L. Lenćović,** Tel. 051-737668.
● Vor dem Stadttor lockt das **Restaurant Perun Mošćenice** mit tollem Blick von der Terrasse!

Brseč   ⌁A2

Ruhiger Ort Brseč liegt zwar unmittelbar an der Küste, aber auf einer rund **160 Meter hohen Klippe,** die den letzten Ausläufer des Čičarija-Gebirges bildet. Der kleine und verwinkelte Ort mit seinen **nur noch knapp 120 Einwohnern** wirkt sehr ruhig und vollkommen untouristisch. Die örtliche Georgskirche stammt aus dem 18. Jahrhundert und zog mit ihren „goldenen Altären" – so genannt wegen der goldenen Reliquien und Verkleidungen – zahlreiche unliebsame Besucher an.

Sonstiges

● Im Ort werden zahlreiche **Privatzimmer** vermietet; Auskünfte erteilt die Touristeninformation Mošćenička Draga.
● Sehr angenehm sitzt man im urigen Biergarten der **Konoba Šip** (Tel. 051-231666) am Eingang zum Ortskern.

Brestova

⤢ A2

Fähre nach Cres

Ab Brseč Richtung Süden ändert sich das Landschaftsbild von der bewohnten Küstenregion hin zu einer eher unberührten Küstenregion, nicht zuletzt auch deshalb, da kurz hinter dem Ort die administrative **Grenze zu Istrien** überquert wird. Wichtig für den Reisenden dürfte allerdings der Fährpier sein (in Karten oft als Ortschaft Brestova eingezeichnet), der tatsächlich aus nichts weiter als dem Fahrkartenschalter und (saisonal unterschiedlich) ein oder zwei Kiosken besteht.

● **Informationen zur Fähre** siehe Inseln Cres und Lošinj sowie www.jadrolinija.hr.

Die Riviera von Opatija

kb089 Foto: wl

Inseln Cres und Lošinj

Allgemeines

Viele deutsche Urlauber

Cres und vor allem Lošinj scheinen, gemessen an der Anzahl deutscher Kfz-Kennzeichen auf den Inseln, das Reiseziel deutscher Touristen in Kroatien schlechthin zu sein. Und der „Doppelpack" der durch eine kleine Brücke verbundenen Inseln bietet in der Tat Atemberaubendes, Unvergessliches und eine so **abwechslungsreiche Landschaft** auf vergleichsweise engem Raum, dass wohl jeder Besucher der Inseln wiederkommen will. Insgesamt wird der Reisende Cres als die kargere, Lošinj als die belebtere Insel – bzw. Inselteil – empfinden, weshalb sich der Naturliebhaber eher auf Cres, der „Aktivist" eher auf Lošinj wohlfühlen dürfte.

Klima und Geografie

Die Größe oder besser Länge der fast **nadelförmigen Inseln** bedingt einige klimatische und geografische Unterschiede: **Cres** ist **404 km²** groß mit einer Länge von 68 und einer maximalen Breite von elf Kilometern, das südlicher gelegene **Lošinj** misst gerade **75 km²** (31 km lang, max. 4 km breit). Höchste Erhebung ist der Gorice (650 m) nahe Beli. Da die Inselgruppe den kühlen **Nordostwinden** (Bora) ausgeliefert ist, herrscht in der Nordhälfte von Cres (3250 Einwohner) ein spürbar frischeres Klima (1–2°C, 10–15% mehr Niederschlag) als im Süden und auf Lošinj (8800 Einwohner), das durch die Berge rund um den Gorice geschützter liegt. Durch die Feuchtigkeit ist im Norden der Baumbestand an Eichen und Pinien vorherrschend, während sonst das Mecchia (Maggikraut) das Landschaftsbild dominiert.

Geschichte

Erste Siedler muss es schon in der Jungsteinzeit gegeben haben, befestigte Bauten oder Begräbnisstätten lassen sich jedoch erst ab der Bronzezeit nachweisen (liburnische Stämme). **Die Inseln waren ursprünglich nicht getrennt,** in der Antike wurde vermutlich nach der Eroberung durch die Römer (*Augustus,* um die Zeitenwende) der heute

Bild auf den Seiten zuvor: Das malerische Hafenbecken von Veli Lošinj

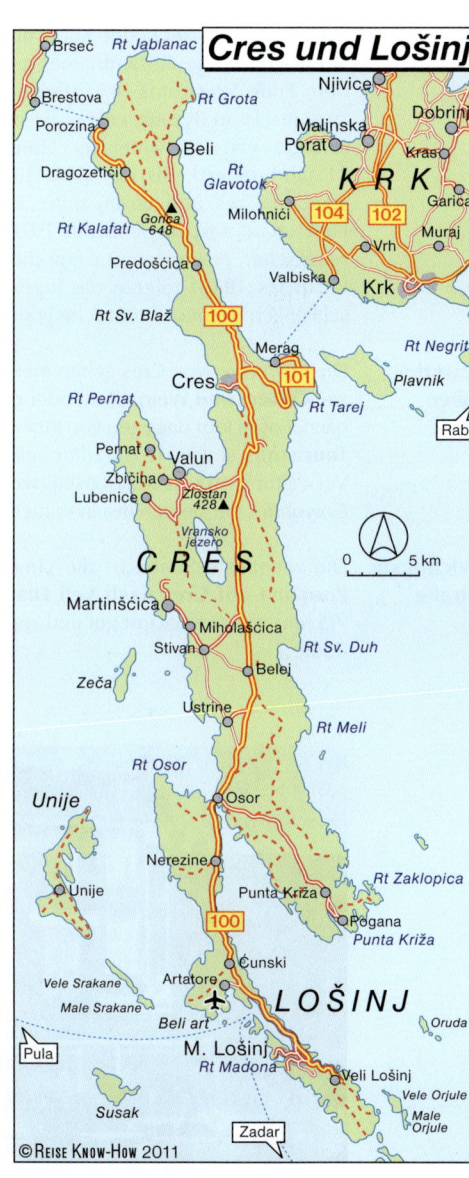

Cres und Lošinj

© REISE KNOW-HOW 2011

Cres und Lošinj trennende Kanal durch Apsirtides (so der damalige Gesamtname) gegraben. Nach dem Ende Westroms (476) fielen die nunmehr zwei Inseln an Byzanz, eine slawische Besiedlung erfolgte erst im Mittelalter (Tafel von Valun, 11. Jahrhundert). Bis ins späte 18. Jahrhundert standen Cres und Lošinj unter venezianischer Herrschaft, anschließend (bis 1918) unter österreichischer. Nach dem italienischen Intermezzo (1918 bis 1943) folgten die jugoslawische und schließlich die neue kroatische Epoche.

Erwerbs-
leben

Die Bewohner von Cres gehen meist dem **Gemüse-, Oliven- und Weinanbau** oder dem **Fischfang** nach, Lošinj lebt dagegen von einem boomenden **Tourismus** sowie dem traditionellen **Bootsbau.** Verwaltungssitz ist Mali Lošinj, wo jeder zweite Einwohner der beiden Inseln mittlerweile wohnt.

Wichtigste
Straße

Die wichtigste Straße ist die **„Inselachse" von Porožina auf Cres nach Veli Lošinj auf Lošinj** (95 km), eine insgesamt gut und zügig befahrbare Route.

Transport und Verkehr

Fähren

Fähre ab Brestova

Bedeutendster Transitort nach **Cres (Porožina-Pier)** ist Brestova auf dem istrischen Festland. Die Fähre (Pkw mit 2 Personen 126 Kn) legt immer um „halb" in Brestova ab, zur vollen Stunde in Porožina. Die große Fähre hat eine Kapazität von etwa 60 Pkw-Plätzen, in der Hauptsaison wird zusätzlich eine kleine Fähre (30 Plätze) eingesetzt, sodass dann halbstündlich gefahren wird. Bei der Überfahrt hat man einen feinen Ausblick auf die Küste bis Opatija und Rijeka.

Achtung: An Wochenenden ist diese **Fährstelle ziemlich überlastet;** man sollte daher einen Wochentag zur Überfahrt wählen und zudem sehr früh am Pier sein! Manche Unterkunftsanbieter (auch Campingplätze) werben übrigens mit freiem Fährticket – das ändert sich zwar gelegentlich/saisonal, man sollte dies jedoch trotzdem im Hinterkopf behalten.

Krk – Cres

Seit dem Bau der Krk-Brücke wird auch die Fähre Valbiska (Krk) – Merag (Cres) intensiver genutzt: von 5.50 bis 22 Uhr **13 x tgl.** (ca. alle 75 Minuten), Pkw mit 2 Personen 147 Kn.

Cres – Krk – Rab

Wichtiger Hinweis für **„Inselhüpfer":** Man kann per Pkw-Fähre leicht Cres/Lošinj und danach Krk anlaufen und schließlich auch von dort mit der jungen Verbindung von Valbiska (Krk) nach Lopar auf Rab gelangen (nicht jedoch von Baška/Krk nach Lopar/Rab, denn die Fährstrecke existiert nicht mehr!). Da Krk somit immer „in der Mitte" steht, macht nur die Reihenfolge Cres – Krk – Rab oder umgekehrt Sinn.

Inseln Cres und Lošinj

Mächtige Bürgerhäuser dominieren die städtischen Uferpromenaden

Sonstige Schließlich legen auch die **Schiffe der Route Zadar – Pula** in Mali Lošinj an, eine zeitaufwendigere und teurere Anreisemöglichkeit (siehe www.jadrolinija.com).

Inselbus

Porožina – Veli Lošinj Per Inselbus wird die Route Veli Lošinj/Mali Lošinj – Cres-Stadt und dann entweder Merag/Valbiska (Krk) oder Porožina/Brestova (via Opatija) **bis Rijeka bzw. Zagreb** gefahren; die abgebildete Übersicht zeigt die Mindestfrequenz außerhalb des Sommers, im Sommerhalbjahr ist die Frequenz höher, zudem verkehrt dann auch ein Bus 3 bis 4 x tgl. zum Camp Punta Križa, Info-Tel. 051-571810.

Unterkunft (allgemein)

Vorab-buchung Für Cres und die „deutsche Hochburg" Mali Lošinj können Ferienwohnungen und Wohnwagen unter **www.sunbird.de** vorab arrangiert werden; hier gibt es auch zahlreiche Sportangebote, geführte Radtouren, Radverleih, Surfschule usw. Weitere „cresspezifische" Seiten zur allgemeinen Information oder für Arrangements von Unterkünften sind **www.cres24.com, www.insel-cres.net/de** sowie **www.cres.de.**

Hotel Manora **In Podgora,** einem Vorort von Nerezine, liegt das Hotel Manora, welches aber (da ziemlich teuer) weniger als Unterkunft, sondern mehr wegen der recht umfangreichen und einfach zu bedienenden **Unterkunftsvermittlung** auf Cres/Lošinj im Internet unter **www.manora-losinj.hr** von Interesse sein dürfte. Man gibt lediglich Personenzahl und Ort ein und findet sofort ausführliche Angebote mit Wochenpreisen ab 220 Euro.

Inselbus auf Cres/Losinj und Anbindung von/nach Rijeka

	1-5	1-5	1-6	1-7	1-5	SSF
Zagreb				09.00	14.15	
Rijeka			07.15	12.00 / 12.15	16.50 / 17.00	17.00
Opatija			07.40			
Brestova			08.15			
Porozina			08.45			
Flughafen Rijeka				x	x	x
Omisalj				13.00	17.45	17.45
Malinska				13.05	17.50	17.50
Valbiska				13.30	18.15	18.15
Merag				14.00	18.45	18.45
Cres	06.20	08.05	09.30 / 09.35	14.15 / 14.15	19.00 / 19.00	19.00 / 19.00
Orlec	06.35	08.15	09.50	14.30	19.15	19.15
Martinscica	06.50	↓	↓	↓	↓	↓
Osor	07.15	08.25	10.20	15.00	19.50	19.50
Nerezine	07.20	08.30	10.25	15.05	19.55	19.55
Mali Losinj	07.50 / 08.00	08.55 / 09.00	10.45 / 11.00	15.20 / 15.25	20.15 / 20.15	20.15 / 20.15
Veli Losinj	08.15	09.10	11.15	15.40	20.30	20.30

	1-5	SSF	1-7	1-6	1-5	1-7
Veli Losinj	04.30	06.30	06.30	10.45	14.20	16.45
Mali Losinj	04.40 / 04.45	06.40 / 06.45	06.40 / 06.45	11.00 / 11.00	14.30 / 14.30	17.00 / 17.00
Nerezine	05.10	07.10	07.10	11.20	14.55	17.25
Osor	05.15	07.15	07.15	11.25	15.00	17.30
Martinscica	↓	↓	↓	↓	15.25	↓
Orlec	05.45	07.45	07.45	11.55	15.25	18.00
Cres	06.00 / 06.00	08.00 / 08.10	08.00	12.15 / 12.20	16.00	18.15 / 18.30
Merag	06.30					19.00
Valbiska	07.00					19.30
Malinska	07.10					19.40
Omisalj	07.20					19.50
Flughafen Rijeka	x					x
Porozina		09.00		13.00		
Brestova		09.30		13.30		
Opatija		10.10		14.10		
Rijeka	08.05 / 08.30	10.40		14.40		20.30 / 20.40
Zagreb		11.15				23.15

1-7 verkehrt täglich   **SSF** samstags, sonntags u. feiertags
1-5 nur Mo-Fr   **1-6** nicht an Sonn- u. Feiertagen

Inseln Cres und Losinj

Beli (Cres) ↗ A2

Nord-Cres Nach der steilen Auffahrt vom Porožina-Pier ist nach zwölf Kilometern der **Barbin-Sattel** (450 m, toller Aussichtspunkt) **unterhalb des Gorice-Gipfels** erreicht. Die Spitzkehre führt links hinunter nach Beli, einem schon in der Antike zentralen Ort auf Nord-Cres.

Nette Gassen winden sich durch die **stille 150-Seelen-Gemeinde,** deren höchsten Punkt die Pfarrkirche (18. Jahrhundert) und der davor liegende Platz mit dem Brunnenrad bilden. Man kann sich nicht verlaufen und rund um den Ort mit den eng aneinander gedrängten alten Häusern schlendern, die winzigen Gärtchen prägen Feigen- und Granatapfelbäume. Einige tolle Aussichtspunkte gewähren famose Blicke auf den unterhalb gelegenen Strand und bis aufs Festland.

Der Zufahrtsweg zum Campingplatz führt auch zur alten Anlegestelle und dem netten **Steinstrand** von Beli. An der Gaststätte (Wandertafel) starten mehrere markierte **Rundwanderwege** von fünf, sechs und sieben Kilometern Länge in die Hügel des Umlands – gute Schuhe sind Voraussetzung!

Unterkunft & Camping

● Die €€**Pension Tramontana** kurz vor dem Örtchen links den Stichweg hinauf bietet nicht nur Unterkunft, sondern auch Tauchgänge, Tel. 051-840519, Fax 840532, www.diving-beli.com.
● Über einfache €€€Zimmer verfügt die Dorfkneipe **Gostionica Bife Beli** (s.u.)
● €€€**AC Brajdi na Moru,** Tel./Fax 051-840522, branka.sare@ri.htnet.hr, vor der Kneipe links hinunter, dort auch Steinstrand und alte Anlegestelle. 300 Plätze, Minimarkt, Bootsverleih.

Wunderhübsche Badebucht unterhalb von Beli

**Essen
& Trinken**

- **Gostionica Bife Beli,** Tel. 051-840515, geöffnet tgl. 10–24 Uhr. Rustikale Dorfkneipe, es gibt im Ort keine sonstigen Läden oder Essensmöglichkeiten. Zivile Preise trotz Monopol: Seebrasse oder Scampi vom Rost zu je 130 Kn oder Lammbraten für 85 Kn sind keinesfalls überteuert.
- **Pension-Bife Tramontana,** Tel. 051-840519, zwischen den Parkplätzen und dem Ortseingang linker Hand den Weg hinauf (beschildert), bietet frische Fischgerichte und organisiert auch Jazz-Abende.

Sonstiges

- An der Zufahrtsstraße wurde jüngst ein **„Eko-Centar"** eingerichtet, wo lokale und besonders umweltfreundlich produzierte landwirtschaftliche Erzeugnisse (vorwiegend Honig und Olivenöl) vertrieben werden. Sehr unregelmäßig geöffnet.
- **Bus/Parken:** Busanbindung nach Cres-Stadt besteht tgl. um 7.30 und 16 Uhr; Selbstfahrer finden einige kostenfreie Parkmöglichkeiten etwa 250 m vor dem Ort, nicht jedoch innerhalb.

Inseln Cres und Lošinj

kbh002 Foto: wl

Cres-Stadt ♫ B2

Zentrum der Insel

Rund **2400 Menschen** (zwei Drittel der Gesamtbevölkerung) wohnen in Cres-Stadt, dem unbestrittenen Zentrum der Insel. Eingebettet in karg bewachsene Hügel war der kleine Hafen unter dem Namen Crepsa schon in der Antike von Bedeutung. Die städtische Ummauerung stammt aus der venezianischen Zeit, Teile davon, einschließlich der Stadttore, sind gut erhalten.

Heute verfügt Cres über eine **sehenswerte Altstadt** rund um das alte Hafenbecken, wo sich die meisten Touristen aufhalten. Den Campingplatz und Hotelanlagen findet man westlich, Einkaufsmöglichkeiten (Supermarkt) östlich der Altstadt.

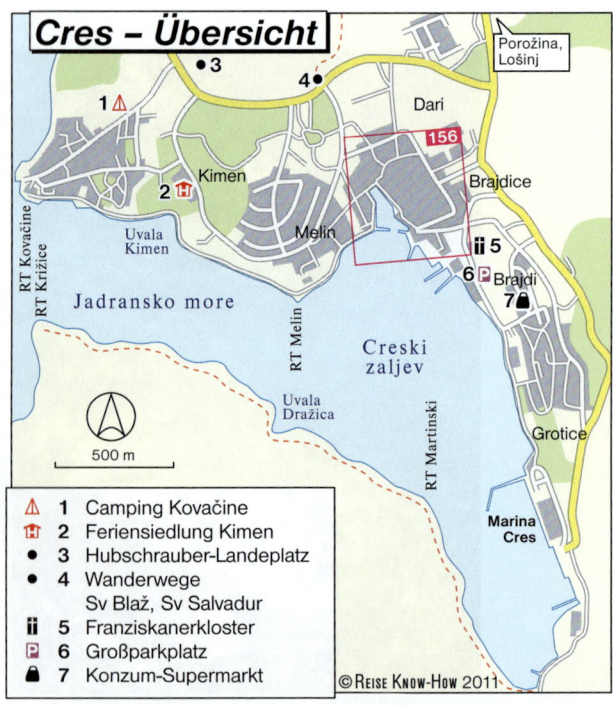

Cres – Übersicht

⚠ 1 Camping Kovačine
🏠 2 Feriensiedlung Kimen
● 3 Hubschrauber-Landeplatz
● 4 Wanderwege
    Sv Blaž, Sv Salvadur
ii 5 Franziskanerkloster
🅿 6 Großparkplatz
🔒 7 Konzum-Supermarkt

© REISE KNOW-HOW 2011

Fußgänger können den angenehmen **Promenadenweg** (Palada/Lungomare Sv. Mikula) vom Altstadthafen bis zum Camp Kovačine nutzen.

Sehenswertes

Franziska-nerkloster

Vom Parkplatz hinter dem Trg Sv Frane passiert man das Franziskanerkloster aus dem 14. Jahrhundert, in dem die **älteste glagolitische Bibel** (gedruckt 1494 in Senj) aufbewahrt wird. Hübsch anzuschauen ist der Innenhof mit Säulengang, Brunnen und der Büste des *Antonius Petris,* des ersten Franziskaners auf Cres.

Hafen und Umgebung

Rund um das kleine Hafenbecken pulsiert das Herz der Stadt; kleine **Geschäfte** und Boutiquen, Cafés, ein kleiner Fischmarkt (heute meist Honig/Obst/Kunst) und zum Teil recht hübsch restaurierte **Altstadtbauten** prägen die Promenade zwischen Cons Trg und Trg Petrica. Der zentrale Brunnen wäre an und für sich eine gute Idee, die futuristisch anmutende Umsetzung wirkt hier in Cres allerdings etwas verfehlt.

● Die **Ausflugsboote** am Hafenbecken (sowohl am Cons als auch an der Lungomare-Promenade) werben für diverse Touren und Ausflüge aller Art (Baden, Kaffeefahrt, Weintour usw.), je nach Dauer und Inhalt 20–50 Euro. Tel. 989913815.

Altstadt

Am Hafen führt rechter Hand ein **Durchgang durch das alte Seetor** aus dem 16. Jahrhundert in den Altstadtkern. Gleich dahinter ragt der **Glockenturm der Pfarrkirche Sv Marija Snježna** (15. bis 16. Jahrhundert; tgl. 10–12 und 18–21 Uhr geöffnet) empor (der Turm ist 9–11 und 18–20 Uhr geöffnet). Von hier aus mag es fast ein wenig gruselig wirken, die engen und verwinkelten **Altstadtgassen** zu durchstreifen – interessant ist es allemal, das Leben in den Hinterhöfen einmal hautnah zu erleben: Beschwingte Rentner füllen fässerweise Šljivovica und Grappa ab, alte Frauen

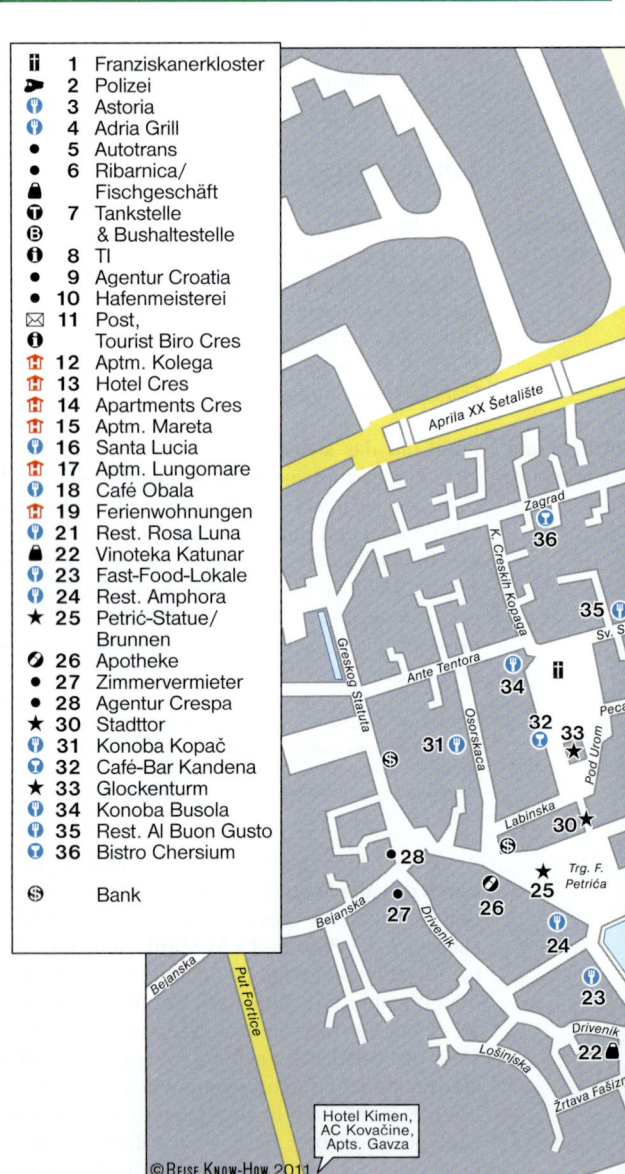

ii	1	Franziskanerkloster
	2	Polizei
	3	Astoria
	4	Adria Grill
•	5	Autotrans
•	6	Ribarnica/ Fischgeschäft
	7	Tankstelle
		& Bushaltestelle
	8	TI
•	9	Agentur Croatia
•	10	Hafenmeisterei
⊠	11	Post,
		Tourist Biro Cres
	12	Aptm. Kolega
	13	Hotel Cres
	14	Apartments Cres
	15	Aptm. Mareta
	16	Santa Lucia
	17	Aptm. Lungomare
	18	Café Obala
	19	Ferienwohnungen
	21	Rest. Rosa Luna
	22	Vinoteka Katunar
	23	Fast-Food-Lokale
	24	Rest. Amphora
★	25	Petrić-Statue/ Brunnen
	26	Apotheke
•	27	Zimmervermieter
•	28	Agentur Crespa
★	30	Stadttor
	31	Konoba Kopač
	32	Café-Bar Kandena
★	33	Glockenturm
	34	Konoba Busola
	35	Rest. Al Buon Gusto
	36	Bistro Chersium
Ⓢ		Bank

Aprila XX Šetalište

Zagrad

K. Creskih Kapada

36

35

Sv. Sio

Greskog Statuta

Ante Tentora

ii

34

Osorskaca

Pecar

32

33

31

Pod Urom

Labinska

30

28

Trg. F. Petrića

Bejanska

Drivenik

27

26

25

24

Bejanska

Put Fortice

23

Drivenik

Lošiniska

22

Žrtava Fašizm

Hotel Kimen, AC Kovačine, Apts. Gavza

© REISE KNOW-HOW 2011

Cres-Stadt

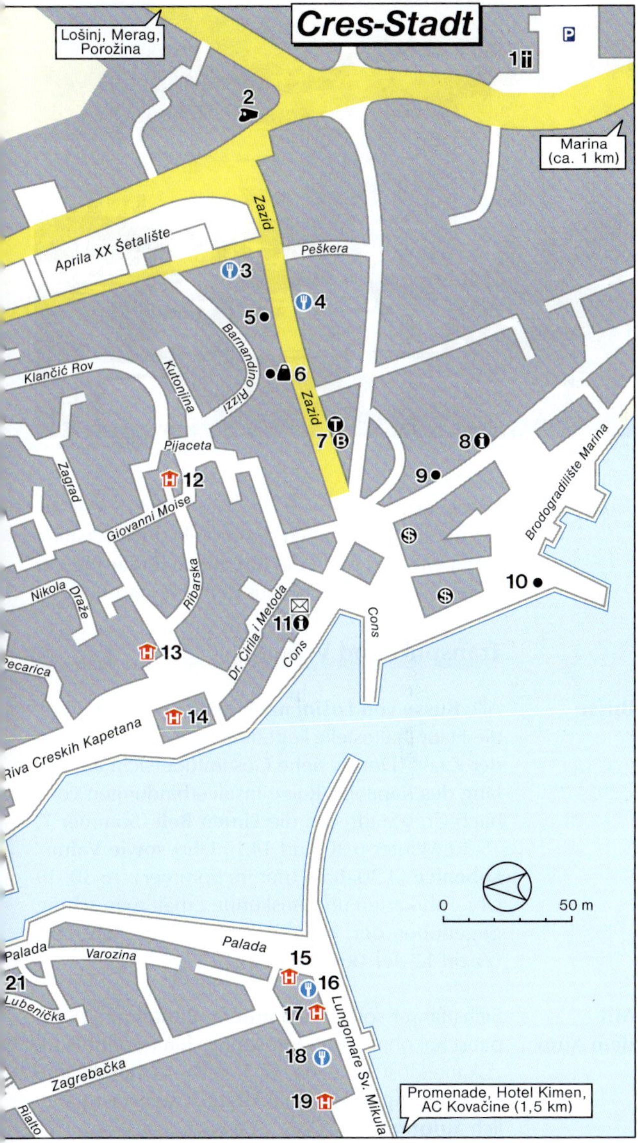

Lošinj, Merag, Porožina

Marina (ca. 1 km)

Zazid

Peškera

Aprila XX Šetalište

3

5 ●

4

6

Zazid

Barnardina Rizzi

Klančić Rov

Kolonilna

7 T B

8

9 ●

Pijaceta

12

Zagrad

Giovanni Moise

Nikola Draže

Ritarska

Dr. Ćirila I Metoda

11

Cons

S

S

10 ●

Brodogradilište Marina

Pecarica

13

14

Cons

Riva Creskih Kapetana

0   50 m

Palada

Varozina

Palada

15

16

17

Lubenička

21

Zagrebačka

18

19

Lungomare Sv. Mikula

Rialto

Promenade, Hotel Kimen, AC Kovačine (1,5 km)

Inseln Cres und Lošinj

häkeln und stricken vor den Türen, die Kinder tollen unbeschwert durch die verkehrsfreie Altstadt. Sehenswert ist noch die **Kapelle Sv Sidar** mit der ersten Glocke von Cres aus dem 14. Jahrhundert.

Transport und Verkehr

Busse

Alle **Busse von Lošinj nach Rijeka** halten in Cres, die Haupthaltestelle liegt direkt vor der Altstadt in der Zazid (Details siehe Gesamtübersicht am Anfang des Kapitels). Reine Inselverbindungen von/nach Cres-Stadt sind die **Linien Beli** (Sommer 7, 15.30, Winter 6.30 und 14.15 Uhr) **sowie Valun/Lubenice** (4.30, 8.30 (nur im Sommer), 16.30, 19 Uhr. Fahrkarten und Auskünfte erhält man schräg gegenüber der Haupthaltestelle bei *Autotrans* (Zazid 12, Tel. 060-306020).

Mit dem Auto

Selbstfahrer sollten den großen **Parkplatz** (15 Kn pauschal ohne Zeitbegrenzung) hinter dem Franziskanerkloster nutzen, für Tagesbesucher die einfachste Möglichkeit; die **Altstadt** selbst ist gänzlich **autofrei.**

Inseln Cres und Lošinj

Touristische Infrastruktur

Infos

● **Touristeninformation Cres,** Trg Cons 10, Tel./Fax 051-571535, www.tzg-cres.hr. Geöffnet tgl. 8–21 Uhr, So nur 9–13 Uhr.

Agenturen

Private Agenturen für **Zimmer, Ferienwohnungen** sowie **Bus- und Flugtickets** findet man rund um den Trg Cons am Hafenbecken. Nützlich für **Ausflüge, Touren,** Unterkunft, Fahrzeuge ist hier z.B. das **Turist-Biro Cres** (direkt neben der Post, Tel. 051-571133), wo auch alle Fahrpläne (Fähren, Busse) außen eingesehen werden können. Ebenfalls empfehlenswert ist die **Agentur Crespa** am Trg Svetok Jurja oder **Croatia** (Tel. 040-030387, hier auch Internetcafé und Fahrradverleih) neben der TI. Einige Agenturen bieten auch Mopedverleih oder Geldwechsel.

Unterkunft

Hotels:
● €-€€**Hotel Kimen,** Tel. 051-571161, Fax 571322, www.hotel-kimen.com. Mit Open-air-Disco und Tennisplatz.
● €**Hotel Cres,** Riva Kapetana, Tel. 051-571108, DZ kosten ab 45 Euro.

Kleinboote tummeln sich im Hafenbecken von Cres-Stadt

Manche Hinweisschilder sind ein echter Blickfang

kb004 Foto: wl

Ferienwohnungen/Zimmer/Apartments:
● Sehr preiswert und zuverlässig sind die **Zimmer/Apartments Cres,** zu buchen unter www.tbcres.com/de, mit Wohnungen für 4 Pers. zwischen 50 und 90 Euro oder DZ im Zentrum ab 35 Euro, Tel. 051-571133, Fax 571080. Wer selbst etwas direkt im Ort sucht: Ein kleiner Zimmervermieter liegt direkt **neben der Agentur Crespa** im Zentrum

Inseln Cres und Lošinj

(No. 5, Ul. Creskog Statuta) und auch direkt um die Ecke vom Glockenturm im zur Konoba Busola gehörenden **Palazzo Floreus,** Tel. 051-571676, www.cres-busola.com, wo auch Apartments vermietet werden. Weitere Apartments

Beschauliche Idylle in Cres-Stadt

findet man in einem restaurierten Bürgerhaus bei **Familie Kolega** am Platz Pijaceta Nummer 19 mitten in den ruhigen Altstadtgassen.

●An der Promenade Lungomare Sv. Mikula finden sich ebenfalls etliche €€€**Apartmentvermieter,** etwa Lungomare 6, Tel. 099-5176914. Um die Ecke (Lungomare Sv. Mikula 2) liegen die hübsch restaurierten **Apartments Mareta,** wo 4 Personen 630 Kn in der Hauptsaison zahlen (sonst 400 Kn; Tel. 091-5039625).

Camping

●€€**AC Kovačine,** Tel. 051-571423, Fax 571086, www. camp-kovacine.com. Ursprünglich einmal ein reiner Campingplatz, findet man hier auch DZ (60–90 Euro/2 Pers.), Mobilheime (50–120 Euro/4 Pers.), klassische Stellplätze, ein angeschlossenes Restaurant, Tel. 051-571689, und ein ordentliches Unterhaltungsangebot (Tauchschule, Gymnastik, Basketball, Volleyball, Grillpartys, Livemusik usw.) direkt am Meer, WLAN inklusive.

Essen & Trinken

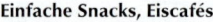

Einfache Snacks, Eiscafés:

●Neben der Pfarrkirche bietet die **Café-Bar Kandena** preiswerte Erfrischungen.

●In den zahlreichen **Cafés und Restaurants an der Promenade** bekommt man meist auch Frühstück – ein sonst eher seltener Service in Kroatien; eines der beliebtesten ist das **Café Obala** (Palada 10).

●In der Zagrad liegt die **Bistro-Pizzeria Chersium** (18–23 Uhr) mit günstigen und einfachen Gerichten.

●Immer gut gefüllt, wenngleich etwas überteuert, ist die **Pizzeria Rosa Luna** (Palada 6). Pizzen kosten 45–50 Kn, Spaghetti 48–60 Kn.

●Sehr angenehm ist die **Café-Bar Astoria** am oberen Stadttor/Ost, da man hier ein wenig abseits der Touristenströme sitzen kann.

●Weitere **Fast-Food-Lokale und Eiscafés** liegen direkt am Kopfende des Hafenbeckens **am Trg Frane Petrica,** z.B. das **Bistro Hamby** (Palada 1; Burger, Döner usw.).

Restaurants:

●In der mittleren Preisklasse empfehlen sich die sehr nett gelegene **Konoba Kopač** (16–24 Uhr) sowie das **Restaurant Amphora** am Petric Trg, beide mit „gutbürgerlicher Küche".

●Die **Konoba Busola** (Ante Tentora) bietet ausgezeichnete Fischplatten für 2 Personen (320 Kn), aber auch Kleinigkeiten wie Pleškavica (65 Kn) oder Spezialitäten wie istrische Würste in Wein (60 Kn) oder Fuži mit Trüffeln 75 Kn).

●**Al Buon Gusto** (Sv. Sidar 14, Tel. 051-571878, 17.30–23 Uhr) serviert einfache, preiswerte und schmackhafte Gerichte wie gegrillten Tintenfisch mit Mangold (60 Kn), große Pizzen kosten 30–40 Kn.

● Wer es gehobener mag: Von 10–23 Uhr tgl. serviert der **Adria Grill** (Zazid, Tel. 051-571520) exzellente Fisch- und Fleischplatten.

● Auch an der Promenade Lungomare Sv Mikula findet man einige gute Restaurants. Gute Kritiken erhielt des Öfteren das **Santa Lucia** (Lungomare 4) für den preiswerten Thunfisch in Olivenöl (30 Kn) oder das Meeresfrüchte-Risotto (50 Kn). Hier findet man auch Spezialitäten aus dem benachbarten Istrien wie Medaillons mit Trüffeln (90 Kn) und Fuži mit Trüffeln (80 Kn).

Einkaufen

● **Andenkenhändler** säumen den Trg Petrica (Düfte, Aquarelle usw.)

● **Metzgerei Cons,** Riva Creskih Kapitana (am Hafenbecken vor dem Hotel Cres), geöffnet Mo bis Sa 7–12 und 18–20 Uhr, So nur 7–12 Uhr. Eine weitere Metzgerei liegt direkt neben dem Glockenturm.

● **Ribarnica** (Fischgeschäft), Zazid 16, geöffnet tgl. 7–12 und 18–20 Uhr, So nur 7–12 Uhr.

● **Kioske mit Zeitschriften und Postkarten** gibt es am Trg Petrica.

● Die sehr gute **Bäckerei Loznati** (geöffnet tgl. 5–13 und 18–21 Uhr, Tel. 051-573028), aber auch **Obst- und Gemüse-** sowie weitere **Souvenirstände** (Angelzubehör, Textilien) findet man am neuen Markt in der Creskog Statuta.

● Selbstversorger finden einen **Minimarkt** in der Zazid im Zentrum, deutlich preiswerter kauft man aber im **Konzum-Supermarkt** in der Jadranska Obala ein (vom Franziskanerkloster-Parkplatz aus am Ufer Richtung Marina, die erste Abzweigung links ins moderne Wohngebiet, nach ca. 150 m linker Hand): Basissortiment, Frischfleisch/-käse und frische Backwaren, geöffnet Mo bis Sa 8–21 Uhr, So 9–13 Uhr – insgesamt günstigste Einkaufsmöglichkeit der Stadt, wenngleich längst nicht so gut wie in Mali Lošinj.

● **Vinoteka Katunar,** vor der Rialto-Treppe am Hafenbecken links in der Drivenik-Gasse kann man sowohl Weine aller Art kosten als auch direkt in mitgebrachte Flaschen – je nach Sorte ab 15 Kn/1 Liter – abfüllen lassen (geöffnet nur 8–12 und 18–21 Uhr, Tel. 052-7741839).

Sonstiges

● **Polizei:** Tel. 051-571207, Vatrogasci (nahe Franziskanerkloster).

● **Erste Hilfe:** Trg Petrica/Ecke Labinska, Tel. 051-571116, Apotheke am Trg Petrica, Kreiskrankenhaus, Tel. 051-571247.

● **Bank/Geldautomat:** Mehrere Institute mit Bankautomat finden sich am Cons und entlang der Riva Kapetana.

● **Post/Telefon:** Cons 1, geöffnet Mo bis Fr 7–21 Uhr, Sa bis 13 Uhr; vor dem Gebäude Telefonautomat, weitere am Kinderspielplatz vor dem Osttor sowie an der Promenade (große Hafenmauer).

Inseln Cres und Lošinj

- **Tankstelle** am unteren Ende der Zazid neben der Bushaltestelle.
- **Hafenmeisterei** (für Taucher und Bootsführer): Brodogradilište Marina, Tel. 051-571111.
- **ACI Marina:** 1,5 km Richtung Lošinj, Tel. 051-571622, www.aci-club.hr.
- **Kinderhüpfburg:** Ecke Palada/Lungomare
- **Tauchen:** PADI Diving Cres, im AC Kovačine, deutschsprachig, Tel. 051-571706, www.divingcres.de; **Lambert Diving,** in Martinšćica, Tel. 051-574207, www.lamkra.cz.
- **Internetcafé:** Agentur Croatia, Cons 8, neben der TI, Tel. 040-030387, geöffnet tgl. 8–22 Uhr.

Valun (Cres) ⚐ B2

Autofreier Kurort

Auch wenn man nur auf der Durchreise ist – ein Abstecher nach Valun (und Lubenice) ist unbedingt empfehlenswert: **Bergdorf** plus **Meer** mit klarstem Wasser plus absolute **Ruhe** findet man in dieser Kombination so rasch nirgends. Kurz hinter dem Abzweig von der Inselstraße Richtung Valun/Lubenice besteht rechter Hand eine Haltemöglichkeit (Feldparkplatz) mit schöner Aussicht.

Valun mit seinen 85 Einwohnern gibt sich als autofreier Kurort (Parken vor dem Ort für 15 Kn pauschal), der eigens die **„Valuner Grundregeln"** aufgestellt hat: Nichts zerstören, keinen Abfall auf den Boden werfen, keine Mauersteine entfernen – außerdem sollen (Esels-)karren für den Gepäcktransport der in Valun untergekommenen Touristen vom Parkplatz zum Domizil sorgen. Das Ganze wirkt nur auf den ersten Blick gekünstelt, bei genauerem Hinsehen entpuppt sich Valun als „Schweiz Kroatiens": idyllische Beschaulichkeit gepaart mit dem vielleicht klarsten Adriawasser überhaupt. Einziges historisches Monument im Ort ist die kleine Pfarrkirche mit der **„Valuner Tafel",** einer glagolitisch-lateinischen Steintafel vom Ende des 11. Jahrhunderts. Neben der Touristeninformation lädt eine **traditionelle Ölmühle (Uljara)** zur Besichtigung ein.

Inseln Cres und Lošinj

Orien-
tierung/
Baden

Von den hoch gelegenen Parkplätzen kann man entweder links zur kleinen Badebucht (Kiesstrand) hinuntergehen oder rechts hinunter zu den Gaststätten und Unterkünften; beide Abschnitte sind per Promenade (ca. 300 m) miteinander verbunden. Geht man vom Gastronomiebereich am Ufer entlang in die entgegengesetzte Richtung, bestehen weitere Bademöglichkeiten (befestigt) bis hin zum Kiesstrand des Campingplatzes.

Touristische Infrastruktur

Infos

●**Touristenagentur Cresanka,** Cresanka bb, Tel. 051-525050 und 571161, www.cresanka.hr, tgl. 8–21 Uhr, mit Privatzimmervermittlung (nur hier!, ab 35 Euro/DZ), Geldwechsel, Ticket- und Ausflugsorganisation usw.

Unterkunft & Camping

● €€**Pension Za Odmor,** Tel. 051-573053 oder über die Agentur Cresanka (s.o.), DZ kosten 30–35 Euro, FeWo für 4 Personen 55–90 Euro je nach Saison.

● €€**FKK-Camp Zdovice-Valun,** Tel. 051-571161, Fax 571163, www.cresanka.hr, Anmeldung über die Agentur *Cresanka.*

Essen & Trinken

Es gibt einige Gaststätten im Ort, wobei die Preise insgesamt etwas höher als andernorts liegen.

● Besonders nett ist am Ufer in der Ortsmitte das **Toš Juna** mit seinen glagolitischen Steintafeln im „Biergarten". Sehr gut sind hier Miesmuscheln und der ausgezeichnete Schafskäse.

● Im gehobenen Preis-Leistungssegment serviert das **San Marco** eine sehr gute Gemüsesuppe (32 Kn) oder gegrillten Fischteller für 125 Kn.

● Für Erfrischungen, Kuchen oder Eis bietet sich die **Café-Bar Valunjanka** an.

Sonstiges

● **Bus:** Abfahrt nach Cres tgl. 5.33, 8.50, 16.50 und 19.20 Uhr, nach Lubenice um 8.50, 16.50 und 19.20 Uhr (Sommerfahrplan)

● **Bootsverleih** (450–960 Kn/Tag) und **Bootstaxi** unter Tel. 098-9594566.

● **Minimarkt am Ufer,** führt auch Briefmarken, geöffnet tgl. 7.30–12 und 17–21 Uhr, So nur vormittags.

● **Bankomat beim Minimarkt.**

● Kleiner **Obst-/Gemüsemarkt** am zentralen kleinen Platz.

Lubenice (Cres)   ♫ **B3**

Idylle pur

Lubenice ist ein **Bergdorf mit 43 Einwohnern,** in dem sich Fuchs und Hase „Gute Nacht" sagen, ohne jegliche historische Sehenswürdigkeit, aber mit einer tollen kleinen Imbissstube. Selbst der nächste Strand liegt knapp 30 Gehminuten entfernt, und das Nachtleben beschränkt sich auf den Sonnenuntergang – und trotzdem ist der Miniort ein echter Tipp! Es sind die wundersame, unvergleichliche, friedliche Romantik des luftigen Dörfchens, die malerische, geradezu **einmalige Lage oberhalb des Meeres** und sicher auch der nur zu Fuß erreichbare **einsame Strand** unterhalb des Ortes – Lubenice ist Idylle pur!

In zwei, drei Bauernhäusern hängen Schaffelle zum Verkauf aus, der Haupterwerb der Bewohner ist die **Schafzucht.** Oberhalb der Klippe gibt es mehrere Aussichtspunkte und ein kleines Museum zur Schafzucht (kostenlos), welches bis 1986 als Dorfschule diente.

Die **malerische Bucht** unterhalb des Ortes ist einfach verführerisch (siehe Bild S. 90)! Vom Parkplatz führt ein Fußweg hinunter (ca. 30 Min., es geht schneller als vermutet – zumindest abwärts).

Touristische Infrastruktur

Essen & Trinken

- Die **Imbissstube** beim Parkplatz ist wirklich toll – deftige Schinken- und Käseplatten (50 Kn) und Fassbier (18 Kn), und das alles mit herrlicher Aussicht!
- Mitten im Dorf bietet die **Konoba Libernica** tolle Lammgerichte im Römertopf (220 Kn/kg).

Sonstiges

- Der **Linienbus** fährt um 4.30, 8.30, 16.30 und 19.30 Uhr ab Cres und um 5, 9.30, 17.30 und 20 Uhr ab Lubenice, allerdings nur im Sommer; ansonsten bleibt nur die Möglichkeit von/nach Valun (siehe dort).
- Ausreichend **Parkplatz** ist vor der Kapelle vorhanden; schon bei der Einfahrt wird ein Parkplatzticket (pauschal 15 Kn) verkauft, andere Möglichkeiten gibt es nicht!

Miholašćica (Cres)   ♫ **B3**

Kleiner Bauernort

Nachdem bei Vrana ein Blick auf das unterhalb gelegene Süßwasserreservoir **Vransko Jezero** (Zutritt verboten) genossen werden konnte, führt die nächste Abzweigung hinter Hrasta nach Martinšćica und zum AC Zlatina.

Über die sehr gut ausgebaute Nebenstraße wird Miholašćica durchquert, ein kleiner Bauernort, der sich durch den Durchgangstourismus mittlerweile zu einem **Ausweichstandort** gemausert hat. An der Hauptstraße liegen einige Vermittlungen für Unterkünfte und Gaststätten (Gostionica Mareta, Konoba Ugnjišće). Die kleinen, sehr sauberen **Badebuchten mit Felsstrand** laden zum Baden ein.

Im nahezu mit Miholašćica zusammengewachsenen **Ortsteil Zaglav** kann man an einigen Stellen hinunter zu hübschen Badebuchten gehen/klettern (teilweise steil). Die touristische Infrastruktur von Zaglav beschränkt sich – noch – auf die große gleichnamige Ferienwohnungen-Anlage mit Minimarkt.

Touristische Infrastruktur

**Infos &
Unterkunft**

●Derzeit bietet erst eine Agentur ihre Dienste (Unterkunft, Touren usw.) an, die **Agencija Zaglav,** Tel. 051-574169, Fax 574074, zaglav@ri.t-com.hr.
●Die **Apartmentanlage Zaglav,** Punta 1, hat 4er Apartments zu 41–80 Euro/Tag und 6er Einheiten zu 51–100 Euro/Tag im Angebot. Zu buchen auch unter www.adria24.hr oder www.kvarner.com.

Martinšćica (Cres)    B3

**Ruhiger
Ort**

Kurz hinter dem Ortsende von Zaglav geht es an einem Abzweig geradeaus zum AC Zlatina, links hinein nach Martinšćica (180 Einwohner), benannt nach der **Pfarrkirche Sv Martin** mit angeschlossenem **Kloster.** Parken kann man auf dem großen Parkplatz auf halber Strecke das Sträßchen hinein rechter Hand. Der Ort ist sehr klein und überschaubar, alles ist leicht zu Fuß erreichbar.

Martinšćica gehört noch zu den ruhigeren Orten, Sehenswertes und Touristenströme sucht man hier vergebens. Ansonsten laden der Kiesstrand, das Eiscafé Riva und die örtlichen Gastronomiebetriebe zum Verweilen ein. Einzig der teilweise erhaltene **Aquädukt** am Parkplatz (hinter dem Zaun) zieht die Blicke einiger Interessierter auf sich.

Transport und Verkehr

**Personen-
fähre**

Es mag überraschen, aber das Passagierboot (Katamaran) **Mali Lošinj – Rijeka** (3 x wöchentlich) hält ausgerechnet hier! Nach Rijeka Mo 8.15 Uhr,

Do und Sa 7.40 Uhr, retour ab Rijeka jeweils um 17 Uhr; nach Mali Lošinj Do und Sa 19.05 Uhr, jeweils 6 Uhr ab M. Lošinj. Verkehrt nur im Sommer!

Busse

Für Touristen **miserable Anbindung,** 6.30 Uhr Richtung V./M. Lošinj, 14.30 Uhr Richtung Cres.

Touristische Infrastruktur

Agentur

● **Agentur Seca Martinšcica,** neben der Privredna Bank an der Promenade, Tel. 051-574107, Fax 574284, geöffnet tgl. 8–21 Uhr.

Unterkunft

● **Privatunterkünfte** werden über die Agentur Seca Martinšćica an der Promenade vermittelt (ab 150 Kn/Pers.).
● €€€**Hotel-Pension Zlatni Lav,** Tel. 051-574020, www.hotel-zlatni-lav.com, DZ je nach Saison 50–100 Euro. War früher nur eine Disco-Pizzeria, heute nach mehreren Umbauten und Erweiterungen auf dem Weg zur Nobelherberge kurz vor dem Camping *AC Zlatina* (Sackgasse).

Camping

● €€€**AC Zlatina,** Tel. 051-574127, Fax 574167. Mit Tauchbasis und FKK-Strand. Infos auch unter www.camps-creslosinj.com.

Essen & Trinken

● Einfache Snacks und Pizzen haben **Fast Food Mario** und die **Pizzeria Mia** am Parkplatz im Angebot. Im mittleren Segment bietet sich die überraschend preiswerte **Konoba Kaštel** (Martinšćica 22) an.
● Ein Fußweg bei der Kapelle führt landeinwärts (Vidovci) über zwei Kilometer zum **Restaurant Mali Raj** (beschildert, Tel. 098-715856, geöffnet tgl. ab 19 Uhr), das für Lammspezialitäten bekannt ist.

Einkaufen

● Am Parkplatz liegen eine kleine **Metzgerei** sowie **Obst- und Gemüsestände.**
● Der **Minimarkt Plus** an der Promenade führt ein umfangreiches Basissortiment.

Sonstiges

● Oberhalb des Parkplatzes liegt etwas versteckt die **Post (Wechselstube),** geöffnet nur Mo bis Fr 8–15 Uhr (Pause 12.30–13.30); direkt nebenan **Erste-Hilfe-Station.**
● **Banken mit Automat** (Privredna und Erste) an der Promenade; geöffnet Mo bis Fr 8–14 Uhr, Sa 8–12 Uhr.
● **Telefonzelle** an der Eisdiele Riva.
● **Ausflüge und Inseltouren** können direkt am Pier organisiert werden, z.B. Ilovik/Susak-Tagestour 170 Kn, Šilba/Ilovik 200 Kn (*Devin-Tours*, Tel. 098-9919580).
● **Bootstaxis** z.B. für Individualtouren zu vorgelagerten Inseln können unter Tel. 098-260088 geordert werden.

Inseln Cres und Lošinj

Belej und Ustrine (Cres)   ⌁ C3

Belej

Das **Straßendörfchen** Belej bietet keine touristisch herausragenden Attraktionen, zeichnet sich aber durch einige Lokale (Konoba Leut und Bife Gromača) aus, in denen fast rund um die Uhr knusprige **Spanferkel** zum Zwischenstopp locken. Am Ortsrand werben ferner **Honigverkäufer** für meist hausgemachte Produkte. Nördlich von Belej liegt übrigens die offizielle Verwaltungsdistriktsgrenze der Inselteile Cres und Lošinj, die natürlich nichts mit den tatsächlichen geografischen Gegebenheiten zu tun hat.

Ustrine

Zwischen Belej und Osor zweigen eine neuere und eine ältere Seitenstraße nach Ustrine ab. Der Ort war schon in römischer Zeit besiedelt (Mosaiken- und Keramikfunde), man vermutet aber, dass Urnenfunde sowie der Name (Ustrinum = Totenverbrennungsplatz) auf eine Bestattungsanlage hindeuten, die schon in der Jungsteinzeit entstanden war. Heute hat sich hier, etwas abseits der Inselhauptstraße, ein kleines landwirtschaftliches Zentrum (**Schafzucht**) entwickelt. Touristen sieht man weniger, wenngleich immer mehr Einheimische das Zubrot als Zimmervermieter für sich entdecken. Die **Buchten** unterhalb des Ortes zählen noch immer zu den „Geheimtipps" für Badeurlauber: Von der romantischen Kirche des Hl. Martin führt eine asphaltierte Straße extrem steil (geschätzte 20% Steigung!) hinunter zu den drei Buchten von Ustrine: Porat, Veli Žal und Županj.

Touristische Infrastruktur

Essen & Unterkunft

Für das leibliche Wohl sorgt das **Bufet Panorama,** Tel. 051-524022, wer einen **Privatvermieter** kontaktieren möchte: **Mihaela Svetec,** Tel. 051-524015, misvetec@googlemail.com, vermietet einfache und günstige DZ.

Punta Križa (Cres)   ⤴ C3

Landzunge   Vor der Brücke in Osor führt links eine schmale Seitenstraße (für Bootshänger/Wohnmobile bei Gegenverkehr ziemlich kanpp) zur zwölf Kilometer entfernten Landzunge Punta Križa. Diese Landzunge, die auch gleichzeitig den **Südrand der Insel Cres** bildet, zeichnet sich durch eine einigermaßen geschlossene Vegetation und die hier wieder angesiedelten **Rotwildbestände** aus (Achtung: in der Dämmerung häufiger Wildwechsel auf dieser Straße!). Außerdem findet man hier einen sehr beliebten Campingplatz mit FKK-Bereich.

Der gleichnamige **Ort Punta Križa** selbst liegt auf einem kleinen Hügel nicht direkt am Meer, dennoch hat man von den meisten Ferienwohnungen (Hotels Fehlanzeige) eine herrliche Rundumsicht.

Inseln Cres und Lošinj

kb006 Foto: wl

Baden

An der (einzigen) Kapelle in der Ortsmitte führt ein befestigtes Sträßchen hinunter zu einer kleinen **Bucht** an der Ostseite (**Uvala Ul,** ca. 1500 m; 10 Minuten zu Fuß) mit Bademöglichkeit.

Folgt man von Punta Križa aus der „Hauptstraße" vier Kilometer weiter, endet das Sträßchen am **Campingplatz Baldarin-Uvala** in einer ansonsten unbebauten, einsamen Bucht. Hier findet man gute Bademöglichkeiten, das Areal ist trotz Schranke auch für Nichtcamper offen (vor der Zufahrt parken); der FKK-Bereich befindet sich ganz am Ende rechts die Bucht entlang (beschildert).

Wandern

Punta Križa – Camp Baldarin: An der kleinen Bucht Uvala Ul (s.o.) wird das Sträßchen zur Piste und führt danach als Wanderweg Richtung Camp Punta Križa, mit dem Auto kann man vorsichtig bis zum Kap Zaklopica mit schöner Aussicht über die Inselwelt fahren (nicht aber zum Camp).

Man folgt von der Uvala Ul zu Fuß der Beschilderung „Lusare/40 Minuten" die breite Piste entlang an umzäunten Parzellen vorbei. Nach einer halben Stunde muss man gut aufpassen, die Gabelung **Lusare** ist nämlich nicht weiter beschildert; man achte auf rote Wegmarkierungen rechter Hand an Felsen (geradeaus käme man nach ein paar Minuten zu einem runden Waldparkplatz, wo die breite Piste als Waldweg geradeaus weiterführt). Bei dieser „Bemalung" sieht man zwei kleine Wege, einen nach vorne rechts an einer Ruine vorbei (verkehrt!), und scharf rechts den richtigen Weg zum Camp (nicht für Pkw oder Rad geeignet!). Bald darauf passiert man einen Tümpel (links liegen lassen) und folgt dem Pfad den kleinen Hang aufwärts. Oben angelangt geht der Weg/ Untergrund zunächst in Schotter über, dann wird er steinig (schwer zu gehen), man kann sich aber nicht verirren. Nach insgesamt etwa **1½ Stunden** passiert man eine Schranke, die bereits im Campingareal liegt (rechts Sträßchen bzw. geradeaus Fußweg zur Rezeption).

Touristische Infrastruktur

Unterkunft

Voraborganisation von **Ferienwohnungen** z.B. unter www. puntakriza.com oder www.tourist-online.de; privat bei €€**Apartmani Biondic/Vila Fiena,** Punta Križa 36a, Tel. 051-235670, schöne und preiswerte kleine FeWos am Ortsausgang Richtung Camp (rechts, unten Naturstein, oben hellrot).

Camping

●€€**FKK-AC Baldarin-Uvala,** Tel. 051-235680, Fax 604646, info@camp-baldarin.com. Sehr abgeschieden und ruhig, mit Minimarkt und Obstständen, geöffnet Mai bis Okt. Auf dem Gelände befindet sich der **Bootsverleih Dodig** (Segelboot 320 Kn/Tag, Surfbrett, Kanu, Tretboot je 250 Kn/ Tag, Kajak 120 Kn/Tag, Motorboot 600–900 Kn/Tag), wo auch Räder für 100 Kn/Tag erhältlich sind (Tel. 098-368778). Auch das **Bife Lučica** im Camp wird sehr gelobt für seine ausgezeichneten Muschelgerichte.

Sonstiges

●Das kleine Straßendorf verfügt über einen **Minimarkt** (geöffnet tgl. 7–12 und 18–19.30 Uhr, So nur vormittags; hier auch eine Telefonzelle) sowie direkt daneben die sehr beliebte **Konoba Tina** mit exquisitem Spanferkel (nur Mi und am Wochenende sowie auf Bestellung, Tel. 098-328381).
●**Bus:** Im Sommer besteht Mo bis Fr 2 x tgl. Busverbindung von/nach Osor (6.05 und 15.10 Uhr ab Osor, 6.30 und 15.30 Uhr ab *AC Baldarin*).

Inseln Cres und Lošinj

kb007 Foto: wl

Osor (Cres)

⚓ **C3**

Allge-meines

Das gerade einmal 100 Einwohner zählende, aber viel größer wirkende Städtchen Osor bildet das **Nadelöhr zwischen Cres und Lošinj** (Hinweis: Die Brücke wird um 9 und 17 Uhr ca. 15 Minuten lang für Segelboote geöffnet – kurzer Stau!). Apsirtides hieß die Doppelinsel, als sie an dieser Stelle einst verbunden war, der Hauptort war Apsorus (Osor). So gibt sich der kleine Ort auch heute noch als das eigentliche **kulturelle Zentrum der Inseln.** Über 25.000 Einwohner sollen in der römischen Ära in Apsorus gelebt haben – der Kanal bildete eine beliebte Zwischenstation auf dem Seeweg von Aquilea nach Hellas.

Sehenswertes

Plastiken

Heute ist Osor eine „Stadt der Kunst", ziehen zahllose moderne Plastiken die eher erstaunten Blicke der Besucher auf sich. Der berühmteste Sohn der Stadt, **Ivan Antolčič** (siehe Glossar), seines Zeichens moderner Impressionist, prägt den kleinen Ort. Im ehemaligen Rathaus am Kirchplatz unterstreichen eine kleine **Galerie** (EG, Eintritt frei) und

Foto: wf kh008

das **Museum** (1. OG, geöffnet 10–13 und 19–22 Uhr, Eintritt 10 Kn, Kinder 5 Kn, Mo geschlossen) diesen Eindruck.

Vor der Kathedrale steht die **„Flöterin"** des ebenfalls berühmten dalmatinischen Bildhauers **Ivan Meštrović** (siehe Glossar). Selbst in der **Kathedrale** herrschen moderne Figurinen vor. Das Gotteshaus aus dem 15. Jahrhundert im Stil der frühen Renaissance birgt die Reliquien des einstigen Bischofs *Gaudentius,* dem die Ausrottung aller Giftschlangen auf den Inseln nachgesagt wird.

Weitere Kunstwerke findet man unmittelbar an der alten Stadtmauer am Kanal (gegenüber der Konoba Adria), wo nacheinander die **Büsten** von *Stjepan Šulek* (1914–1986, Dirigent und Komponist), *Andrija Mohorovičić* (1857–1936, Mathematiker, Physiker und Seismologe), *Dora Pejačevoć* (1885–1923, Komponistin), *Igor Kuljerić* (1938–2006, Komponist und Dirigent) sowie *Stanko Horvat* (1930–2006, Musikpädagoge und Komponist) zu sehen sind.

Interessant ist auch die **Friedhofskapelle** am nördlichen Ortsende, deren Mosaikböden aus der römischen Antike stammen.

Auch der kleine **Ortsstrand** direkt am Kanal ist nicht zu verachten, und sei es nur um die Boote bei der Passage durch den Kanal zu beobachten.

Touristische Infrastruktur

Camping

●Am Ortseingang rechter Hand erreicht man schnell das €€**AC Bijar,** Tel. 051-237027, Fax 237115, www.camps-cres-losinj.com.
●Das €€€**AC Preko Mosta,** Tel. 051-237350, Fax 237007, www.jazon.hr, liegt unmittelbar hinter der Brücke. Geöffnet Mai bis Ende Sept.
●1,5 km hinter Osor Richtung Nerezine folgt das moderne €€**AC Lopari,** Tel. 051-237128, Fax 237127, www.losinj-plov.hr, geöffnet 1.4. bis 30.9. Hier auch ein Sportzentrum für Bootsverleih, Surfschule usw., Tel. 091-5335600.

Inseln Cres und Lošinj

Büsten in Reih und Glied in der „Künstlerstadt" Osor

**Essen
& Trinken**

In der Gastronomie liegen die **Preise** in einer „Künstlerstadt" naturgemäß **etwas höher** (ohne dass die meisten
Künstler etwas davon hätten ...), so auch in Osor.

● Direkt um die Ecke der Hauptkirche findet man die **Pizzeria Orfej,** Tel. 051-237135, für günstige Pizzen und Nu-
delgerichte.

● Die **Konoba Adria** unmittelbar an der Brücke serviert
Kleinigkeiten und Snacks sowie Hausmannskost tgl. von
11–23 Uhr. Kaffees 9–12 Kn, Salate rund 25 Kn, Fischplatte
240 Kn (2 Pers.), Bier 20 Kn, Pleškavica und Čevapi je 55 Kn.
Manchmal gibt es Lamm vom Grill für 230 Kn/Portion.

● Die sehr beliebte **Konoba Livio** um die Ecke von der Post
am Dorfplatz bietet Deftiges (Tel. 051-237242): Grüne Nudeln mit Lachs 85 Kn, Kotelett 60 Kn, Schweinemedaillons
in Salbei mit Gnocchi 75 Kn, Jägergulasch 60 Kn oder
Schaschlik mit Pfahlmuscheln sind nur einige wenige der
sehr guten Gerichte hier; tgl. 11–23 Uhr, Mittagspause 15–
18 Uhr.

● Sehr zu empfehlen ist auch die nobel-rustikale **Konoba
Bonifačić** direkt oberhalb vom Kanal/kleinen Strand. Hier
gibt es auch die typischen Spezialitäten Cres-Lammbraten
(120 Kn), Schinken (50 Kn) oder Schafskäse (45 Kn), aber
auch istrischen Eintopf (30 Kn) oder Lammsuppe (25 Kn).
Sehr gut sind auch die Fischplatte (180 Kn/2 Pers.) sowie
das Filet mit Spiegelei (95 Kn). Tel. 051-237413, tgl. 11–23
Uhr.

● Eine günstige – aber sehr gute – **Eisbude** findet man direkt an der Bushaltestelle 100 m vor der Brücke.

Sonstiges

● Die kleine **Post** am Kirchplatz hat Mo bis Sa 8–12 und
18–21 Uhr geöffnet. In der **Wechselstube** nebenan (Mo
bis Fr 7.30–14.30 Uhr geöffnet) kann man Devisen in Kuna
wechseln.

● Wiederum nebenan versorgt ein **Minimarkt** mit allem
Lebensnotwendigen, sogar Deutschlands größtes Massen-
blatt mit vier Buchstaben wird vertrieben; um die Ecke findet man einen winzigen **Obst- und Gemüsemarkt** für
Frischwaren (Pflaumen, Kartoffeln, Paprika günstig, sonst
eher teuer).

● Die **Touristeninformation** in Osor hat sich offenbar nicht
rentiert, Infos findet man heute online unter **www.tz-mali
losinj.hr.** Der **öffentliche Fernsprecher** am Dorfplatz ist
dagegen geblieben.

● Die **Bushaltestelle** liegt von Cres kommend 100 m vor
der Brücke an der Hauptstraße rechter Hand unterhalb der
Kirche; Anbindung in beide Richtungen.

● Die nächste **Tankstelle** findet man gleich hinter dem
Camp Lopari an der Hauptstraße Richtung Nerezine.

Nerezine (Lošinj) ♪ C3

**Allge-
meines**

Der einzige nennenswerte touristische Ort zwischen Osor und Mali Lošinj beheimatet nicht nur 400 Einwohner, sondern in den Sommermonaten auch **Heerscharen von Touristen.** Ein modernes Einkaufszentrum mit Bank, Coiffeur, Boutiquen und Supermarkt, eine neu angelegte Uferpromenade, vor allem aber die **Lage unterhalb des Osorščica-Gebirgszugs** und einige gut beschilderte Wanderwege („Sv Nikola", „Televrina" – am Ortsausgang rechter Hand) um dessen 588 Meter hohen Gipfel mit unvergesslichen Panoramablicken machen Nerezine zunehmend beliebter. Seit Eröffnung der neuen Umgehungsstraße ist der Ort deutlich ruhiger geworden, alle Einrichtungen sind entlang der alten Durchgangsstraße gut beschildert – die kleine Marina ebenso wie der Campingplatz. Jachtcharter ist in der Randgemeinde Podgora möglich.

Sehenswertes

**Franzis-
kaner-
kloster**

Vom Ort aus den Campingplatz immer am Ufer entlang passierend, erreicht man an einem ehemaligen kleinen Hafenbecken das Franziskanerkloster. Es wurde als Stiftung der Familie *Kolan Draž* aus Osor **1510 begründet** und beheimatete in seinen Glanzzeiten über 100 Mönche. Heute lebt hier nur noch ein einziger Franziskanerbruder, der sich praktisch im Alleingang um Besichtigungen, Messen, Klostererhalt usw. kümmert. Der **Renaissance-Glockenturm** wurde um 1600 errichtet, im Kircheninneren sind der Altar von *Girolama di Santacroce* und ein Bild der „Muttergottes mit Kind" eines unbekannten venezianischen Meisters aus dem 15. Jahrhundert sehenswert.

**Maria-Heil-
Pfarrkirche**

Die einschiffige Maria-Heil-Pfarrkirche am Zentrumsplatz Trg Studenac entstand 1877; auf dem Hauptaltar ist das **Titularbild** der Muttergottes mit

Inseln Cres und Lošinj

dem Hl. Nikolaus und dem Hl. Gaudentius zu sehen, das ein weniger bekanntes Werk des Ende des 16. Jahrhunderts führenden venezianischen Künstlers *Jacopo Palma Giovanne* (der Jüngere, 1548–1628) sein soll.

Transport und Verkehr

Busse

Die Haltestelle befindet sich an der Ortsstraße am Parkplatz vor dem kleinen Einkaufszentrum; Fahrplan/Inselbus siehe eingangs des Inselkapitels.

**Mit
dem Auto**

Man parkt am besten an der alten Durchgangsstraße vor der Bushaltestelle meerseitig auf dem größeren **Parkplatz** (kostenlos). Direkt unterhalb liegt das kleine Einkaufszentrum am Ufer, von wo aus man links zum Kloster und Campingplatz oder rechts zur Marina und (hinter dem *Hotel Televrin* wieder rechts) zum kleinen **Ortskern Trg Studenac** gelangt.

Touristische Infrastruktur

Agentur

●**Agentur Marina Nerezine,** Obala nerezinskih pomoraca 3, Tel. 051-237038, Fax 604353, www.marina-nerezine. hr. Ausflüge, Exkursionen, Unterkunft usw.; Mo bis Fr 8–14 und 15.30–21 Uhr, Sa 8–12 Uhr und So 9–12 Uhr geöffnet.

Unterkunft

●€€€€**Hotel Manora,** im Vorort Podgora gelegen, klein und überschaubar, DZ 120–150 Euro, Familienzimmer für 4 Pers. 180–250 Euro je nach Saison. Vermittelt werden auch Privatunterkünfte (Zimmer und Wohnungen) überall auf der Insel, Infos/Buchung unter www.manora-losinj.hr.
●Direkt am Ufer und absolut zentral im Ortskern kann man im €€€**Hotel Televrin** unterkommen, Obala nerezinskih pomoraca, Tel. 051-237121, Fax 867415, www.televrin.com.
●Privatanbieter mit **Zimmern und FeWos** in Nerezine werden von der *Agentur Marina* (s.o.) vermittelt, ein Direktanbieter wäre auch €€**Šegota Šime,** Marinculiceva 13, Tel. 051-237210, www.adria-kroatien.com, oder die direkt am Hafenbecken (kurz vor dem Campingplatz) gelegenen €€€**Apartmani Skipper,** *Fr. Mirela Kramberger,* Tel. 051-237179. Wenn man am Hafenbecken (an der Agentur Marina vorbei) hinten um die Ecke geht, steht man vor den

€€€**Apartmani Satalic** (Tel. 051-237001, apartmani-msata
lic@mail.inet.hr) – sehr schöne Alleinlage am Ortsrand und
direkt am Ufer.

Camping

●€€**AC Rapoca** (Mai bis Ende Sept.), Tel. 051-237145, Fax
237146, www.losinjplov.hr. Liegt wirklich toll im Wäldchen
am Meer und absolut ortsnah – aber auf der Promenade
bewegen sich natürlich auch viele Spaziergänger.

Essen & Trinken

●Das **Café Express** bietet Erfrischungen und Kleinigkeiten
sowie Eiscreme (neben dem Einkaufszentrum).
●**Am Zentralplatz Trg Studenac** sollte jeder etwas nach
seinem Geschmack finden, hier liegen gleich mehrere Gastronomiebetriebe in enger Nachbarschaft. Die **Pizzeria
Mornar** (Studenac 11) bietet schmackhafte und preisgüns-
tige Pizzen und Snacks. Etwas gehobenerer – aber nicht
überteuert – gibt sich das **Bonaparte** (tgl. geöffnet, Mittagspause 15–18 Uhr) mit guter Fischsuppe, herzhafter Kä-
sesuppe, Miesmuscheln oder Rumpsteak.
●**Tipp:** Hinter dem Bonaparte rechts den Weg hinein liegt
etwas versteckt die **Gostionica Meduza** (Trg Oslobodenia
3, Tel. 051-237086, 1.5.–31.8. tgl. durchgehend geöffnet),
wo man zünftig, gut und preiswert essen kann: Käse,
Schinken oder Čevapi, Calamari vom Rost, auch Spanferkel und Lamm, aber nicht täglich; auch die Riesenpizzen
sind hier preiswert und gut.

Einkaufen

●Das kleine **Einkaufszentrum** am Ufer unterhalb des Parkplatzes verfügt über Bankomat, Supermarkt (tgl. 7–21 Uhr
geöffnet), Telefonzelle, Souvenirgeschäfte usw.
●**Fischgeschäft** am Hotel Televrin; geöffnet tgl. 7–12 Uhr.
●**Bäckereien: Loznati,** Ul. Spičića, um die Ecke vom Hotel
Televrin, geöffnet tgl. 6–13 und 16–21 Uhr; **Pekara Martina,** am Trg Studenac, geöffnet tgl. 6–23 Uhr.
●**Metzgerei,** Ul. Spičića, neben der Bäckerei Loznati, geöffnet tgl. 7–12 und 18–20 Uhr, So nur 7–10 Uhr.

Sonstiges

●**Bademöglichkeiten** findet man beim Campingplatz (befestigt, mit Duschen).
●**Diving Center,** nahe Einkaufszentrum, Richtung Camp,
etwas zurückgesetzt, Tel. 051-237362.
●**Post** (Mo bis Fr 8–21 Uhr, Sa 7.30–12 Uhr, jeweils um 10
und 17 Uhr 30 Minuten Pause) und **Apotheke** am Zentralplatz Trg Studenac.
●**Zeitschriftenhandel/Telefonkarten** am Trg Studenac
(geöffnet 8–20 Uhr).

Čunski und Artatore (Lošinj)

Čunski
Viele ehemalige Landwirte beherbergte das Dörfchen Čunski an der Hauptstraße Richtung Lošinj, doch die meisten haben ihre Parzellen auf der Artatore-Landzunge längst aufgegeben und der touristischen Bodenspekulation zugeführt. In Čunski gibt es wahrlich nicht viel zu sehen, einzig die **Konoba Dve Palme** (Tel. 051-235145) bemüht sich um Laufkundschaft.

Artatore
Ganz anders das Bild in Artatore – ein Ort, der eigentlich noch im Entstehen ist und bislang zu 95% aus **Ferienwohnungen,** allerdings einzelnen (also keine hässliche Siedlung!), besteht. Hier kann man sehr schön wohnen, ohne dass Tagestouristen die Ruhe stören würden. Artatore stellt man sich am besten als Zwischending aus „Goldgräberstimmung" (es wird ständig weiter gebaut, vor allem Richtung Flughafen) und „mondänem Vorort" von Mali Lošinj vor. Artatore erstreckt sich als reines Straßendörfchen entlang der gleichnamigen **Bucht** (Bademöglichkeit) Richtung Flugplatz.

Touristische Infrastruktur

Unterkunft

An der Ortszufahrt kann man über die **Agentur Artatore** (kleine Bude linker Hand, Tel. 051-233070, tgl. 9–13 und 17–23 Uhr) Unterkünfte mieten. Einige Direktanbieter sind die €€€**Pension Ana** (www.pansion-ana.com), die €€€**Apartmani Čaić** (Tel. 13691015 Fax 13637557, www.apartmani-losinj.com) oder €€**Apartmani Pletikosa** (Tel. 051-235019, www.losinj-artatore.com).

Sonstiges

Für die Grundbedürfnisse des Reisealltags steht ein **Minimarkt** zur Verfügung, für das leibliche Wohl sorgen u.a. die **Schänken Eki,** Tel. 051-233007, und **Oasa Kordiš,** Tel. 051-235013, tgl. 8–24 Uhr.

Mali Lošinj

**Allge-
meines**

Zwischen Nerezine und Mali Lošinj wird der **Bewuchs dichter,** die Insel wirkt hier grüner. Vor Mali Lošinj liegt die kleine landwirtschaftliche Siedlung Čunski (s.o.) unweit des Inselflughafens, den man von der Hauptstraße aus erspähen kann.

Gegründet im späten 14. Jahrhundert von kroatischen Zuwanderern als Malo Selo („kleines Dorf"), entstand der Ort rund um die **Landzunge Sv Martin** an der gleichnamigen Kapelle. Zu venezianischer Zeit wurde der Schiffsbau gefördert – Mali Lošinj entwickelte sich zu einer kleinen Hochburg. Eine Marineschule und Segeljachtwerften folgten im 18. und 19. Jahrhundert. Mit der Dampfmaschine und dem Bau schnellerer Dampfschiffe stagnierte der **Jachtbau,** und der **Tourismus** trat seinen Siegeszug an: Schmucke Villen entstanden auf der Čikat-Landzunge, im Jahr 1892 wurde Mali Lošinj zum **Kurort** erhoben; der Wiener Hochadel nahm hier fortan Quartier. Heute sind Jachtbau und Tourismus die Basis des spürbaren Wohlstandes der rund 6600 Einwohner.

Die touristische Bedeutung für die gesamte Insel äußert sich nicht nur in einer nahezu **vollständigen Infrastruktur** und einem Angebot, welches den Küstenstädten auf dem Festland in nichts nachsteht, sondern auch in den inzwischen sehr guten Einkaufsmöglichkeiten, die auch von den Einheimischen gerne genutzt werden.

Sehenswertes

Ortskern

Das Besondere an Mali Lošinj ist der Ortskern: sein bunter, von prachtvollen spätbarock-klassizistischen **Bürgerhäusern** umsäumter Hafen, in dem Obst- und Gemüseverkäuferinnen direkt vom Boot aus frische Ware feilbieten, die dahinter liegenden **Altstadtgassen** mit der dreischiffigen **Pfarrkirche Sv Marija** von 1696 (Treppenaufgang hinter dem Restaurant Hajduk in der Ulica Braće

Inseln Cres und Lošinj

Vidulića), von der man eine herrliche Aussicht hat, und die **Kastell-Ruinen.**

Umgebung Eine durchgehende **Uferpromenade** führt von Sv Martin bis zum Nachbarort Veli Lošinj, um den Ort herum erstrecken sich ausgedehnte **Pinienwälder** sowie das **Erholungs- und Freizeitgebiet Čikat.** Besonders bei Seglern und Tauchern ist Mali Lošinj ein ausgesprochen beliebter Standort.

Transport und Verkehr

Flüge Am Sportflugplatz von Mali Lošinj (Privlaka 19, vor der Ortszufahrt rechter Hand, Tel. 051-231466, www.airportmalilosinj.hr) werden **Rundflüge** (52 Euro/3 Pers.), aber auch **Taxiflüge** nach Italien, Süddeutschland und Österreich/Wien (ca. 1330 Euro/3 Pers.) angeboten.

Die mondäne Promenade in Mali Lošinj

Fähren

Passagierverbindungen per Katamaran bestehen von/nach **Premuda – Šilba – Olib – Zadar** zweimal tgl. und per Autofähre 1 x wöchentlich (Do 15.30 Uhr), **Pula – Venedig** (im Sommerhalbjahr ein- bis mehrmals wöchentlich), **Rijeka** (täglich), **Susak, Ilovik und Unije** (jeweils Frühfähre tgl. außer Sa) sowie Pkw-Fähre **Unije – Pula – Koper** (nur im Sommer Mo, Mi, Sa, So vormittags). Ein Pkw mit 2 Passagieren kostet nach Pula ca. 75 Euro; Details siehe www.jadrolinija.com oder vor Ort im Jadrolinija-Büro am Pier (Riva Loinskih Kapetana, geöffnet Mo bis Sa 8–16.30 Uhr, So 10–13 und 15–16.30 Uhr).

Busse

Der neue kleine Busbahnhof liegt unmittelbar vor der Fähranlegestelle in der Riva L. Kapetana und in direkter Nähe zur Touristeninformation; (direkte) Anbindung besteht **zu allen Orten entlang der Inselstraße bis Osor/Punta Križa,** (sonst Umsteigen in Cres) und teilweise bis Rijeka und Zagreb (Gesamtplan siehe am Kapitelanfang zu Cres/Lošinj). Der Bus nach Osor/Punta Križa fährt 5.30 und 14.15 ab Mali Lošinj, 6.30 und 15.30 Uhr ab Punta Križa (20 Min. später ab Osor).

Mit dem Auto

Gebührenpflichtige **Parkplätze** findet man zentral beim Busbahnhof/Fährpier an der Riva L. Kapetana (8 Kn/6 Stunden), weitere zentrale Parkplätze stehen in der Ul. Braće Ivana gegenüber vom kleinen Einkaufszentrum zur Verfügung. Wer auch baden möchte, sollte den Abschnitt Čikat anfahren (Beschilderung der Hotels) und auf einen Fußballplatz rechts sowie gleich danach auf einen Tennisplatz links achten; am Tennisplatz kann man kostenlos parken und unmittelbar davor links dem Fußweg 50 m zum Strand folgen. Genau entgegengesetzt kommt man auf dem kürzesten Weg zu Fuß ins Zentrum (ca. 15 Gehminuten).

Touristenbahn

Im Sommerhalbjahr pendelt eine Touristen-Bimmelbahn **zwischen Trg Rep. Hrvatske und den**

Inseln Cres und Lošinj

Mali Lošinj –
Übersicht

Osor,
Flugplatz

500 m

Uvala Slatina

POLJANA

SLATINA

★ Vela Straža

Uvala Zabojci

3 ⚠

Brücke
(9 u. 16 Uhr)

4 ⚠

RT Čikat

5 🏠 6

27

RT Madona

Badebucht

7

P

PREMUDA

8

26

9 🏠

Uvala Čikat

10 🏠 ČIKAT

25

11 🏠

24

28

23

ZAGAZINJIN

Veli Žal

DRAŽA

BOĆAC

22

Sunčana
uvala

12 🏠

ZENTRUM

13 🏠

Ausschnitt

21

14 ★

15

18

17

16

BUKOVICA

Veli Lošinj

© REISE KNOW-HOW 2011

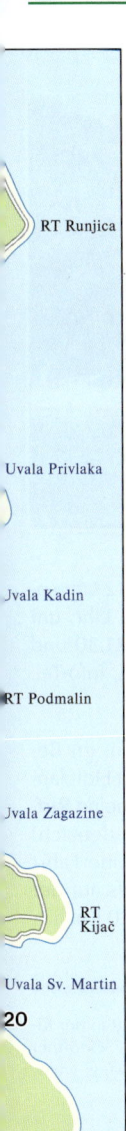

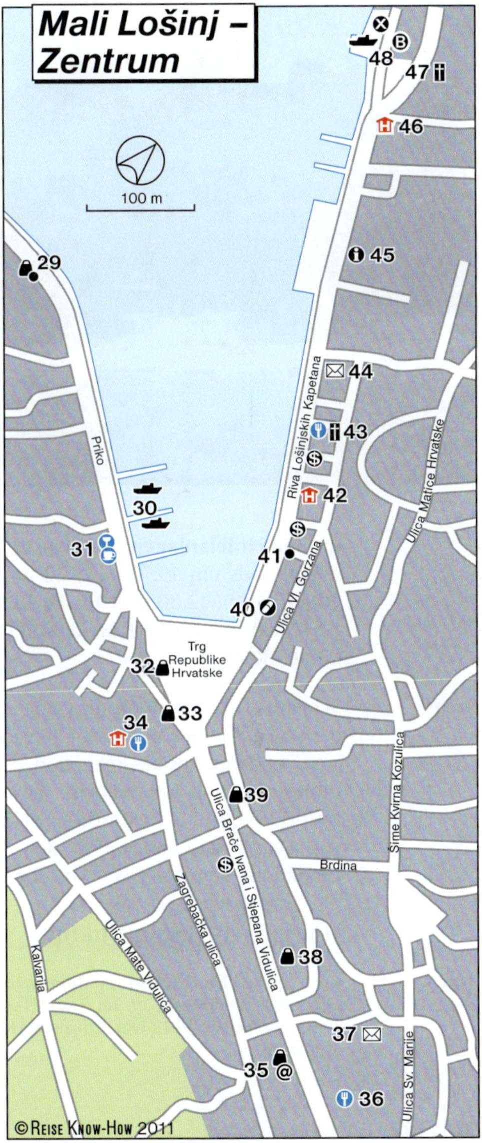

**Mali Lošinj –
Zentrum**

100 m

RT Runjica

Uvala Privlaka

Uvala Kadin

RT Podmalin

Uvala Zagazine

RT Kijač

Uvala Sv. Martin

20

29

30

31

40

41 42

43

44

45

46

47

48

Riva Lošinjskih Kapetana

Ulica V. Gortana

Trg
Republike
Hrvatske

32

33

34

39

Ulica Braća Ivana i Stjepana Vidulića

38

37

36

35

Brdina

Sime Kvirna Kozulića

Ulica Matice Hrvatske

Ulica Matije Vidulića

Zagrebačka ulica

Kalvaria

Ulica Sv. Marije

© REISE KNOW-HOW 2011

Inseln Cres und Lošinj

großen Hotelanlagen; ab Čikat 10, 11, 12 Uhr sowie abends um 19, 20, 21, 22 und 23 Uhr; um 10.30, 11.30, 12.30 und 19.30, 20.30, 21.30 und 22.30 Uhr ab Trg Rep. Hrvatske (15 Kn, Info-Tel. 098-653023).

Taxis

Schließlich bleibt noch die Möglichkeit, im Bedarfsfall auf Taxis zurückzugreifen; in den Hotelanlagen erledigt dies die Rezeption, allgemeine **Rufnummern** (englischsprachig, teilweise deutsch) sind 098-329825 sowie 051-231531. Eine Fahrt von Mali Lošinj/Zentrum zu den Hotels auf der Landzunge Sunčana Uvala kostet z.B. 120 Kn.

Touristische Infrastruktur

Infos

●Die „echte" **Touristeninformation Lošinj** liegt in der Riva Lošinjskih Kapetana 29, Tel./Fax 051-231547. Geöffnet 8–20 Uhr, So nur 9–13 Uhr. Offizielle Homepage: www.mali-losinj.hr.

Tolle Badebucht im Bezirk Čikat

⛪	1	Aparthotel Čunski
⚠	2	Poljana Camping
⚠	3	AC Čikat
⛪⚠	4	Hotel und Camping Kredo
⛪	5	Hotel Helios
●	6	Fußballplatz
●	7	Sunbird (Wassersport), Spielplatz
●🅿	8	Tennis, Parkplatz
⛪	9	Hygeia
⛪	10	Hotel Bellevue
⛪	11	Hotel Alhambra
⛪	12	Hotel Aurora
⛪	13	Hotel Vespera
★	14	Aussichtspunkt Belveder
🛒	15	Supermarkt
🌳	16	Miomirisni Otočki Vrt
🛡	17	Polizei
🌳	18	Konoba Corrado,
🛒		Bäckerei
ℹ️	19	Sv Martin
🌳	20	Rest. Laterna
🐟	21	Sumartin Divers
🛒	22	gr. Minimarkt
●	23	Agenturen Manora und San-Mar
🌳	24	Konoba Odyssey
⛪	25	Villa Antonia
🎵	26	Disco-Bar Villa Anna
🎵	27	Disco-Fähre „Open Bar"
●	28	Agentur Capelli
●	29	Hafenmeisterei,
🛒		Fotoladen
⛴	30	Ausflugsboote
☕	31	Cafés/
🌳		Bars Bulldog und Sportmar
🛒	32	Ribarnica
🛒	33	Minimarkt, Bäckerei
⛪🌳	34	Hotel-Rest. Villa Margarita
🛒	35	Mini-Einkaufszentrum,
@		Cybercafé
🌳	36	Pizzeria Draga
✉	37	Post
🛒	38	Supermarkt/Delikatessen
🛒	39	Bäckerei
⚕	40	Apotheke
●	41	Agentur Lošinjska Plovidba
⛪	42	Hotel Apoksiomen
ℹ️	43	Kapelle Sv Antun und
🌳		Rest. Za Kantuni
✉	44	Post
ℹ️	45	Touristeninformation
⛪	46	Mare Mare Suites
ℹ️	47	Kapelle Sv. Nikola
🚌✖	48	Busbahnhof, Taxistand
⛴		Fähren
⑤		Banken

Agenturen

An Agenturen für **Unterkunft, Transport, Genehmigungen, Bootsverleih, Ausflüge** usw. seien genannt:

- **Manora,** Priko 29, Tel. 051-04015742, Tel./Fax 051-233391, www.manora-losinj.hr. Hier werden nicht nur Unterkunft und Ausflüge arrangiert, sondern auch Mopeds, Räder und Quads vermietet; geöffnet tgl. 9–14 und 17–21 Uhr. Betreibt auch das Hotel in Podgora-Nerezine (s.o.), auf der Webseite werden Privatunterkünfte auf der gesamten Insel angeboten.
- Wenige Meter weiter (Priko 24) liegt die **Agentur SanMar** (Tel. 051-233571, www.sanmar.hr), ebenfalls mit Exkursionen, Tauchen, Unterkunft, Rad- und Scooterverleih, Räder kosten durchschnittlich 120 Kn/Tag, Scooter 250–300 Kn.
- **Lošinjska Plovidba,** Riva L. Kapetana 8, Tel. 051-233077, Fax 231611, www.losinjplov.hr. Geöffnet 8–22 Uhr, So 9–13 und 18–21 Uhr. Unterkunft, Bootscharter, Ausflüge.
- **Capelli,** Kadin (vor der Ortszufahrt rechter Hand), Tel. 051-231582, Fax 231562, www.cappelli-tourist.hr. Mit Autovermietung.

Unterkunft

In der Hauptsaison besteht ein breites Angebot an Unterkünften aller Art. Dabei hat sich als allgemeiner Schwerpunkt die Landzunge Čikat herauskristallisiert, deren **riesige Hotelanlagen** allerdings nicht unbedingt für Schönheitspreise nominiert werden dürften; hier landen nahezu 90% der Pauschalreisenden. Wer es etwas individueller mag, sollte einen **Privatunterkunft (Apartment, Zimmer)** über eine der örtlichen Agenturen oder direkt bei Anbietern vorziehen.

kb076 Fotex: wl

Alternativ sollte man erwägen, **eventuell im Nachbarort Veli Lošinj** zu wohnen und Tagestouren nach Mali Lošinj zu unternehmen – die Busanbindung ist sehr gut, notfalls kann man auch zu Fuß gehen.

Hotels:
●€€€€€**Hotel Kredo,** Čikat, Tel. 051-233595, www.kredo.hr. Tolle Lage in mehreren angeschlossenen kleinen Villen im Bereich Čikat, aber auch im Zentrum, mit 90–190 Euro (DZ Ü/F) bzw. 102–220 Euro (zzgl. 30 Euro Reinigung, 15 Euro Frühstück sowie Kurzzeitaufschlägen von 30–50% für Buchungen unter einer Woche) aber sehr teuer.

Im angeschlossenen €€€*Camp Kredo* kostet die Woche/ Hauptsaison für eine 4-köpfige Familie inkl. Stellplatz und „Öko-Zuschlag" rund 400 Euro, Mobilheime (4 Pers.) sind für 90–140 Euro/Tag erhältlich.

●Das ehemalige einfache „Istra" wurde zum €€€€**Apoksiomen** (Tel. 051-520820, Fax 520830, www.apoksiomen. com) luxussaniert und nennt sich nunmehr „Boutique-Hotel" mit DZ-Preisen ab 170 Euro. Absolut zentral an der Promenade Riva Lošinskih Kapetana und tadellos.

●Um die Ecke von der TI, ebenfalls an der Riva Lošinskih Kapetana, liegen die €€€**Mare Mare Suites,** mit B&B-Angebot, DZ (120–150 Euro) und Apartments (145–210 Euro/4 Personen) je nach Saison. Beide Häuser sind schöner als die Čikat-Hotels und wegen der Lage unmittelbar bei Bushaltestelle und Fährpier logistisch ideal, wenngleich nicht unbedingt billig.

●€€€**Hotel Villa Margarita,** etwas versteckt im Altstadtzentrum (Bočac 64, Tel. 051-233838, Fax 231940, www. vud.hr). Komplett renovierte Aristokratenvilla mit nur 4 Apartments (4er Apartment 180–340 Kn pro Person und Tag inkl. Frühstück) und 6 DZ (420–700 Kn inkl. Frühstück), die Preise sind saisonabhängig. Sehr beliebt ist auch das angeschlossene Hotelrestaurant.

●Im **Distrikt Čikat** liegen die drei großen Hotels €€€**Helios,** Tel. 051-232124, Fax 232104, jadranka@ri.htnet.hr, €€€**Alhambra,** Tel. 051-232022, Fax 232042, alhambra@ja dranka.htnet.hr, und €€€**Bellevue,** Tel. 051-231222, Fax 231268.

●Neueren Datums, dafür auch eine Preisklasse höher, sind die Hotels der **Landzunge Sunčana Uvala,** z.B. das €€€**Aurora,** Tel. 051-231324, Fax 231542, hotel.aurora@jadranka. htnet.hr, und das €€€**Vespera,** Tel. 051-231304, Fax 231402, hotel.vespera@jadranka.htnet.hr.

Inseln Cres und Lošinj

„Inselhüpfen" mit dem Bike wird immer beliebter

kb010 Foto: wl

Die genannten Hotels in Čikat und Sunčana Uvala – alle ziemlich fade und gesichtslos, aber eben unmittelbar am Ufer – sind auch auf www.losinj-hotels.com vertreten; einige sind reine Sommerhotels von Juni bis September.

Beschaulicher Gegenpol zum wuseligen Zentrum – die Bucht Sv Martin

Inseln Cres und Lošinj

Wichtig für Besucher dieser Häuser mag der **Hotelbus** sein, der von 5 bis 22 Uhr (außer 15 bis 17.30 Uhr) etwa alle 45 Minuten zwischen Altstadt und den Hotels *Bellevue* und *Aurora* pendelt.

Ferienwohnungen/Privatzimmer:
●Vor Ort über die o.g. Agenturen und die TI bzw. vorab auch über die ca. 120 verschiedene Privatanbieter umfas-

sende Homepage **www.tz-malilosinj.hr** (hier „Mali Lošinj" und dann „private Anbieter" aufsuchen) in einer Preisspanne ab 35 Euro/DZ bis zu Mittel- und Oberklasseapartments für 4 bis 6 Personen. Weitere gute Seiten für die Voraborganisation sind etwa **www.sunbird.de** (eigentlich Surfschule, aber mit zahlreichen Angeboten zu Wohnungen, Zimmern und auch Campern) oder **www.manora-losinj.hr** (*Hotel Podgora* mit vielen FeWos zu Mali Lošinj). Viele der dort angebotenen Unterkünfte liegen hübsch am Hang im Bezirk Bočac (Fußweg vom *Hotel Villa Margarita* die Ulica Vresikovo hinauf zur Hauptstraße).

● Wer direkt am Ufer nachfragen möchte: **Villa Antonia,** Velopin 23, Tel. 051-232192, insgesamt 4 Wohneinheiten für 3 bis 4 Personen zu 2700–5500 Kn/Woche. Sehr hübsche Anlage, teilweise mit Balkon. Neben den Agenturen haben oftmals auch Tauchbasen Zimmer und Ferienwohnungen für Tauchgäste im Angebot.

Luxus-Ferienwohnungen:

● Im Bezirk Čikat wurden **in direkter Ufernähe** einige stilvolle **ehemalige Herrenhäuser aufwendig restauriert** und für den Tourismus umgebaut. Dies erfolgte in Kooperation mit dem Alhambra-Hotel, welches für zubuchbares Catering auf Wunsch zuständig ist. Luxusausstattung mit Internetanschluss, Waschmaschine, Klimaanlage usw., 200 Euro/Tag (4 Pers.) bis 450 Euro/Tag (bis zu 10 Pers.), Tel. 051-232022, Fax 232042, www.hygeia.com.hr.

Camping

● €€**AC Čikat,** Tel. 051-232125, Fax 231708, www.camp-cikat.com. Eher für Schwimmer und Taucher.

● €€**AC Poljana,** Tel. 051-231728, Fax 231524, www.losinj-plov.hr. Ideal für Bootsbesitzer, aber etwas weit weg vom Zentrum und zudem erstreckt sich die Anlage entlang der Hauptstraße, ist also nicht immer ruhig.

Essen & Trinken

Mali Lošinj bietet **Dutzende guter Restaurants, Snackbars und Pizzerien,** wobei die unmittelbar am Hafen gelegenen sich naturgemäß das „Setting" mitbezahlen lassen und nicht immer die besten Köche des Ortes beschäftigen. Daher hier ein paar Tipps abseits des Hafens:

● In der günstigen Kategorie sollte man unbedingt einmal in der **Pizzeria Draga** (Tel. 051-231132, Ulica Braće Vidulića) gegessen haben. Ab 18.30 Uhr stehen die Leute Schlange, die Portionen sind riesig, gut und preiswert.

● Für Fischplatten zu moderaten Preisen in netter Lage am kleinen Fischerhafen Sv Martin empfiehlt sich das **Laterna** (Tel. 051-233625).

● Am linken Ende des Hafenbeckens, bei der kleinen Kapelle Sv Antun, liegt linker Hand in einer Seitengasse das **Restaurant Za Kantuni** mit günstigsten und guten Fisch-

und Fleischplatten für 2 Personen, Muschelsalat mit Kräutern 32 Kn, Suppen 20–28 Kn, Pizzen 50–70 Kn, frittierte Calamari 70 Kn und als Spezialität Kalbsleber vom Rost für 55 Kn. Rustikal-angenehmes Ambiente.

● Reisende loben das **Hotelrestaurant Villa Margarita** (Bočac 64, Tel. 051-233838; nur Abendküche 18–22 Uhr): Käseplatten zu 60 Kn (für 2 Personen!), Scampicocktail für 60 Kn, grüne Nudeln mit Scampi 60 Kn oder hausgemachte Suppen zwischen 15 und 25 Kn. Spezialität des Hauses ist die Fischplatte für 2 Personen, die mit 220 Kn zu Buche schlägt. Das Lokal liegt etwas zurückgesetzt und ist auch äußerlich kein typisches Hotelrestaurant.

● Im gehobeneren Preissegment serviert man sehr exquisite Fisch- und Fleischgerichte zu moderaten Preisen in der **Konoba Corrado,** etwas versteckt in einem Innenhöfchen der Ulica Sv Marin (Tel. 051-232487, nur Ende Mai bis Mitte Oktober).

● Die schönsten **Cafés und Bars** zum Verweilen liegen rund um den Hafen, u.a. **Bulldog** (Sandwiches und Snacks) oder **Sportmar.**

● Weiter am Ufer entlang Richtung Čikat/Discofähre bietet die kleine **Konoba Odyssey** (Velopin 14) Lammbraten (90 Kn), Sardellen (30 Kn) und fangfrische Fischgerichte je nach Saison (ca. 120 Kn/Teller) an.

Unterhaltung

● Abendunterhaltung – von den Café-Bars am Hafen abgesehen – bieten die **Hoteldiscos** und die **Disco-Bar Villa Anna.** Urig ist auch die riesige, zum Dance Club umgebaute **Fähre „Open Bar"** am südlichen Hafenbecken/Premuda unmittelbar vor dem Abzweig zur Badebucht Čikat (geöffnet Mi, Fr, So 10–2 Uhr, sonst 10–18 Uhr).

● Leider nur am Mittwochabend findet im **Miomirisni Otočki Vrt** (Bukovica 6, an der Kurve V. Lošinj Richtung Supermärkte rechter Hand) ab 21.30 Uhr die beliebte **„Garden Night Party"** mit gemeinsamer Gartenbegehung, typischer Musik und Drinks statt – alles unter dem Motto „Mittelmeerdüfte". Eintritt inkl. 2 Getränke 40 Kn, Infotel. 098-326519.

Einkaufen

Selbstversorger und Souvenirjäger finden in Mali Lošinj alles, was das Herz begehrt:

● Gelegentlich wird am Hafenbecken **direkt vom Boot frisches Obst und Gemüse** verkauft – allerdings bemerken dies nur Frühaufsteher.

● Auf dem **Fischmarkt** am Trg Rep. Hrvatske (7–13 Uhr) kann man fangfrische Meeresdelikatessen einkaufen; nebenan befindet sich eine **Metzgerei.**

● **Bäckereien** (z.B. Pekarna Lo-Pek, hier Burek, Pizzateile, Baguettes usw.) und einen **Minimarkt** findet man ebenfalls direkt am Trg Rep. Hrvatske sowie in der Ulica Braće Vidulića (Pekarna Pjazza).

● Vom Trg Rep. Hrvatske die Ulica Braće Vidulića hinaufgehend, finden sich zahlreiche **Fachgeschäfte und Boutiquen,** auf halber Höhe ein **Supermarkt** (tgl. 7–22 Uhr) mit Delikatessenabteilung außen (8–12 und 18–22 Uhr) sowie ein Stück weiter ein kleines **Einkaufszentrum** mit Obst-/Gemüseständen, Minimarkt (tgl. 7–21 Uhr, So 7–12 Uhr), Bars und Cyber-Café.

● Die beiden größten **Supermärkte** der Inseln (**Diskont** und **Konzum,** beide tgl. 7–21 Uhr) findet man an der Hauptstraße (kurz nach der Abzweigung nach Veli Lošinj) Richtung Hotelbereich/Čikat; an der Ampelkreuzung nach links in das neue Industriegebiet fahren – hier nach 150 m beidseitig der Straße. Riesenauswahl, Frischetheken (Brot, Fleisch, Kuchen etc.), Bankautomat usw. Vor dem Eingang des Diskont findet man rechts die zentrale Leergut-Sammelstelle.

Aktivitäten

Das Freizeitzentrum für **Schwimmer, Schnorchler und Wassersportler** liegt in Čikat an der hübschen Promenade zwischen den Hotels *Bellevue* und *Helios:* Katamaran-Kurse, Rad- und Surfbrettverleih usw. direkt am Ufer. Ähnliches wird an der Promenade Velopin geboten: Wasserski, Wasserscooter, Motorroller, Ruderboote, Fahrräder usw. **Sonnenanbeter** finden überall ein Plätzchen, **FKK-Freunde** suchen das Gebiet beim *Hotel Vespera* auf. **Für Kinder** gibt es Wasser-Hüpfburgen, einen kleinen Spielplatz, Tischtennis, Popcorn- und Hamburgerbuden und, und, und ...

Man kann sehr weitläufig **in der Čikat-Bucht baden,** was für Gäste der ufernahen Hotels kein Problem darstellt. Wer als Tagesgast mit dem Auto anreist, sollte am Tennisplatz parken (s.o.), sodass die „Tragewege" kurz bleiben. Einige Hotels sind dazu übergegangen, Parkmarken an ihre Gäste auszugeben – Schwarzparken ist sehr teuer!

Surfbretter und sonstige Aktivitäten: **Sunbird,** direkt am Ufer im Knick der Čikat-Bucht (www.sunbird.de).

Auch für **Spaziergänge** bietet sich der Raum Mali Lošinj an, etwa die Fußgängerpromenade von/nach Veli Lošinj (am südlichen Ortsrand neben der Hauptstraße) oder im **Čikat Forest Park,** der sich durch eine interessante Vegetation mit seltenen Pflanzen auszeichnet (erklärende Hinweisschilder, siehe auch www.ju-priroda.hr) und von dessen höchstem Punkt (Vela Straža, 62 m) eine fantastische Rundumsicht genossen werden kann.

Veli Lošinj, die einstige Inselhauptstadt

Tauchbasen:
- **Adriatic Divers,** Čikat, Tel. 051-232918, www.adriaticdivers.de.
- **Diving Sports Centre,** Čikat, Tel. 051-232800, www.diver.hr/losinj.
- **Sumartin Divers,** Sv Martin, Tel. 051-232835, www.sumartin.com, am Ufer.
- **Sub 1000,** angeschlossen an die Hotelsiedlung *Sunčana Uvala,* Tel. 051-232038.

Bootsfahrten:
Direkt am Pier fahren Ausflugsboote **zu den vorgelagerten Inseln:** Tourbuchung über die o.g. Agenturen oder direkt an den Kais, z.B. **S. Busanić** (Tel. 098-715570) oder **Kapitän Krško** (Tel. 091-5162840) für Susak oder Ilovik/Orjule oder Delfinbeobachtungen, jeweils ganztägig 10–18 Uhr (inkl. Fischpicknick).

Sonstiges

- **Autovermietung: AVIS,** Privlaka, Tel. 051-231938.
- **Post:** Mo bis Fr 8–21 Uhr, Sa 8–12 Uhr, in der Ulica Braća Ivana.
- **Bank/Geldautomaten:** mehrere Geldautomaten entlang der Uferzone, u.a. Privredna Banka, oder Die Erste in der Riva Lošinskih Kapetana.
- **Notruf:** Tel. 051-231824.
- **Ambulanz:** am Trg Rep. Hrvatske um die Ecke vom Fischmarkt, Mo bis Fr 7–12 und 18–20 Uhr, Sa 7–12.30 Uhr.
- **Apotheke:** am Trg Rep. Hrvatske (linke Seite, Riva L. Kapetana).

Inseln Cres und Lošinj

kb078 Foto: wl

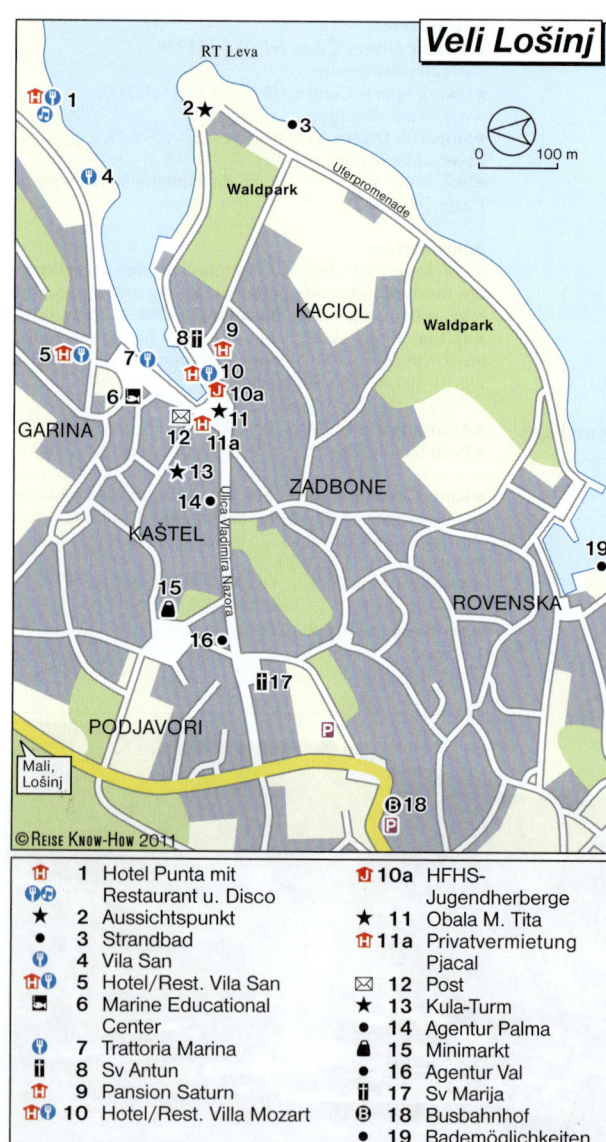

Veli Lošinj

RT Leva

Uferpromenade

Waldpark

Waldpark

KACIOL

GARINA

ZADBONE

KAŠTEL

Ulica Vladimira Nazora

ROVENSKA

PODJAVORI

Mali,
Lošinj

© REISE KNOW-HOW 2011

0   100 m

🏠	**1**	Hotel Punta mit Restaurant u. Disco
★	**2**	Aussichtspunkt
●	**3**	Strandbad
🚹	**4**	Vila San
🏠	**5**	Hotel/Rest. Vila San
🖼	**6**	Marine Educational Center
🚹	**7**	Trattoria Marina
ℹ	**8**	Sv Antun
🏠	**9**	Pansion Saturn
🏠	**10**	Hotel/Rest. Villa Mozart
🅹	**10a**	HFHS-Jugendherberge
★	**11**	Obala M. Tita
🏠	**11a**	Privatvermietung Pjacal
✉	**12**	Post
★	**13**	Kula-Turm
●	**14**	Agentur Palma
🔒	**15**	Minimarkt
●	**16**	Agentur Val
ℹ	**17**	Sv Marija
ⓑ	**18**	Busbahnhof
●	**19**	Bademöglichkeiten

kb079 Foto: wl

Inseln Cres und Lošinj

- **Polizei/Notruf:** Tel. 051-231822.
- **Pannenhilfe:** Tel. 051-231054.
- **Marina:** im Bezirk Privlaka, Tel. 051-231626, Fax 231461. Sehr beliebt, 350 Plätze.
- **Hafenmeisterei:** Riva L. Kapetana, Tel. 051-231438.

Veli Lošinj

Allge-meines

Ein sehr empfehlenswerter, drei Kilometer langer **Spaziergang** führt von der Landzunge Sv Martin an den wunderschönen, von kristallklarem Wasser umspülten und von Pinien und Föhren gesäumten Felsbuchten entlang über den Hotelkomplex Punta nach Veli Lošinj, dem einst größten Ort der Insel Lošinj. Er liegt in einer **fjordartigen Bucht** und zieht sich dann um eine größere Landzunge herum (sehr hübscher Spazierweg!) zum **alten Fischerhafen Rovenska,** der durch die Pinienhaine der Landzunge vom Zentrum getrennt ist.

Früher war „Veli" (kroat.: groß) Lošinj der **Hauptort der Insel,** der günstigere Tiefwasserhafen von Mali Lošinj lief dem einstigen Zentrum im 19. Jahrhundert dann allerdings den Rang ab. Die wohlhabenden Kapitäne blieben mit ihren Familien in Veli Lošinj und bauten teilweise prunkvolle Bürgerhäuser.

Sehenswertes

Sv Antun

Das Zentrum des kleinen Fjords dominiert die **Pfarrkirche** Sv Antun aus dem 17. Jahrhundert (erst 1774 fertiggestellt auf einem Vorgängerbau aus dem 14. Jahrhundert) mit **etlichen Malereien** italienischer Sakralkünstler. Eine Besonderheit ist die untypisch frontal oberhalb des Hauptaltars angebrachte **Orgel.** Die wohlhabenden Familien ließen sich früher übrigens in Gruften in der Kirche ohne Sarg – nur in Leinen gehüllt – bestatten.

Waldpark

Oberhalb der Kirche liegt ein hübscher, von **Spazierwegen** zum Ortsteil Rovenska durchzogener Waldpark mit über 150 verschiedenen Baumarten, einem bewirtschafteten **Strandbad** sowie mehreren Aussichtspunkten. Im Bezirk Rovenska bestehen weitere Bademöglichkeiten und bieten sich Uferspaziergänge an.

Kunst-galerie

Auf der gegenüberliegenden Seite des Hafenbeckens führt eine Gasse neben der Post zum **runden Turm (Kula),** in dem eine kleine Kunstgalerie untergebracht wurde. Geöffnet tgl. 10–13 und 19–23 Uhr.

Marine Educatio-nal Center

Wenige Meter weiter das Hafenbecken entlang öffnet sich ein kleiner Platz, wo links um die Ecke das Lošinj Marine Educational Center (Tel. 051-604666, www.blue-world.org) interessante theoretische Einblicke in die reichhaltige **Unterwasserwelt der Region** bietet. Geöffnet im Sommer tgl. 10–21 Uhr (Winter bis 14 Uhr, Juni und Sept. bis 18 Uhr), Eintritt 15 Kn, Kinder ab 7 Jahre 10 Kn.

Boots-ausflüge

Auch wenn das Marine Center sehr interessant ist, wollen viele Besucher die Meeresbiologie doch ganz unmittelbar mit einem Ausflugsboot erleben.

Im Hafen werden nicht nur Tagesausflüge auf vorgelagerte oder benachbarte **Inseln** angeboten (u.a. Ilovik, Oruda, Susak, Šilba oder auch Rab), sondern auch **Delfinbeobachtungen,** die immer wieder faszinierend sind. Auch komplette Boote können direkt am Hafen gechartert werden (Kosten rund 1500 Kn–2000 Kn/Tag).

Transport und Verkehr

Busse

Es besteht eine gute Busanbindung **von/nach Mali Lošinj** (siehe Gesamtübersicht eingangs des Kapitels), wobei der letzte Bus um 23 Uhr in Mali Lošinj abfährt und somit auch gemütliche Abende im Nachbarort verbracht werden können.

Mit dem Auto

Von den **Parkplätzen an der kleinen Bus-Endstation** orientiere man sich an der kleinen zwiebelgetürmten Kirche Sv Marija und folge dort der Hauptgasse Ulica Nazora hinunter zum Zentrum.

Touristische Infrastruktur

Agenturen

Mehrere Agenturen bieten diverse touristische Dienstleistungen: Die **Agentur Turist** (Obala M. Tita) arrangiert Bustickets, Leihräder, Tauchen, Unterkunft, Geldwechsel usw., und in der Hauptgasse Richtung Parkplatz (Ul. Nazora) findet man die **Agentur Palma** mit ähnlichem Angebot sowie ein Stückchen weiter bei der Marienkirche in Haus 29 die **Agentur Val** mit **Internetcafé** (www.losinj-val.com), der auch die *Pension Saturn* gehört.

Unterkunft

Als **Alternative** zu dem zumindest in der Hochsaison etwas gedrängt anmutenden und in den großen Hotelanlagen wenig anheimelnden Mali Lošinj bieten sich in Veli Lošinj eine größere Aparthotelanlage sowie etliche kleinere Pensionen an.

●Links die Bucht hinauf gelangt man zum €€€–€€€€**Hotel Punta,** Tel. 051-236002, Fax 236301, www.losinj-hotels. com. Mit Diskothek, Swimmingpool, Restaurant usw. Neben DZ (ab 85 Euro) werden 4er Apartments zu ca. 120 Euro vermietet. Riesige Anlage, sehr beliebt und gar nicht so übel.
●Direkt am Zentralplatz Obala M. Tita rechts gehend, findet man die hübsch restaurierte €€**Villa Mozart** (Kaciol 3,

Inseln Cres und Lošinj

Tel. 051-618769, www.villa-mozart.hr) mit DZ zu 45–85 Euro. Direkt nebenan liegt die €€**Pansion Saturn** mit etwas höheren DZ-Preisen zwischen 50 und 75 Euro. Das Haus gehört zur *Agentur Val* (s.o.) und ist unter www.losinj-val.com auch online buchbar.

● Neben dem Turm um die Ecke von der Post findet man den **Privatvermieter** €€**Pjacal** (Kaštel 3, Tel. 051-236244, 098-1847115, www.pjacal.com, www.pjacal.eu), DZ inkl. Frühstück kosten hier 45–62 Euro je nach Saison. Hauseigenes Ausflugsboot mit Inseltouren, Fischpicknick usw.

● Am Weg hinauf zum Hotelbereich bietet sich die €€**Villa San** an, in der angeblich schon Mitglieder der k.u.k. Familie ihr Haupt gebettet haben sollen. DZ kosten hier 45–65 Euro inkl. Frühstück (Halb-/Vollpension möglich), Apartments für bis zu 5 Pers. 55–120 Euro. Tel./Fax 051-236160, www.villa-san.com.hr.

● Last but not least eröffnete jüngst um die Ecke der *Villa Mozart* eine **Zweigstelle der kroatischen** €**HFHS-Jugendherbergen** (Kaciol 4, Tel. 051-236234, www.hfhs.hr). Auf B & B-Basis zahlt man hier pro Person je nach Saison zwischen 17 und 20 Euro/Nacht.

Essen & Trinken

Cafés:

Rund um das kleine Fjordbecken findet der Hungrige etliche Cafés und Restaurants, etwa das nette **Café Mladost** am M. Tita oder das benachbarte **Café Veny,** wo man auch Burek bekommt. Für einen kühlen Drink oder einen Espresso empfehlen sich die **Café-Bar Eskimo** sowie das **Café Riva** auf der linken Hafenbeckenseite,

Restaurants:

● Gut und zünftig speist man am Obala M. Tita Vila in der **Villa Mozart** (Tel. 051-618769) mit biergartenähnlichem Restaurant (Grillplatte 65 Kn, Spaghetti ab 48 Kn, Fischteller 125 Kn).

● Direkt am Ufer an der linken Hafenseite findet man die **Trattoria Marina,** die eine österreichische Schauspielerin unter dem Motto „Kreative Küche" begründet hat – heute ein begehrtes Spezialitätenrestaurant für italienisch-istrische Gerichte (Trüffel); Tel. 051-236178, tgl. 9–24 Uhr (Nov.–März geschl.).

● Wenige Meter den Hügel hinauf Richtung Hotelanlage Punta bietet das sehr beliebte **Terrassenrestaurant Vila San** u.a. Fischplatte für 300 Kn für 2 Pers., Medaillons mit Feigen und Salbei für 75 Kn, istrischen Käse mit Trüffel für 65 Kn oder Seebarschfilet für 80 Kn. Der Koch zählt übrigens zu den bekanntesten Fernsehköchen Kroatiens; Tel. 051-236160.

● Auch die **Hotelanlage Punta** verfügt über ein sehr schön gelegenes angeschlossenes Restaurant mit toller Aussicht (geöffnet für Nicht-Hotelgäste tgl. 10–23 Uhr).

Einkaufen

Man findet im Zentrum alles, was man für einen Tagesaufenthalt benötigt, wenngleich die Auswahl in Mali Lošinj natürlich ungleich größer ist. Am Zentralplatz Obala M. Tita liegt ein **Minimarkt,** gleich links am Hafenbecken die **Bäckerei Pekara Veli** mit warmen Burek und leckeren Kuchenteilchen. Von hier aus die Nazora 100 m Richtung Parkplatz gehend, erreicht man die **Bäckerei Loznati.** Ein kleines **Fischgeschäft (Ribarnica)** findet man direkt am Ufer unterhalb der Vila San, und zumindest in den Sommermonaten wird am Weg hinauf zur Vila San ganztägig eine Art Flohmarkt/Andenkenmarkt abgehalten.

Sonstiges

- **Geldautomat** am Platz Obala M. Tita.
- **Internet: Agentur Val,** Loznati 29 (bei der Marienkirche).
- **Telefonzellen** stehen direkt am Ufer vor dem *Café Riva.*
- Die **Post** am linken Hafenbecken hat Mo bis Fr 8–20 Uhr, Sa nur 8–12 Uhr geöffnet.

Kleinere Inseln der Kvarner Bucht

Ilovik und Susak

Von Mali Lošinj können **per Fährboot** auch die vorgelagerten Inseln Orjule, Ilovik, Unije, Skrane und Susak **im Rahmen eines Ausfluges** besucht werden. Am beliebtesten ist Ilovik wegen seiner Blumenpracht im Frühjahr, während Susak die schöneren Strände bietet. Die „Susački", wie die Bewohner Susaks genannt werden, pflegen eigene Sitten und Gebräuche – etwa eine ganz eigene Tracht – und sprechen auch einen eigenen, schwer verständlichen Dialekt.

- **Anbindungen/Touren** siehe Mali Lošinj und Veli Lošinj; **Bootstaxis** für Ilovik und Orjule können unter Tel. 099-5162349 bestellt werden. Wer einen sehr ruhigen und ursprünglichen Urlaub verbringen möchte, kann auch auf diesen Inseln **Ferienwohnungen** anmieten, siehe z.B. http://ferien-susak.de, www.ilovik.hr *(Sabina Wohnungen)* oder www.unije.hr.

Inseln Cres und Lošinj

Rijeka und Umgebung

Rijeka

↗ A1

Drittgrößte Stadt Kroatiens

Größere Fährhäfen im Allgemeinen und Rijeka im Besonderen werden von Touristen meist links liegen gelassen, da sie dem „Urlaubsprofil" der Mehrheit der Reisenden nicht entsprechen. Rijeka, mit gut **170.000 Einwohnern** drittgrößte kroatische Stadt nach Zagreb und Split, passt nur teilweise in dieses Klischee, auch wenn Seehandel, Industrieanlagen (INA-Raffinerie), großstädtischer Verkehr und hässliche Vorstadtviertel zu einem negativen Ruf beitragen. Die Bedeutung als Fährhafen und **kulturelles Zentrum** (Universität, Theater und Museen) sowie eine angenehme Fußgängerzone in der Altstadt mit interessanten Sehenswürdigkeiten und vor allem gute Einkaufsmöglichkeiten begründen letztlich doch eine gewisse Attraktivität der wichtigsten Metropole des Kvarner Landes.

Geschichte

Als Tarsatica (60 v. Chr.) bildete Rijeka in römischer Zeit eine Grenzstadt des liburnischen Limes. Vom 8. bis 15. Jahrhundert vorwiegend in kroatischer Hand, fiel die Stadt 1466 an das Haus Habsburg und entwickelte sich zu einer **Rivalin der Dogenrepublik Venedig.** Erneute Unabhängigkeit folgte im 17. und 18. Jahrhundert, ehe *Maria Theresia* 1776 Rijeka zum Sonderverwaltungsgebiet erklärte. 1848 unterstützte Rijeka den ungarischen Aufstand gegen Österreich, woraufhin der kroatische Vizekönig Gouverneur von Rijeka wurde. Ungarn als Binnenstaat benötigte einen Hafen und betrieb den rasanten Ausbau der Stadt. 1919/20 wurde der **Freistaat Fiume** gegründet – auf Verlangen der im Ersten Weltkrieg siegreichen Italiener mit italienischem Namen –, 1924 von Ita-

Bild auf den Seiten zuvor: Rijekas Prachtstraße und Flaniermeile Korzo

Monumentale Öl-Mühlsteine am Trg I. Koblera

lien annektiert und nach der italienischen Kapitulation im Zweiten Weltkrieg (1943) zwei Jahre lang von deutschen Truppen besetzt. Nach dem Zweiten Weltkrieg zunächst jugoslawisch, erfreut sich die Stadt seit der Unabhängigkeit Kroatiens immer größerer Beliebtheit bei (durchreisenden) Touristen. Heute unterhält Rijeka einige Städtepartnerschaften, darunter auch mit Neuss und Rostock. Mit letzterer besteht die Partnerschaft schon seit 45 Jahren, eine der ältesten deutsch-kroatischen Partnerschaften überhaupt!

Sehenswertes

In Rijeka wurden alle wichtigen Bauwerke, Sehenswürdigkeiten und Museen vorbildlich **mehrsprachig beschildert.** Ein **Rundgang** beginnt

Rijeka und Umgebung

sinnvollerweise am Trg Jelačić beim Kanal Mrtvi (siehe „Transport und Verkehr, Selbstfahrer") und führt von hier aus halbrechts zum Dom Sv Marija.

Dom

Die ehemalige Kathedrale wurde im 13. Jahrhundert errichtet und im frühen 19. Jahrhundert mit einer klassizistischen Fassade versehen. Mit dem **33 Meter hohen Glockenturm** hat es eine kleine Besonderheit auf sich: Er hat sich wegen des feuchten und instabilen Bodens um einen knappen halben Meter zur Seite geneigt, sodass er der **„schiefe Turm von Rijeka"** genannt wird. Die Feuchtigkeit zeigt sich auch im Inneren: Da die Kirche sehr schlecht zu belüften ist, sind die Wandmalereien arg in Mitleidenschaft gezogen, sodass große Teile des Gotteshauses verhüllt sind und Reparaturen vorgenommen werden müssen.

Sv Vid

Die Šporera ein kleines Stück hinaus liegt die **Veitskirche** Sv Vid. Sie ist von ihrer „legendären" **Entstehungsgeschichte** her viel interessanter als der Dom: Im Jahre 1296 spielte ein Mann Karten, hatte aber Pech und verlor. Daraufhin warf er verärgert einen Stein an ein Christuskreuz und traf dieses auf der linken Seite. Blut floss aus dem Kreuz, und wo es auf die Erde tropfte, öffnete sich

ein großer Schlund – der Werfer wurde von ihm verschlungen. Ein Gouverneur im 17. Jahrhundert, zunächst ungläubig, als er diese Geschichte vernahm, ließ den Boden umgraben – und tatsächlich: Man fand den Leichnam. Der Gouverneur ließ die Überreste verbrennen, eine Bronzehand als Mahnmal an der besagten Stelle aufstellen und die Veitskirche darüber errichten. Die Bauarbeiten wurden 1638 begonnen und dauerten fast 100 Jahre. Prunkstück wurde eine von Säulen getragene Kuppel über dem Zentralraum.

Museen

Am Muzejski Trg 1, oberhalb der Veitskirche, entstand im ausgehenden 19. Jahrhundert ein neobarocker Prunkbau für den jeweiligen Gouverneur; heute ist hier ein interessantes **Marine- und Heimatmuseum** mit Exponaten zur Regional- und Seefahrtsgeschichte der Kvarner Bucht untergebracht. Besonders interessant ist die kunsthandwerkliche Abteilung aus dem 18./19. Jahrhundert.

● **Pomorski Muzej,** Tel. 051-213578, geöffnet Di bis Fr 9–20 Uhr, Sa 9–13 Uhr, Eintritt 10 Kn).

Nur wenige Meter entfernt steht das kleine, weniger lohnenswerte **Stadtmuseum,** dessen Ausstellungsstücke sich ausschließlich auf Rijeka beschränken.

● **Stadtmuseum,** Tel. 051-336711, geöffnet Mo bis Fr 10–13 und 16–19 Uhr, Sa 10–13 Uhr, Eintritt 10 Kn, Mo frei.

Das vielleicht schönste Museum für Kinder liegt oberhalb des Marinemuseums im Park V. Nazora: das **Naturwissenschaftliche Museum** mit Ausstellungen zu Meeresflora und -fauna, einer guten Erläuterung der Geomorphologie der Kvarner Bucht sowie Aquarium und Tierpark.

● **Prirodoslovni Muzej,** Tel. 051-553669, Mo bis Sa 9–19 Uhr, So 9–15 Uhr, Eintritt 10 Kn.

Rijeka und Umgebung

Die mächtige Kuppel der Veitskirche Sv Vid

Triumph-bogen

An den römischen Teil der Stadtgeschichte erinnert der **römische Triumphbogen (Stara Vrata),** der als ältestes erhaltenes Bauwerk Rijekas gilt. Die mannigfaltigen Veränderungen späterer Epochen lassen den antiken Ursprung allerdings nur noch erahnen.

Korzo

Vorbei am ehemaligen Rathaus und Geburtshaus des Komponisten *Ivan Zajc* am Trg Ivan Kobler passiert man das Tor des alten Stadtturms. An ihm prangen noch heute die Büsten der Kaiser *Leopold I.* und *Karl VI.* (sie ernannten Rijeka zur Freistadt) sowie der Doppeladler. Dahinter liegt die **Haupteinkaufsstraße** von Rijeka, genannt Korzo, mit zahlreichen Kaufhäusern, Boutiquen, Buchhandlungen und Geschäften für Luxusartikel.

Hiero-nymus-kirche

Durch einen Durchgang schräg gegenüber von McDonald's erreicht man den **Trg Riječke Rezolucije** mit der Hieronymuskirche (ehemaliges Augustinerkloster). Die Kirche aus dem 17. Jahrhundert ist durchaus sehenswert, die modernen Kristall-Lüster wirken jedoch deplatziert.

Kunst-galerie

Wenige Meter entfernt in der Ulica Dolac (beim Hotel Bonavia) wurde die **Galerie der modernen Künste** eingerichtet (Tel. 051-334280, geöffnet tgl. 10–13 und 17–20 Uhr).

Kapuziner-kirche

Oberhalb des Busbahnhofs lohnt ein Blick in die Kapuzinerkirche **Gospe Lurdske,** wegen ihres markanten Äußeren ein recht beliebtes Fotomotiv. Sie wurde 1908 anlässlich des 50. Jahrestages des „Wunders" von Lourdes (dort hatte ein Hirtenmädchen Marienerscheinungen) im neogotischen Stil erbaut, im Inneren finden sich rotbraune Mosaiken.

---

k.u.k.-Doppeladler – Detail am Stadtturm Grdski toraj

Bezirk Trsat

**Festungs-
hügel**

Wer ein wenig Zeit mitbringt oder Rijeka mehr als nur einen Kurz- oder Einkaufsbesuch abstatten möchte, sollte unbedingt den Bezirk Trsat besuchen, der **oberhalb des Zentrums** die Altstadt überragt und schon vom Zentralparkplatz leicht auszumachen ist.

Schon zu illyrischen Zeiten wurde der gesamte Hügel als Festungshügel und Rückzugsgebiet genutzt, heute sind neben der eigentlichen Feste ein größerer **Stadtpark,** ein Franziskanerkloster sowie die lokale Georgskirche zu sehen; ferner wurden ein modernes Sportzentrum sowie ein Messegelände in Trsat integriert.

Es gibt zwei Möglichkeiten, Trsat zu besuchen: entweder **per Stadtbus** ab dem Trg Jelačićev (tagsüber etwa alle 40 Minuten) oder **zu Fuß** die Pilgertreppen Stube Petra Kužića (am Zentralparkplatz/Titov Trg) hinauf – eine durchaus schweißtreibende, aber schon wegen der Aussicht empfehlenswerte Angelegenheit.

Rijeka und Umgebung

kb015 Foto: wl

Franziska-
nerkloster

Das Franziskanerkloster und seine **Kirche Gospa Trsatske** (Hl. Maria von Trsat) wurden als Schrein zu Ehren der Jungfrau Maria angeblich schon im 13. Jahrhundert zu Zeiten der Kreuzzüge gegründet und später unter den Frankopanen als **Pilgerkirche** erweitert. Noch heute sieht man an hohen kirchlichen Feiertagen Gläubige teilweise auf Knien die Treppen vom Trg Titov bis zur Kirche hinaufpilgern. Zahlreiche **Sakralgemälde** des Barockmalers *C. Tasce* sind im Inneren untergebracht, Hauptsehenswürdigkeit ist jedoch die Ikone der Hl. Jungfrau aus dem 14. Jahrhundert. Das **Klosterareal** selbst zeigt sich in einer harmonischen Mischung der Baustile Gotik, Renaissance, Barock und Biedermeier.

● **Kloster und Kirche** sind außerhalb der Gottesdienste tgl. von 6–19.30 Uhr geöffnet.

Fort Trsat
und Crkva
Sv Juraj

Das **Kastell** wurde vermutlich auf den Grundmauern eines römischen Wachturms und einer späteren Schutzburg errichtet, wobei das genaue Entstehungsdatum bis heute nicht festliegt. Im frühen 19. Jahrhundert wählte der irischstämmige österreichische Heerführer Graf *Laval Nugent* das Kastell zu seiner letzten Ruhestätte und verlieh der Anlage das heutige Erscheinungsbild, indem er zahlreiche Erweiterungen und Erneuerungen vornehmen ließ. Vom Kastell hat man eine schöne Aussicht über die Stadt und das Umland.

Unterhalb des Kastells liegt die einstige Pfarrkirche von Trsat, **Sv Juraj (Georgskirche),** aus dem 16. Jahrhundert, die im Laufe vieler Jahrhunderte permanenten Umbauten unterworfen war.

● **Fort Trsat,** geöffnet Mo bis Fr 10–13 und 17–20 Uhr, Sa 10–13 Uhr, Eintritt 15 Kn.

Die Stadt- und Umlandbusse stehen am Trg Jelačić

Transport und Verkehr

Mit dem Auto

Aus welcher Richtung man auch kommen mag, und auch dann, wenn man einfach nur durchfahren möchte: Man sollte immer der **Beschilderung „Centar"** folgen, da alle Umgehungen im weiteren Verlauf wieder zusammenführen und für Ortsfremde meist nur Verwirrung stiften! Ein idealer **Parkplatz** („Delta") liegt unmittelbar am Mrtvi-Kanal, wo das östliche Ende der Fußgängerzone ist. Von diesem größten öffentlichen Parkplatz (gebührenpflichtig Mo bis Fr 7–22 Uhr, Sa 7–16 Uhr, So frei) ist man sofort im Zentrum und kann wahlweise auch am Nordende/Titov Trg die Pilgertreppe nach Trsat hinauf nehmen.

Rijeka war übrigens die erste Stadt weltweit, die eine Bezahlung von **Parkgebühren** per SMS ermöglichte. Dazu muss man das Kfz-Kennzeichen ohne Lücken oder Sonderzeichen an die vierstellige Nummer der entsprechenden Zone, in der man parkt (Schilder beachten), senden; Bestätigung und Abbuchung über die Telefonrechnung folgen sofort (nur über kroatische Mobiltelefon-

Rijeka und Umgebung

Netzbetreiber möglich). Ansonsten bezahlt man am Automat (zweisprachig) bzw. beim Aufseherhäuschen.

Bahn

Gute Bahnanbindung besteht nach **Norden** (Ljubljana) 4 x tgl. und Osten (Zagreb) 4 bis 6 x tgl.; auch der **Südosten** (Zadar, Šibenik, Split) wird bedient (3 bis 4 x tgl.); Juni bis Sept. Sa auch Direktzug über Zagreb, Salzburg und München bis Hamburg. In allen Fällen aber scheint die Bahnreise eher etwas für Nostalgiker zu sein – Busse und Schiffe sind angenehmer und preiswerter. Der Bahnhof liegt 400 m westlich des Busbahnhofs; Tickets am besten unter Tel. 051-213333 (Hauptbahnhof) oder bei einer Touristenagentur reservieren.

Busse

Die orangefarbenen **Stadt- und Umlandbusse** stehen alle am Trg Jelačić (Mrtvi-Kanal). Hier besteht mehrfach tgl. Anbindung nach Lovran via Opatija, in östlicher Richtung bis Crikvenica. Hier fährt auch der **Flughafenbus** für 30 Kn einfach oder der Bus 1/1A von/nach Trsat.

Ein **Pendelbus** verbindet den Regionalbusbahnhof mit dem zentralen **Busbahnhof am Trg Žabica** (Tel. 060-302010), wo die **Langstreckenbusse** abfahren, z.B. zu den Inseln der Kvarner Bucht (Krk, Rab, Lošinj) sowie nach Zagreb, Split/Dubrovnik, Zadar, Pula usw. Hier verkehren auch internationale Linien mit Anbindung u.a. nach Frankfurt, München, Sarajevo oder Belgrad. Ticketschalter (tgl. 5.30–22.30 Uhr) und deutschsprachige Information in der Wartehalle, außerdem gibt es eine Gepäckaufbewahrung, 5.30–22.30 Uhr, 12 Kn/ Stunde.

Touristenbus

In einigen Hotels, der TI oder auch beim Busfahrer kann man für 80 Kn eine 48 Stunden gültige Karte für den Touristenbus (offener, kunterbunter Doppeldecker) erwerben; er pendelt 7 x tgl. von 9– 19.30 Uhr täglich **zwischen Rijeka (Jadranski**

Trg) und Opatija mit Kommentaren zu den wichtigsten Sehenswürdigkeiten in zehn Sprachen.

Fähren

Anders als etwa Zadar oder Split in Dalmatien dient Rijeka weniger als Angelpunkt für zahlreiche Pkw-Fähren, sondern mehr für den schnellen **Katamaran-Personenverkehr.** Wer mit dem eigenen Fahrzeug die Kvarner Inseln bereisen möchte, muss mit den Fähren in Brestova (Cres/Lošinj) und Jablanac (Rab) Vorlieb nehmen.

Die **Fährgesellschaft Jadrolinija** hat ihr Büro gegenüber dem Fährhafen in der Riva 16 (Tel. 051-211444, www.jadrolinija.hr, Mo bis Fr 7–18 Uhr, Sa 8–14.30 Uhr). Die wichtigsten **Linien** sind die Personenfähre von/nach Mali Lošinj über Cres, Martinšćica, Unije und Ilovik (1 x tgl.), die Personenfähre von/nach Pag über Rab (nur im Sommer tgl.), die Personenfähre zu den Inseln Silba, Olib und Premuda (1 x wöchentlich Sa) sowie die Autofähre von/nach Dubrovnik via Split, Hvar und Korcula (nur Mo und Fr Abend – hält nicht mehr in Zadar!). Details stehen im Internet unter www.jadrolinija.hr.

Taxis

Für längere Strecken, mit viel Gepäck oder zu den günstigen Hotels empfiehlt sich vielleicht ein Taxi. Im Stadtzentrum gibt es drei **Taxistände,** und zwar am Busbahnhof, Tel. 051-335138, in der Stadtmitte/Matije Gupca, Tel. 051-335417, sowie am Bahnhof, Tel. 051-332893; 30 Kn Grundgebühr plus 7 Kn/km; Zentralstand am Busbahnhof. Der **Fahrpreis** wird berechnet nach den Zonen 1 (5 km, 35 Kn), 2 (8 km, 45 Kn), 3 (11 km, 55 Kn) und 4 (14 km, 70 Kn); darüber hinaus kostet jeder weitere Kilometer 8 Kn.

Flüge

Der oft als „Rijeka Airport" bezeichnete **Flughafen** liegt nicht in Rijeka, sondern **auf der Insel Krk!** Stadtbusse vom Trg Jelačić kosten 30 Kn einfach bis zum Flughafen. Weitere Infos unter www.rijeka-airport.hr. Siehe auch „Reisetipps A–Z/Anreise".

Rijeka und Umgebung

1 Neboder
2 Hotel Jadran, Jugendherberge
3 Stube Petra Kužića (Treppe nach Trsat)
4 Titov Trg
5 Theater
6 Rest. Brun
7 Rest. Feral
8 Tourist-Bus (Doppeldecker)
9 Stadtbusse
10 Snackbar Hamby
11 Bar Dva lava
12 Kino Kvarner
13 Dom Sv Marija
14 Apotheke
15 Polizei
16 Café Sv Vida
17 Sv Vid
18 Justizpalast
19 Naturwissen- schaftliches Museum
20 Stadtmuseum & Marinemuseum
21 Ivan-Zajc-Haus & Römischer Triumphbogen
22 Irish Pub
23 Pizzeria Delfino
24 Trg Koblera, Mühlsteine
25 Agustinerkloster/ Hieronymuskirche
26 Apartments Korzo
27 Kaufhaus Korzo
28 Buchhandlung
29 Uhrenturm Gradski toranj
30 Kaufhaus Robna Kuća Rijeka, Hauptpost

31 Agentur Globalturist
32 Markt
33 Pizzeria Lisinski
34 Casino
35 Ventura- Autovermietung
36 Rest. Ri
37 McDonald's
38 Rest. Municipium
39 Agentur Generalturist
40 Grand Bonavia
41 Moderne Galerie
42 Restaurant- Pizzeria Bračera
43 Agentur Tours
44 Bonbonniere Kraš, Hemingway Disco-Bar
45 Touristeninformation
46 Erste Hilfe & Café Filodramatica
47 Svid Rock Café
48 Café Reful & Buchhandlung
49 Rest. Zlatna Školjika
50 Rest. Arca Fiumana
51 Jadrolinija
52 Nostromo
53 Spielautomaten- Casino
54 Kapuzinerkirche
55 Überlandbusse

Laginjin

Rijeka

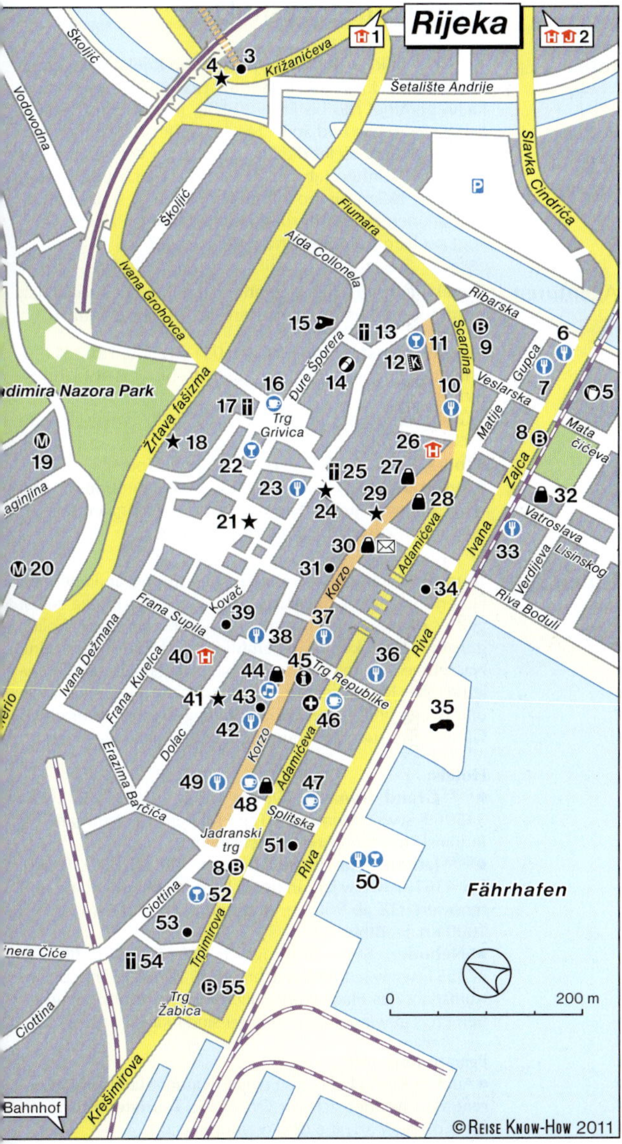

Školjić

Vodovodna

Školjić

Križanićeva

Šetalište Andrije

Slavka Cindrića

P

Flumara

Arđa Coltonea

Ribarska

Ivana Grohovca

Đure Šporera

Scarpina

Veslarska

Gupca

6

9

7

dimira Nazora Park

Žrtava fašizma

Trg Grivica

13

12

11

10

5

15

14

16

17

Matije

Mata čičeva

aginjina

18

22

23

24

25

27

26

28

8

32

21

29

Zalca

Ivana

Vatroslava Lisinskog

33

20

31

30

Korzo

Adamićeva

Riva Boduli

34

Frana Supila

Kovač

39

37

Riva

Frana Kurelca

38

Ivana Dežmana

40

44

45

Trg Republike

36

41

43

42

46

Korzo

Dolac

Adamićeva

35

Erazima Barčića

49

47

48

Splitska

terio

Jadranski trg

51

Riva

50

Fährhafen

8

Ciottina

52

Trpimirova

53

Krešimirova

nera Čiće

54

Ciottina

55

Trg Žabica

0   200 m

Bahnhof

© REISE KNOW-HOW 2011

Rijeka und Umgebung

Touristische Infrastruktur

Infos

●Die eigentliche **Touristeninformation Rijeka** liegt zentral in der Korzo 33, Tel. 051-335882, Fax 214706, www.tz-rije ka.hr, geöffnet Mo bis Fr 8–20 Uhr, Juni bis Sept. zusätzlich Sa 8–20 Uhr und So 9–14 Uhr. Neben Auskünften und Infomaterialien bietet die Dienststelle die Vermittlung von Privatunterkünften (ab ca. 40 Euro/DZ) an. Außen findet man eine elektronische Infosäule mit den wesentlichen Informationen zur Stadt (rund um die Uhr). Ein kleines Büro liegt auch am Fährpier/Riva.

Agenturen

Daneben bieten einige Agenturen ihre Dienste (wie üblich werden Unterkünfte, Fahrkarten usw. organisiert) an, u.a.:

●**Generalturist,** F. Supila 2, Tel. 051-212900, Fax 331496, www.generalturist.com, geöffnet Mo bis Fr 8–19 Uhr, Sa 8–13 Uhr.
●**Globalturist,** Korzo 40, Tel. 051-276677, www.globaltu rist.hr.
●**Tours,** Korzo 22, Tel. 051-214915, www.tours.hr.
●**Autotrans,** Tel./Fax 051-271553, www.autotrans.hr und www.autotrans-turizam.com, ist für die regionalen Busverbindungen zuständig (auch Flughafenbusse).

Unterkunft

Touristen nächtigen im Allgemeinen in den umliegenden Feriendomizilen Crikvenica und Opatija, in Rijeka selbst gibt es daher deutlich weniger Privatzimmer oder ähnlich günstige Unterkünfte. Es empfiehlt sich bei Bedarf eine Nachfrage in einer der Touristenagenturen. Für Geschäftsleute oder Reisende, die mit öffentlichen Verkehrsmitteln unterwegs sind, bietet die Stadt einige Hotels. Wer etwas Günstigeres sucht, ist allerdings auf ein Taxi angewiesen.

Hotels:
●€€€€**Grand Bonavia,** Dolac 1, Tel. 051-357100, Fax 335969, www.bonavia.hr. Top-Hotel im Zentrum am Trg Jadranski mit allen Annehmlichkeiten.
●€€€€**Jadran,** Šetalište XIII Divisije Nr. 46, Tel. 051-216600, Fax 436202, www.jadran-hoteli.hr. Kürzlich umgebaut und renoviert, DZ ab 900 Kn, Apartments (bis 4 Personen) ab 1000 Kn. Stadtbus 2.
●€**Neboder,** Strossmayerova 1, Tel. 051-373538, Fax 373551, www.jadran-hoteli.hr, ab 68 Euro/DZ, noch zentrumsnah, das Haus würde allerdings nicht unbedingt einen Preis gewinnen (die Zimmer sind okay!).

Privatunterkunft:
●Auch in Rijeka kann man eine Privatunterkunft organisieren: Man wendet sich vor Ort an die **Touristeninformation** (s.o.) oder an eine der Agenturen (s.o.).

●Natürlich kann man sich auch direkt mit Vermietern in Verbindung setzen, etwa **Appartements Korzo,** Korzo 2, Tel. 091-2010298, 091-2605959, Fax 216254, www.apart-manirijeka.com, direkt im Zentrum oder etwas außerhalb im Bezirk Kantrida direkt am Meer **Villa Nora,** Podkoludri-cu 4, Tel. 099-2158511, Fax 623006, www.villanora.info.

Camping

●Am Ortsrand Richtung Crikvenica liegt das €€€**Camp Preluk-Paviki,** Tel. 051-621913, Fax 214429. Es gibt im Umland wesentlich schönere Campingplätze als hier in Raffi-nerienähe!

Jugend-herberge

●Erst vor wenigen Jahren öffnete die **städtische** €**Jugend-herberge** in der Šetalište XIII Divizije (ca. 1,5 km vom Zentrum Richtung Krk/Crikvenica, Tel. 051-406420, Fax 406421, rijeka@hfhs.hr) ihre Pforten. Hübsche alte Jugend-stilvilla mit nur einem Dutzend Zimmer für 2 bis 8 Personen, 16–19 Euro/Person inkl. Frühstück, DZ 40–55 Euro (2 Pers., saisonabhängig). Stadtbus 1.

Essen & Trinken

Einfache Snacks:

●Einfache Snacks hält die **Snackbar Hamby** in der A. Star-čevića bereit (Pizzaschnitten, Sandwiches usw.; gegenüber Zagrebačka-Bank). Weitere Snacklokale/Bäckereien usw. findet man entlang der M. Gupca Richtung Korzo, z.B. **Se-wed City** am Kaufhaus Robna Kuća Rijeka (Korzo).

●Beste amerikanische Küche wird bekanntlich bei **McDo-nald's** (Korzo/Trg Rep. Hrvatske) in einem umgebauten ehemaligen Traditionscafé geboten ...

●Sehr günstig und in einer schier unglaublichen Vielfalt bietet der **Supermarkt im Rijeka Tower Center** (s.u.) eine Salatbar und warme Theke mit Speisen und Snacks (nur zum Mitnehmen) von Pizzen über Schweinshaxe bis zu Backfisch.

●Als reine Kaffeehäuser seien das **Café Sv. Vida** an der Veitskirche sowie das **Ri** im gleichnamigen Kaufhaus an der Uferstraße gegenüber vom Fährpier erwähnt. Im spar-tanisch möblierten *Ri,* Tel. 051-311026, gibt es eine große Salatbar oder regionale Besonderheiten wie *jota* (Sauer-krautsuppe); Mo–Sa 8–22 Uhr.

Restaurants:

●Wer einfach und preiswert eine gute Pizza essen möchte, achte am Korzo kurz hinter der TI rechter Hand auf ein Schild in die Gasse Kružna Ulica, welches auf das **Restau-rant-Pizzeria Bračera** hinweist. Man kann drinnen oder draußen an den wenigen, urigen Tischen in der engen Gasse speisen. Wirklich nicht schlecht und sehr zentral. Geöffnet tgl. 11–23 Uhr, Tel. 051-322498.

●Sehr zentral liegt auch die **Pizzeria Delfino,** wenngleich etwas versteckt links hinter dem „Mühlraddenkmal" (Trg I.

Rijeka und Umgebung

k6013 Foto: wl

Koblera, Tel. 336736; ab Korzo durch den Stadtturm bis
zum markanten Mühlstein gehen). Es handelt sich um eine
Filiale des *Delfino* in Lovran, welche als eine der besten Pizzerien des Landes gilt. Angenehme Altstadtterrasse. Geöffnet Mo bis Do 8–22 Uhr, Fr 8–24 Uhr, Sa 12–24 Uhr und
So 12–22 Uhr.
●Gute und keineswegs überteuerte Fischgerichte werden
in der **Konoba Feral,** Tel. 051-212274, in der M. Gupca ser-

Rijeka und Umgebung

viert, kleine und sehr gute Speisekarte, geöffnet Mo–Fr 10–22 Uhr, Sa 11–18 Uhr.
● Praktisch um die Ecke (Ribarska/Ecke I. Zajca) bietet das gepflegte **Brun,** Tel. 051-212544, gutbürgerliche und internationale Küche, dabei spezialisiert auf Mittagsgerichte.

Burg Trsat – das Wahrzeichen von Rijeka

Sehr beliebt bei Einheimischen. Geöffnet Mo bis Fr 10–22 Uhr, Sa 10–15.30 Uhr, So Ruhetag.

●Als sehr zentral, beliebt und dennoch nicht überteuert empfiehlt sich das **Fischlokal Zlatna Školjika** in der Kružna Ulica Nr. 12 (Seitengasse des Korzo), Tel. 051-213782; den Betreibern gehört auch die nahe gelegene *Pizzeria Bračera* (s.o.).

●Als das Top-Restaurant gilt in Rijeka derzeit das **Municipium,** Trg Riječke rezolucije 5, Tel. 051-213000, in einem der ältesten erhaltenen Bürgerhäuser Rijekas zentral in der Altstadt. Traditionelle Fleisch- und Fischgerichte mit Schwerpunkt leichte Küche. Geöffnet tgl. außer So 10–23 Uhr.

●Tipp für Liebhaber rustikaler einheimischer Küche: **Konoba Borik,** Šetalište XIII Divisije Nr. 102, Tel. 051-458526. Zünftiges Interieur, leckere heimische Spezialitäten (Lamm im Schmortopf), nur nicht ganz leicht zu finden und etwas außerhalb: mit dem Auto Richtung Krk/Crikvenica bis etwa Höhe Rijeka-Tower-Einkaufszentrum, hier in Fahrtrichtung rechts Hinweisschild beachten. Mit dem Bus: Linie 2 (Pečine Plumbum).

●Und zum Schluss noch etwas Besonderes: In die Marktlücke einer Mischung aus Pub und Spätrestaurant stieß unlängst das **Arca Fiumana,** Adamićev gat, Tel. 051-319084, ein umgebautes festgemachtes Schiff. Fischgerichte und Gulasch, aber auch das Prosciutto mit Pilzen werden hoch gelobt, ebenso die hausgemachten Brote. Geöffnet So 12–24 Uhr, Fr/Sa 12–5 Uhr, Mo bis Do 12–2 Uhr, warme Küche bis gegen Mitternacht, Barbetrieb tgl. ab 18 Uhr.

Unterhaltung

Pubs & Bars:

●In der Užarska, zwischen Mariendom und Kobler-Platz, liegt eine ganze Reihe guter Café-Bars auch für die Abendstunden, z.B. das **Nostromo,** Tel. 051-859318. Urig bei gutem Bier geht es im **Irish Pub Café Bard,** Tel. 051-215235, gegenüber der Veitskirche zu.

●„Fetzige" Abendunterhaltung erwartet einen im **Svid Rock Café,** Riva/Ecke Splitska.

●Das **Dva lava,** A. Starčevića 8, Tel. 051-332390, wirkt mit seinem Interieur – überwiegend schwarz und Chrom – sehr futuristisch. Zwei Ebenen nebst Terrasse, gute Weinkarte, geöffnet tgl. bis 23 Uhr, Do bis Sa bis 4 Uhr (DJ-Abende).

●In einem hübschen österreichisch-ungarischen Bürgerhaus nahm Rijekas Filiale der in kroatischen Städten (u.a. Pula) weit verbreiteten Cocktailbar-Kette **Hemingway,** Korzo 28, Tel. 099-5414444, ihren Sitz. Snacks, Kaffee, Zigarren, gute Drinks und gediegene Atmosphäre. Geöffnet tgl. 7–1 Uhr, Fr/Sa bis 6 Uhr.

●Bei Nachtschwärmern ist auch die Bar des **Arca Fiumana** (s.o.) sehr beliebt, ab 18 Uhr; Tel. 051-319084.

Kinos, Theater & Nachtleben:

●**Ciné-Star Kinowelt,** Rijeka Tower (siehe „Einkaufen"), Infos unter www.blitz-cinestar.hr.

●Das **Kino Kvarner,** Ulica A. Starčevića, zeigt viele Hollywoodstreifen im Original.

●Gediegene Unterhaltung verspricht das städtische **Volkstheater** in der Ulica Ivana Zajca (die Touristenagenturen verfügen über den aktuellen Spielplan und helfen bei der Kartenreservierung).

●Westlich des Trg Jadranski liegt ein kleiner Nachtbezirk mit einschlägigen Etablissements und **Automatenhallen;** ein weiteres Automatenkasino findet man am Trg. I. Koblera, das modernste liegt wenige Meter hinter der Veitskirche am Mlekarski Trg (Admiral, geöffnet tgl. 10–2 Uhr).

●Sollten noch Reisespesen übrig sein – im **Gradski Casino** (Riva/Trg 111 brigade, Tel. 051-311246, www.lutrija.hr) kann man sie leicht loswerden.

Einkaufen

●Auf der Flaniermeile Korzo liegen mehrere große **Kaufhäuser,** z.B. **Korzo** und **Robna Kuća Rijeka** (Mo bis Fr 8–19 Uhr, Sa 9–13 Uhr). Letzteres ist auch von der Uferstraße Riva her erreichbar und bietet ein überraschend gutes Café (s.o.) im Obergeschoss.

●Sehr beliebt ist die **Bonbonniere Kraš,** zu altjugoslawischen Zeiten eine Art Intershop für Spirituosen; eine exquisite Adresse für erstklassige Süßwaren – Kraš ist heute Kroatiens größter Schokoladenhersteller; mehrere Filialen, z.B. am Korzo (schräg gegenüber der TI).

●**Vinoteka,** A. Starčevića 7, 20 m neben dem *Hamby*-Schnellimbiss, geöffnet Mo bis Fr 8–20 Uhr, Sa 8–13.30 Uhr, Tel. 051-335755.

●In den **Buchhandlungen** am Korzo, aber auch im Rijeka Tower Center findet man die größte Auswahl im Raum Istrien und Kvarner Bucht.

●Tipp: Als der Einkaufsmagnet für das gesamte Umland von Rijeka gilt das neue **Rijeka Tower Center** im Bezirk Pečine (von Crikvenica/Krk kommend an der Bakar-Bucht immer der Küstenstraße folgend nach Rijeka hinein, dann mehrfach beschildert rechter Hand) mit gigantischem Konzum-Supermarkt (hier tolle Brot-, Wurst- und Käsetheken, warme Theke usw.), zahlreichen Fachgeschäften (DM-Drogerie, Buchhandlung usw.) und Boutiquen, Geldautomaten, Parkhaus, Kinderbetreuung, *Cinestar Kinowelt,* Gastronomiebetrieben usw. Interessant mit Blick auf Speicherkarten und Elektronik ist das Fachgeschäft *Technomax* – was es hier nicht gibt, findet man anderswo auch nicht. Geöffnet Di bis Sa 9–21 Uhr, So 10–19 Uhr, Mo 13–21 Uhr.

●Wer um Rijeka herum die Umgehungs-Autobahn fährt und nicht ins Zentrum möchte, findet beispielsweise an der Abfahrt Škurinje/Škurinjska Draga weitere große **Supermärkte** *(Konzum, Merkator).*

Rijeka und Umgebung

Sonstiges

- **Ambulanz:** Korzo 32, Tel. 051-212839.
- **Polizei:** Đure Šporera, nahe Mariendom.
- **Apotheke:** Đure Šporera gegenüber der Polizei oder in der Zadarska/Trg Jadranski.
- **Bank/Geldautomaten:** Im Zentrum allgegenwärtig, z.B. Riječka Banka, Korzo 1/Ecke Trg Jadranski, in der Starčevića oder Korzo (neben der Post).
- **Hauptpost (mit Wechselstube):** Korzo, neben dem großen Kaufhaus *(Robna Kuća Rijeka).*
- **Autoverleih:** Direkt gegenüber vom Eingang von Jadrolinija um die Ecke vom Trg Jadranski liegt die kleine **Fa. Vučetić,** Zadarska 3b, Tel. 051-336558. Große Anbieter (u.a. **AVIS,** Tel. 051-311135, www.avis.com.hr, oder **Hertz,** Tel. 051-311098, www.hertz.hr) findet man beim Fährpier an der Uferstraße Riva 6 bzw. 8 (uferseitig am großen Kaufhaus *Robna Kuća Rijeka).*
- **Internet:** Im Stadtzentrum zahllose kostenfreie **„WLAN-Access-Points";** ein gut erreichbares Internetcafé ist das **Ecomclub,** I. Zajca 24a, nahe dem Kasino (Eingang Ulica I. Hencke), geöffnet tgl. 7–22.30 Uhr, max. 15 Kn/Stunde.

Rundfahrt durchs Kvarner Hochland

Nur mit eigenem Fahrzeug

Die folgende Rundfahrt (so nur mit eigenem Fahrzeug möglich) beginnt im Norden der Kvarner Bucht. Von der Küste bei Rijeka geht es zunächst ins nördliche Hinterland und dann in großem Bogen nach Osten durch teilweise recht einsame Berggegenden, bis man in Senj an der Ostseite der Kvarner Bucht wieder auf die Küste stößt. Entlang der Küstenstraße erreicht man dann wieder den Ausgangspunkt.

Nationalpark Risnjak

In den Bergen

Nicht nur die Küstengebiete der Kvarner Bucht laden zum Verweilen ein, in den Bergen hinter Rijeka liegt ein ganz besonderes „Schmankerl" nicht einmal eine Autostunde von Krk, Opatija oder Crikvenica entfernt: der Nationalpark Risnjak. 1953 wurde das **64 km² große Terrain zwischen Lokve und dem Veli Risnjak** (1528 m) mit seiner

subalpinen und alpinen Vegetation zum Nationalpark erklärt. Ein reicher Baum- und Pflanzenbe-
wuchs und seltene Tierarten (u.a. Braunbär und
Luchs) machen den Park zu einem interessanten
Ziel zu jeder Jahreszeit. Vom Bergrestaurant mit
Pension und Parkverwaltung kann man **Spaziergänge,** etwa auf dem für Familien empfehlenswerten Lehrpfad (4½ km, ca. 2 Std.), oder auch ausgedehnte **Wanderungen** zum Risnjak-Gipfel (3 Std.
Hinweg, gut beschildert) unternehmen. Bei der
Verwaltung erhält man Infos und Wanderkarten.

●**Anfahrt:** Von Rijeka nach Gornje Jelenje und weiter
Richtung Crni Lug; bis zum Holzschild „Gorski Kotar –
Paklenica 15 km" linker Hand, dann via Mrzle Vodice nach
Crni Lug.
●**Bergrestaurant mit Parkverwaltung und Pension** (max.
15 Personen, Tel. 051-836133, Fax 836116).

Lokve

Waldpark Golubnjak

Vom Nationalpark zurück Richtung Hauptstraße
zweigt links ein Nebensträßchen nach Lokve
(Froschzeichen) ab. Auf dieser sehr hübschen
Route passiert man eine winzige Feriensiedlung,
bei der der einsame **Špilja-See** liegt (in der Siedlung parken). Zwei Kilometer weiter ist Lokve erreicht, ein kleines Bergdorf, das von der Forstwirt-
schaft lebt. Besuchenswert sind der Waldpark Golubnjak und besonders die Höhle *(jama)*, beide
gut ausgeschildert. Die 30.000 Jahre alte, vier-
kammerige **Tropfsteinhöhle** kann auf einer Länge
von 900 Metern begangen werden, sie über-
brückt 120 Meter Höhendifferenz und beherbergt
Fledermäuse, Schmetterlinge und Algen.

●**Höhle:** Vom 10.6. bis 10.10. ist der Kiosk von 11–18 Uhr
besetzt; Führung und Eintritt 25 Kn, Kinder 12 Kn; Gruppen
ab 2 Erwachsenen und 1 Kind (= 62 Kn Umsatz); Tel. 051-
275055.
●**Info: Touristeninformation Lokve,** Tel. 051-831278, Fax
831255.
●In Delnice, wenige Kilometer nördlich von Lokve, bietet
das *Hotel Risnjak,* Tel. 051-508160, www.hotel-risnjak.hr,
Unterkunft in 21 rustikalen DZ ab 40 Euro.

Rijeka und Umgebung

Plateau Matič Poljana

**Tipp
für Biker**

Noch ein heißer Tipp für Biker oder Autofahrer mit ein klein wenig Mut: Ab Lokve weiterfahren Richtung Mrkopalj (842 m ü.N.N.) via Sunger. Die Landschaft wirkt ruhig, rückständig und ländlich, die Häuser sind teilweise beschiefert (was hier als modern empfunden wird!) oder mit Holzschindeln verkleidet. In **Mrkopalj** auf die Abzweigung „Tuk/Matič Poljana" achten und dieser folgen: Bis **Tuk** (eine Hand voll Berghütten) auf 878 Metern Höhe ist der Weg asphaltiert, dann führt er als Piste abenteuerlich durch einen Wald. Auf dem Plateau Matič Poljana angekommen (linker Hand erkennt man den 1535 Meter hohen Kula), kann man ein Denkmal und eine **mysteriöse Formation à la Stonehenge** bewundern.

Bei der Weiterfahrt geht es an dem Holzschild „Tuk – Rastova Draga" rechts durch einen wunderschönen Hochwald Richtung **Jasenak;** es folgt noch eine Gabelung (links), dann ist die Verbindungsstraße **Ogulin – Drežnica** mitten im landwirtschaftlichen Herzen des Kvarner Hochlands erreicht. Achtung: Auf dem Weg laufen manchmal wilde (keine aufgebundenen) Bären herum!

Brinje und Vrtnik-Pass

Brinje

Von der kleinen Safari erholt man sich dann in einer der **Straßenkneipen** von Brinje (486 m, 2000 Einwohner) südlich von Drežnica unterhalb der malerischen **Frankopanen-Burgruine** aus dem Jahr 1343. Wie man an den vielen Pflaumenbäumen erkennt, ist die Gegend hier nicht umsonst bekannt für **guten Sliwowitz!**

Vrtnik-Pass

Über den spektakulären Vrtnik-Pass (an der Konoba Putnik vor dem Pass rechter Hand) mit einmaligem Fernblick rollt man schließlich **hinunter zur Küste nach Senj,** dem Fährort zur Insel Krk an der Ostseite der Kvarner Bucht.

Bucht von Bakar ♫ A1

Viel Industrie

Die Fahrt von Rijeka Richtung Osten entlang der Bucht von Bakar ist ein zwiespältiges Erlebnis: Die INA-Raffinerie, Docks und Gleisanlagen gruppieren sich um die endlos lang wirkende Bucht und übertünchen doch sehr deren eigentliche Schönheiten – das mittelalterliche, unterhalb der Magistrale gelegene **Frankopanen-Wehrdorf Bakar** selbst, dann das **Fischerdorf Bakarac** mit den seltsamen Holzsitz-Leitern am Ufer. Hierbei handelt es sich um jene sehr selten gewordenen Thunfisch-Beobachtungsposten, auf denen die Fischer früher die Schwärme in der Bucht beobachteten und ihre Boote dirigierten. Und schließlich **Kraljevica** mit einem (allerdings nur von weitem) malerischen Frankopanen-Schlösschen aus dem 17. Jahrhundert. Schließlich erreicht man die **Brücke zur Insel Krk** (Krk-Most), eines der beliebtesten Fotomotive der Gegend.

Unterkunft & Camping

● €€**Hotel Jadran,** Bakar, Palada 32, Tel. 051-762100, Fax 761047, www.hotel-jadran-bakar.com, EZ 270 Kn, DZ 333 Kn.

● €€€€**AC Ostro,** Kraljevica, Tel. 051-281218, Fax 281404, Buchungen auch über die Agentur *Novi Turist* in Novi Vinodolski (Tel. 051-792210, www.novi-turist.hr).

● €**AC Bakarac,** Tel. 051-291893, Fax 293033, etwas beliebter, da vor wenigen Jahren umfassend renoviert.

Rijeka und Umgebung

kb020 Foto: wl

Insel Krk

Allgemeines

Größte
Insel
der Adria

60 Meter über dem Meer überspannen zwei Brückenbögen die 1310 Meter zwischen dem Festland und der Insel Krk, unterbrochen nur von der kleinen Felsinsel Sv Marko dazwischen. Seit der Eröffnung der **Krk-Brücke** im Jahr 1980 ist die **mit 410 km² größte Insel der Adria** (neueste Vermessungen haben allerdings ergeben, dass Cres auf den Meter gleich groß ist!) mit dem Festland verbunden, ohne jedoch das Inselflair verloren zu haben. Die durch das Gebirge der Kvarner Bucht sehr geschützte und daher trockene Insel zeichnet sich durch ein **breites Freizeitangebot,** vielfältige Sehenswürdigkeiten, aber auch unberührte Landschaften und Wandermöglichkeiten aus. Auf der Insel leben ca. 16.800 Menschen. Die Fährverbindungen nach Cres (Valbiska – Merag) und Rab (Valbiska – Lopar) machen Krk auch zu einem wichtigen Transitpunkt und zum Zentrum des „Inselhüpfens".

Der nahe Flughafen, die Raffinerien und auch die Nähe zum urbanen Zentrum Rijeka haben in **Omišalj** zu einem gewissen Wohlstand geführt, den der Tourismus noch ein wenig zu untermauern hilft. Selbst oben in der Altstadt haben viele Häuser eine kleine Gartenanlage unmittelbar am Haus, die gesamte Altstadt sieht sehr gepflegt und restauriert aus, auch wenn das Umland – man gehe einmal zum Aussichtspunkt im Dubec-Park – wenig anheimelnd wirkt.

Geschichte

Krk war zwar schon in frühgeschichtlicher Zeit besiedelt, die ersten historisch belegten Bewohner sind jedoch die **Liburner** mit dem in römischer Zeit sogenannten Munizipium Curicum (bekannt durch die Seeschlacht *Caesars* gegen Pompeji 49 v. Chr.). Nach Rom folgte ein byzantinisches Zwischenspiel, und von etwa 1000 bis 1797 stand Krk nominell unter venezianischer Herrschaft. De facto regierte jedoch das regionale **Fürstenge-**

Bild auf den
Seiten zuvor:
Badeplattform
in der Bucht
von Baška

schlecht der Frankopanen. Ab 1797 österreichisch, fiel auch Krk 1918 an Italien, allerdings nur für zwei Jahre. Im Zweiten Weltkrieg nochmals unter deutsch-italienischer Besatzung, folgte anschließend der gesamtjugoslawische und seit 1991 der kroatische Teil der Geschichte.

Infos

Als eines der am weitesten entwickelten Reiseziele Kroatiens verfügt Krk über touristische Informationsstellen in den Ortschaften sowie einen eigenen **zentralen Fremdenverkehrsverband in Krk-Stadt:** Trg Sv Kvirina 1, Tel. 051-221359, Fax 222336, www.krk.hr.

Die kroatische Karstlandschaft

Der Begriff Karst (serbokroatisch: *kras,* italienisch: *carso*) bezeichnet die meist waldlose Kalkhochfläche östlich des Golfs von Triest auf dem Balkan sowie in Italien. Diese Karstlandschaften dürften eine jener natürlichen Besonderheiten sein, von denen jedes Kind im Geografieunterricht hört, wenn das südöstliche Europa besprochen wird.

Karst bezeichnet einen **Millionen Jahre dauernden Prozess,** an dessen Ende bizarre Tropfsteinhöhlen, Täler und Kraterlandschaften stehen. Voraussetzung dafür sind extrem **weiche Kalkgesteine** sowie **Kohlensäure.** Die wasserlöslichen Gesteine wie Kalk und Gips werden vom Oberflächen- und Grundwasser ausgelaugt und ausgespült. Das Ergebnis sind Höhlen (Blasen) und Schluchten (aufgeplatzte Blasen). Sickerwasser lässt später in diesen Hohlräumen Tropfsteinhöhlen entstehen. Der Prozess setzt sich permanent fort und wird in Millionen von Jahren weitere Naturkunstwerke kreieren. Die Karstlandschaften sind sehr kalkhaltig und erstrecken sich entlang der gesamten Küste sowie im Hinterland. In der Kvarner Bucht sind derartige Höhlen im Nationalpark Risnjak oder auf der Insel Krk zu besichtigen.

Insel Krk

Transport und Verkehr

Brücke und Fähre

Krk-Brücke Es bieten sich entweder die Krk-Brücke (30 Kn, Wohnmobil und -wagen 50 Kn, gezahlt wird nur Richtung Krk) oder eine der beiden Fährverbindungen an:

Fähren
● **Route Merag (Cres) – Valbiska (Krk):** von 5.45–22 Uhr in der Hauptsaison 13 x tgl. (ca. alle 75 Min., sonst 9 x tgl.), Pkw inkl. 2 Pers. 147 Kn.
● Die **Route Lopar (Rab) – Valbiska (Krk)** ersetzt die alte Baška – Lopar-Linie, kostet ca. 40 Euro (Pkw inkl. 2 Pers.) und fährt im Winterhalbjahr nur je einmal vor- und nachmittags. Sommer: derzeit je 4 x tgl. in beide Richtungen, Infos unter www.croatia-rab.com/eng/kakodonas-redvoznje.php und www.splittours.hr.

kb090 Foto: wl

Insel Krk

Flüge

Lošinj – Krk **Flughafen Rijeka-Krk:** Direkt an der Nordspitze der Insel, ostseitig der Inselstraße, liegt der Flughafen von Rijeka (Tel. 051-841865, infopunkt@ krk.hr). Abgesehen von den internationalen Flügen (s. Kap. „Reisetipps A–Z, Anreise") sind auch Privatflüge, beispielsweise Transferflüge von/nach Mali Lošinj möglich (Details unter www.airport malilosinj.hr).

Bars und Restaurants machen mit allen
Mitteln auf sich aufmerksam

Tropfsteine in der sehenswerten Rudine-Höhle

Busse

Die wichtigsten Verbindungen auf Krk sind:

Verbin-
dungen

●**Rijeka** (7.15, 12.15, 17 Uhr; 2 Std., 110 Kn) – **Omišalj** (13 und 17.40 Uhr; 78 Kn) – **Njivice** – **Malinska** (13.05 und 17.50 Uhr; 74 Kn) – **Fähre** – **Cres.** Diese Linie ist prinzipiell nur für die Orte der Nordwestküste von Belang, um nach Rijeka oder nach Cres/Lošinj fahren zu können. Es gibt keine Busverbindung von Krk-Stadt nach Cres!

Krk

Map of the island of Krk with locations:

Bribir, Breze, Donji Zagon, Povile, Klenovica, Marija Snežna, Zagori, Novi Vinodolski, Rt Tokal, Klaričevac, Cupina, Senj, Rt Glavina, Zec, Vrbnik, Diviska 472, Rt Sokol, Rt Rebica, Jurandvor, Baška, Draga Bašćanska, Obzova 569, Prvić, Punat, Veli Hlam 484, Rt Škuljica, Zakantun 354, Stara Baška, Rt Stažica, Krčki zaljev, Rt Klobučac, Galun, Sveti Grgur, Rt Negrit, Lopar (Rab)

Roads: 8, E65, 102

Insel Krk

- **Krk-Stadt – Rijeka** von 4.30–20.30 Uhr 20 x tgl., 51 Kn, via Omišalj – Njivice – Malinska (jeweils ca. 32 Kn).
- **Krk-Stadt – Zagreb** 4.30 und 9.30 Uhr; 190 Kn.
- **Krk-Stadt – Baška** (7, 7.40, 11, 13.30, 14, 16.35, 19 und 19.30 Uhr; 30 Kn; Sa/So auch 9.30 Uhr).
- **Krk-Stadt – Stara Baška** (7 und 14 Uhr; 28 Kn).
- **Krk-Stadt – Vrbnik** (12.30, 14, 15.05 und 15.10 Uhr; 25 Kn); der Bus um 14 und 15.10 Uhr fährt weiter bis Klimno (33 Kn).
- **Krk-Stadt – Brzac** (für Glavotok; 7, 12.30, 14 und 15.10 Uhr, 26 Kn).

Omišalj

↗ B1

Nach der Überquerung der Krk-Brücke passiert man zunächst den Flughafen und einen kleinen Campingplatz. Dann folgt das auf einer Anhöhe oberhalb der **Omišaljski-Bucht** gelegene Omišalj, neben Krk-Stadt der älteste und somit kulturträchtigste Ort der Insel. Nachteil: rundum **petrochemische Betriebe** (Stadtbesuch schön, Standort eher nicht!).

Orientierung

Altstadt

Omišalj gliedert sich in mehrere vollkommen unterschiedliche und auch voneinander getrennte Abschnitte. Was man als **Tagesbesucher** ansteuert, ist die hoch gelegene Altstadt. **Parken:** Am Kreisel der Beschilderung zu den Hotels folgen, es kommen gleich linker Hand zwei größere Parkplätze (kostenlos); dann vom Kreisverkehr rechts in die (autofreie) Altstadt hinein.

kb062 Foto: wl

**Hafen-
bereich**

Unterhalb der Altstadt, verbunden durch einen sehr steilen Fußweg, liegt der Hafenbereich für Sportboote mit einem kleinen Sand-Kiesstrand, einem **Kiesstrand** und einem Uferrestaurant (mit dem Auto vom Kreisel aus der Straße folgen, hinter dem Ort scharf rechts hinunter; zu Fuß: gegenüber vom Restaurant Barbi Gerga dem Fußweg immer abwärts folgen); hier liegen einige wenige **Ferienwohnungen** – hier zu wohnen, ist weitaus angenehmer als in den Hotels.

Uferstraße

Am Kreisel Richtung Hotelbereich führt das Sträßchen zum Ufer und einigen extrem renovierungsbedürftigen **Hotelanlagen** sowie über mehrere Kilometer hinweg zu einzelnen Häusern (teilweise **Ferienwohnungen**) bis zum **Autocamp Pušća** beim Flughafen – überall am Ufer muss man allerdings auf die JANAF-Raffinerien blicken.

**Haupt-
straße**

Vom Kreisel in östlicher Richtung immer geradeaus kommt man zur Hauptstraße und den JANAF-Raffinerien – hier entlang (beschildert) geht es zu den **Ruinen von Mirine-Fulfinum** (s.u.).

Sehenswertes

Altstadt

Insgesamt ist die hoch gelegene Altstadt durchaus sehenswert und lohnt einen Besuch. Man startet am besten beim Zentralplatz an der Bushaltestelle, folgt der Hauptgasse (alles Fußgängerzone) Prikešte bis zu einer Gabel und folgt hier der Pod Dubca und geht dann quasi im Uhrzeigersinn durch die Altstadt.

Bedeutendstes Monument ist die dreischiffige **romanische Basilika** von 1213 **(Sv Marija)**, deren Seitenkapellen bis ins 18. Jahrhundert umgestaltet und restauriert wurden. Die heilige Taufe wurde

Die Ruinen von Mirine-Fulfinum werden selten besucht

bis ins 17. Jahrhundert in der Seitenkapelle des Hl. Johannes durchgeführt. Zahlreiche **glagolitische Inschriften** zeugen von der altkroatischen Geschichte des Bauwerks, so die Fragmente romanischer Steinreliefs außen oberhalb des Hauptportals (9./10. Jahrhundert). Der Campanile wurde 1533 bis 1536 von einheimischen Baumeistern angefügt. Außen sind ausführliche mehrsprachige Beschreibungen zur Kirche angebracht worden, das Gotteshaus kann tagsüber (außer zu Messen) jederzeit besucht werden.

Bevor man zu dieser Kirche kommt, passiert man ein kleines **Lapidarium** (geöffnet tgl. 10–12 und 18–21 Uhr, Eintritt frei), welches durchaus einen Blick lohnt.

Am Westrand der Altstadt (Beschilderung „Park Dubec") erreicht man den netten, weitläufigen **Stadtpark Dubec** mit der Kapelle Sv Anton, einem alten Wasserturm und mehreren sehr schönen Aussichtspunkten über der Bucht.

Vor der Altstadt liegt ein kleiner **Gedenkpark** für die Weltkriegsopfer, unmittelbar darunter ein größerer Kinderspielplatz.

Unten den Fußweg zur Marina/den Stadtstränden hinab, passiert man die kleine **Kapelle Sv Nikole** aus dem 18. Jahrhundert – leider sowohl verschlossen als auch Opfer des lokalen und internationalen Vandalismus.

Ruinen von Mirine-Fulfinum

Eines vorab: Die **Anfahrt** mutet etwas merkwürdig an, fährt man doch auf der Zufahrt zu der rund um die Uhr videoüberwachten Raffinerieanlage JANAF. Erst unmittelbar vor dem Werkstor zweigt die eigentliche Zufahrt nach links ab. Kurz vor dem Ufer gibt es Haltemöglichkeiten, ein **Uferweg** führt direkt zur 150 m entfernten Anlage.

Fulfinum ist vermutlich die **älteste städtische Siedlung auf Krk,** die unter den Römern etwa um 300 entstand. Da zu diesem Zeitpunkt das Christentum im Vormarsch war, entstand auch eine außergewöhnlich große **frühchristliche Kirche,** die Anfang des 5. Jahrhunderts fertiggestellt worden sein soll. Das Bauwerk ist – nicht zuletzt durch hervorragende Restaurationsarbeiten – überraschend gut erhalten, und es verwundert, dass hier noch kein Museum eröffnet wurde. Auch außerhalb der Kirche sind zahlreiche Ruinen bzw. Grundmauern erhalten, teilweise sind die Bauten mehrsprachig beschildert (sehr ausführlich).

Die Anlage ist nicht umzäunt und kann jederzeit besucht werden (Eintritt frei). Man kann auch zu Fuß vom Kiesstrand Plaža Pesja hinter der Marina gehen (dauert ca. 20 Minuten).

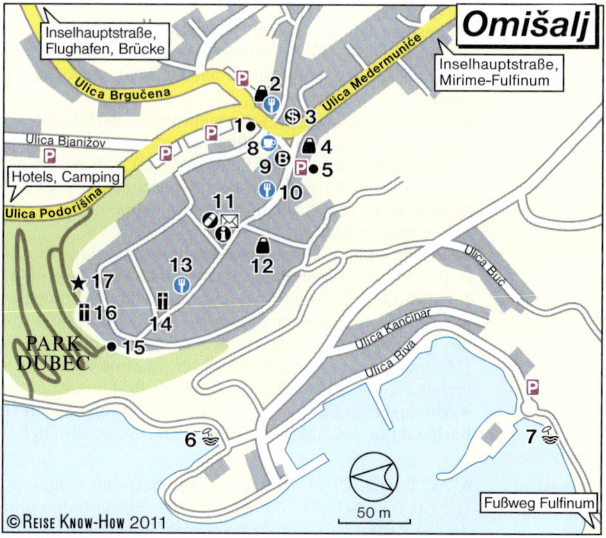

Omišalj

Inselhauptstraße, Flughafen, Brücke
Ulica Brgučena
Inselhauptstraße, Mirime-Fulfinum
Ulica Medermuniće
Ulica Bjanižov
Hotels, Camping
Ulica Podorišina
Ulica Brice
Ulica Kančinar
Ulica Eiva
PARK DUBEC
Fußweg Fulfinum
©REISE KNOW-HOW 2011
50 m

Insel Krk

● 1	Bäcker	♀ 10	U Barbi Gerga
● 2	Minimarkt, Rest. Kaštel	✂ 11	Apotheke,
Ⓢ 3	Bankomat, Infotafel	✉	Post, TI
● 4	Minimarkt Trgorina Krk	● 12	Metzgerei
P● 5	Park- und Spielplatz	✦ 13	Rest. Ulikva
6	Kl. Sand-/Kiesstrand	♔ 14	Hauptkirche
7	Kiesbadebucht	● 15	Aussichtspunkt
○ 8	Café-Bar Frankie	♔ 16	Kapelle Sv. Anton
Ⓑ 9	Bushaltestelle	★ 17	Wasserturm

Touristische Infrastruktur

Infos

● Ein großer Ortsplan hängt am Parkplatz. Die **Touristeninformation Omišalj** befindet sich in der Haupt-Altstadtgasse Ribarska Obala 10 (neben der Post), Tel. 051-841042, www.tz-njivice-omisalj.hr. Geöffnet Mo bis Sa 8–20 Uhr, So 8–12 Uhr.

Agentur

● In der Altstadt hat die (einzige!) Agentur des Ortes, **Su-Mo-Tours** (Medermuniće 1, Tel./Fax 051-842230, su-mo-tours@net.hr), ihren Sitz genommen und vermittelt Unterkunft, Ausflüge, Aktivitäten usw.

Unterkunft

● €€€**Hotel Adriatic,** Tel. 051-842126, Fax 842226, www.hoteli-omisalj.hr. Mit Felsbadestrand, Nachtklub und Sportzentrum, gilt als die Nummer 1 vor Ort; die Dependancen Marina und Primorka sind rund 15% billiger (hier stehen fast ausschließlich ungarische und slowenische Fahrzeuge davor).

● Günstiger kommt man im €**Guesthouse Delfin,** Strana 22, Tel. 051-867780, Fax 841003, www.hotel-delfin.hr, mit 160 Kn/DZ weg. Liegt etwas abseits am Ufer Richtung Camp.

● Auf der Landzunge im (angenehmeren) Yachthafenbereich hat sich die €**Pension Riva** als einzige einigermaßen zentrale Unterkunft etabliert; 2er FeWo ab 30 Euro, 4er ab 45 Euro, die DZ-Preise sind fast identisch, dafür aber mit Frühstück. Na Rivi 2, Tel. 051-842083, www.members.goldenindex.com/villariva.

● Als eine weitere kleine empfehlenswerte Anlage in Altstadt-Gehnähe empfiehlt sich die €€**Vila Eva,** Zagradi 4, Tel. 051-841041, www.vila-eva.hr. Sehr schöne dreistöckige alte Villa mit herrlicher Terrasse am Ufer und DZ-Preisen von 60–80 Euro inkl. Frühstück, alle Zimmer mit Sat-TV, Minibar und a/c. Auch kleine 4er Apartments sind verfügbar, allerdings ohne Küche. Beliebtes Restaurant.

● Wer direkt vor Ort nachfragen möchte: Im **Restaurant U Barbi Gerga,** Tel. 051-842255, werden FeWos vermittelt.

Camping

● €**AC Pušća,** Zufahrt direkt gegenüber vom Flugplatz, Tel./Fax 051-841440. Mit Blick auf den Rijeka-Hafen und die Ina-Raffinerie – der Campingplatz ist eigentlich nicht zu empfehlen, aber sonst gibt es keinen …

Essen & Trinken

● Die einfache **Café-Bar Frankie** direkt hinter der Haltestelle empfiehlt sich auf einen Drink zur Überbrückung der Wartezeiten auf den Bus.

● Das **Restoran Kaštel** (Baječ 2, Tel. 051-841039) bietet einfache und gute kroatische Küche. Sehr zentral, untere bis mittlere Preisklasse.

●Schon seit vielen Jahren hat sich **U Barbi Gerga,** Prikešte bb, Tel. 051-842255, einen sehr guten Ruf als uriges und gleichzeitig qualitativ ansprechendes Restaurant für kroatische Küche erworben. Nudeln mit Scampi (100 Kn) und die Fleischspieße mit drei Fleischsorten nebst Beilagen (62 Kn) sind besonders zu empfehlen.

●Die **Eisdiele/Caféteria Caffe** gegenüber bereitet ausgezeichnetes Speiseeis zu – und das nicht überteuert.

●Und dann noch etwas ganz Feines, wenn es nicht stört, in einer ruhigen Fußgängergasse an einem Kirchplatz zu sitzen, wo eventuell auch ein paar Kinder spielen oder die eine oder andere ältere Frau klöppelt oder häkelt: Die **Konoba Ulikva** nahe der Kirche (Pod Dubca 20, Tel. 051-841004, tgl. 9–21 Uhr) hat keine Riesenkarte, aber wirklich leckere Speisen und Snacks – Tipp der mittleren Kategorie!

●Das **Terrassenlokal der Villa Eva** (s.o.) etwas außerhalb Richtung Hotelbereich wird von Reisenden sehr gelobt. Gleiches gilt für das **Delfin** auf halbem Weg am Ufer entlang Richtung Campingplatz, Stran 22, Tel. 051-867058.

Sonstiges

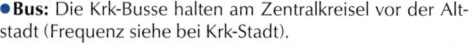

●**Bus:** Die Krk-Busse halten am Zentralkreisel vor der Altstadt (Frequenz siehe bei Krk-Stadt).

●**Post:** Neben der TI, geöffnet Mo bis Fr 7.30–19 Uhr, Sa bis 14 Uhr.

●**Apotheke:** In der Gasse Prikešte neben der Post (10 m).

●**Tankstelle:** Direkt an der Nordwest-Abfahrt der Inselhauptstraße.

●**Baden:** Am kleinen Sand-/Kiesstrand Kupalište Učka mit Dusche oder am Kiesstrand Plaža Pesja hinter der Marina (Kiosk; Parkplatz 10 Kn/Tag).

●Selbstversorger finden am Zentralkreisel zwei größere **Minimärkte** sowie eine sehr gute **Bäckerei;** in der Gasse gegenüber vom Restaurant U Barbi Gerga liegt eine **Metzgerei** (7–12 und 17–20 Uhr, So nur vormittags).

Insel Krk

Njivice ↗ **B1**

Badeort

Echte Strandfreuden kommen in Njivice auf, einem kleinen und neu wirkenden Strandbadeort an der Nordwestküste. Tatsächlich aber unterhielten schon die Römer in Castrum Musculum, wie sie Njivice nannten, eine Garnison. Entlang der kleinen **Promenade** (Parkmöglichkeit 2 Kn/30 Minuten) verkaufen Händler Souvenirs, Snacks und sonstige Dinge, mehrere Lokale (empfehlenswert sind die Pizzeria Treff und das *Restaurant Miramare*) sorgen für das leibliche Wohl. **Bademöglichkeiten** bestehen rundum, es empfiehlt sich aber wegen des Meerblicks, den Fußweg nach links ein Stück hineinzugehen (Süßwasserduschen, Kiesstrand, Hüpfburg, Surfbike, Bootsverleih, Jetski, Parasailing etc.). In der anderen Richtung (Camp sichtbar) hat der Besucher die Qual der Wahl: Bistros, Cafés und Restaurants buhlen um die Gunst der Kunden. Die aushängenden Fischernetze zeugen von der Tradition als Fischerort, sind heute aber nicht mehr als eine Dekoration mit rustikaler Note. Einzige Sehenswürdigkeit ist die **Pfarrkirche Uznesenje Marije** aus dem frühen 20. Jahrhundert, erbaut nach Vorlagen des kroatischen Sakralbaumeisters *Mate Vitesić*.

Touristische Infrastruktur

Infos & Agenturen

● **Touristeninformation für Omišalj und Njivice:** Ribarska Obala 10 (Treppe neben der Apotheke), Tel. 051-846243, www.tz-njivice-omisalj.hr. Geöffnet tgl. 8–20 Uhr, So 8–12 Uhr.
● Professionell arbeiten die **Agenturen Klub-Tours** (Draga 33, Tel. 051-847664, www.appkrk.com) und **Miramare** (An der Uferstraße Ribarska obala 4, Tel. 051-867740, www.miramarenjivice.hr).

Unterkunft

● In den großen €€€€Hotels **Jadran** (Tel. 051-661444, Fax 846116, 10 Minuten vom Zentrum, keine direkte Strandlage) und €€€€**Beli Kamik** (Tel. 051-846222, Fax 846116, direkt am Ufer) sind DZ in der Hauptsaison nicht unter 1000 Kn zu haben – dabei bieten sie nicht einmal besonderen Luxus. Webseite für beide: www.hoteli-njivice.hr.

- Einzige Alternative neben Privatzimmern über die Agenturen sind die unter Jadran-Verwaltung stehenden €€**Flora-Bungalows,** Primorska cesta, Tel. 051-846720, Fax 846116, wo man 50–70 Euro zahlt – die Bungalows liegen allerdings nicht am Meer.
- Ein relativ junges Hotel wurde mit dem €€€**Miramare** (Tel. 051-867740, www.miramarenjivice.hr) direkt am Ufer bei der Post eröffnet: DZ mit Balkon, TV, Minibar usw. inkl. Frühstück für 65–135 Euro (saisonabhängig).

Camping

- €€€**Camping Njivice,** vor der Ortseinfahrt rechts (beschildert), Tel. 051-846168, Fax 846116, www.hoteli-njivice.hr, geöffnet Anfang Mai bis Anfang Okt.

Essen & Trinken

- Einfach und günstig speist man in der **Pizzeria Dundo,** Tel. 051-846616, Ribarska Obala 29, oder in der **Pizzeria Victoria** am linken Hafenbeckenende (Ribarska Obala 49, Tel. 051-859222): Pizzaschnitten (8–10 Kn), Pizza (35–45 Kn) sowie Pasta und Miesmuscheln (55 Kn); sehr gut sind im *Victoria* die Fischplatte mit Kalamar, Thunfisch, Seehecht und Glatthai für 220 Kn sowie das mexikanische Rumpsteak (95 Kn).

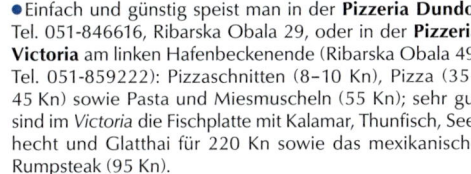

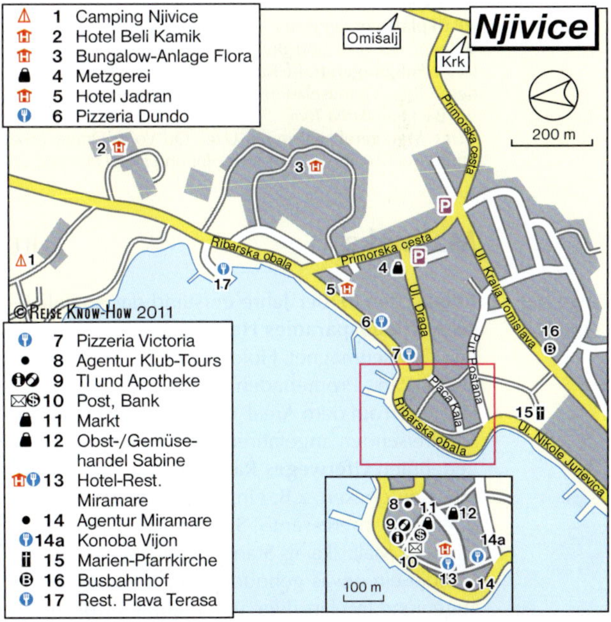

Njivice
1 Camping Njivice
2 Hotel Beli Kamik
3 Bungalow-Anlage Flora
4 Metzgerei
5 Hotel Jadran
6 Pizzeria Dundo
7 Pizzeria Victoria
8 Agentur Klub-Tours
9 TI und Apotheke
10 Post, Bank
11 Markt
12 Obst-/Gemüsehandel Sabine
13 Hotel-Rest. Miramare
14 Agentur Miramare
14a Konoba Vijon
15 Marien-Pfarrkirche
16 Busbahnhof
17 Rest. Plava Terasa
Omišalj
Krk
200 m
100 m
Primorska cesta
Ribarska obala
Ul. Draga
Ul. Kralja Tomislava
Put Postana
Placa Kala
Ul. Nikole Jurievića
©Reise Know-How 2011

●Sehr nett liegt das **Restaurant Plava Terasa** („Blaue Terrasse", mittlere bis gehobene Kategorie, Tel. 051-846158), das seinem Namen gerecht wird: Die atriumähnliche Konoba scheint fast mit dem Meer zu verschmelzen.

●Die **Konoba Vijon** (Ribarska Obala, 50 m neben der Post; Tel. 051-846842) serviert Frühstück für ab 30 Kn, als Vorspeise sind die Sardellen (29 Kn), als Hauptspeise die gemischten Grillplatten mit Salzkartoffeln (240 Kn) sowie die Scampi vom Rost (160 Kn) sehr zu empfehlen.

Sonstiges

●**Ausflugsanbieter** finden sich an der Promenade – sehr beliebt ist das „Fischpicknick" ab etwa 30 Euro, daneben werden Touren nach Rab, Delfinbeobachtung oder Fahrten mit dem Glasbodenboot angeboten.

●**Riki-Scooter und Radverleih,** Kralja Tomislava 57, Tel. 051-846412, riki@post.t-com.hr. Scooter 30 Euro/Tag, Mountainbike 10 Euro/Tag; auch Kinderräder mit Stützen sind zu haben.

●**Apotheke** (Mo bis Fr 8–20 Uhr, Sa 8–14 Uhr, So 8–12 Uhr), **Bank** (Riječka Banka, 8–12 und 19–21 Uhr) und **Post** (Mo bis Fr 7–21 Uhr, Sa 7–12 Uhr) liegen direkt an der Promenade neben der TI (Ribarska Obala).

●**Telefonzellen** stehen vor der Post.

●**Taxistand** vor der Post, Tel. 098-258995.

●**Parkplatz** vor der Post (5 Kn/Stunde, Automat).

●Hinter der Post und dem Miramare-Hotel verläuft die kleine **Fußgängerstraße Kala Placa** mit zwei Minimärkten, dem Obst-/Gemüseladen *Sabine,* Zeitschriftenkiosk und der Bäckerei *Barba Toni.*

●Eine **Metzgerei** liegt in der Ulica Od Vojak Draga/Ecke Primorska (Zufahrtsstraße zum Ufer und *Hotel Jadran*).

Malinska ⬈ **B1**

Pauschalreisende

Anfang der 1970er Jahre entstand das **sozialistische Urlaubsparadies Haludovo** als Paradestück und Devisenmagnet. Hotel neben Hotel, Sportanlagen, Park, Promenaden und Wanderwege verteilen sich auf dem Areal, das traditionell von Pauschalreisenden angefahren wird. Entlang des ausgedehnten **Uferweges Rajska Cesta** lässt sich einiges entdecken, z.B. einsame, winzige Buchten oder der interessante Stadtmarkt. Unter dem Strich ist Malinska als Standort für alle zu empfehlen, die ein etwas gehobeneres Ambiente bevorzugen und Inselausflüge unternehmen wollen.

Touristische Infrastruktur

Infos

●**Touristeninformation,** Obala 46, Tel. 051-859207, www.tz-malinska.hr, Mo bis Fr 9–13 und 17–20 Uhr, im Sommer 8–20 Uhr.

Agenturen

Unterkunft (Ferienwohnungen, Zimmer) vermitteln die Agenturen an der Promenade:

●**Atlas,** Tel. 051-859490, Fax 859110, www.atlas-malinska.hr, Ul. Lina Bolmarčića 32a bei der Bushaltestelle. Arbeitet auch mit Aquavision am Hafenbecken (neben dem *Adria*-Hotel) zusammen.
●**Olivari,** Dubašljanska 111, Tel. 051-859990, Fax 850000, www.aprtments-krk.com.
●**Apolinar,** Dubašljanska 71, schräg gegenüber von Bushaltestelle und Tankstelle, Tel. 051-869011, Fax 869012, www.apolinar.hr.
●**Agentur Malinska,** Dubašljanska 212, gegenüber der Tankstelle, Tel. 051-615418, cukarikafe@gmail.com, geöffnet tgl. 9–22 Uhr. Bietet neben Unterkünften und Ausflügen auch ein Internetcafé sowie Scooter- und Radverleih (ca. 20 bzw. 10 Euro/Tag).

Unterkunft

●€€€**Malin,** Kralja Tomislava 23, Tel. 051-850234, Fax 850259, www.hotelmalin.com. Hotel und Aparthotel, vermietet werden je nach Lage und Saison DZ (65–120 Euro) und 4er Apartments (135–230 Euro). Sauna, kein Pool.
●Absolut zentral direkt am Hafenbecken liegt das einfache €€**Hotel Adria,** Tel. 051-859311, www.hotel-adria.com.hr, mit DZ zwischen 55 und 80 Euro je nach Saison inkl. Frühstück.
●€€€**Lavanda,** Apartmentsiedlung, Put Haludova 3, Tel. 051-655888, Fax 655999, www.apartments-lavande.hr. 65–130 Euro für ein 4er Apartment.

Camping

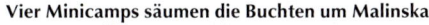

Vier Minicamps säumen die Buchten um Malinska:
●**Draga,** Palih boraca 4, Tel. 051-859905.
●**Marica Kosić,** Tel. 051-859113.
●**Kranjec Nevenka/Stašic,** Tel./Fax 051-858173.
●**Vila Iva,** Portic 4.

Essen & Trinken

●Empfehlenswertestes Lokal ist die **Gostionica Rupa** am Südende der Promenade mit köstlichen Fischgerichten (im Winter geschlossen).
●Tipp im mittleren Preissegment: Mexikanische Küche, heimische Fleisch- und Fischgerichte bietet in rustikalem Ambiente die **Pizzeria Matteo** in der J. Toncica 7 etwas rückwärtig vom Hafenbecken in einer Parallelstraße mit schöner Veranda. Tel. 051-858150, geöffnet tgl. 12–24 Uhr.

Insel Krk

●**Pizzeria Mia,** Tel. 051-858433, am Hafenbecken. Gute und günstige Pizzen nebst Lieferservice.

Einkaufen

●**Bäckerei Ilierija,** Obala (am Hafenbecken).
●**Metzgerei** (tgl. 8–16 Uhr, So 7–11 Uhr), Obala (neben der *Pizzeria Mia*).
●**Konzum-Supermarkt,** Dubašljanska 111 (tgl. 8–20 Uhr), von der Nordabfahrt kommend kurz vor dem Zentrum.
●**Markt (Trgovina Krk):** Absolut zentral wurde an der Durchgangsstraße der städtische Markt eingerichtet, teilweise außen und teilweise innerhalb des zweistöckigen Gebäudes. Zwei **Fischgeschäfte** (tgl. 7–12 Uhr) sowie **Obst- und Gemüsestände** und die kleine **Vinothek Žlahtina** (Wein vom Fass 16 Kn/1 Liter, geöffnet tgl. 7.30–20 Uhr, So bis 13 Uhr) liegen parkplatzseitig hinter dem kleinen Marktzentrum. Innen findet man einige **Souvenirhändler, Fachgeschäfte** und **Boutiquen.**

Malinska

Rijeka

Put Haludova

5a

1

3

2

Joakima Tončića

🏠 1	Apt. Lavanda	
🔵 2	Gostionica Rupa	
🔵 3	Pizzeria Matteo	
🏠 4	Hotel Malin	
🔒 5	Minimarkt	
● 5a	Agentur Apolinar	
🏠 6	Hotel Adria	
● 6a	Olivari Ag.	
🔵 7	Pizzeria Mia, Metzgerei	

✚ 8	Erste Hilfe Station
● 9	Marktstraße
● 9a	Agentur Atlas
● 10	Malinska-Agentur
Ⓑ 11	Busbahnhof
🏠 12	Hotel Malin
⚠ 13	Camping Draga
⚠ 14	Minicamps

Sonstiges

- **Disco Crossroad,** Dubašljanska Ul., direkt an der Nordzufahrt von der Insel-Hauptstraße nach Malinska. Geöffnet im Sommer tgl. 23–5 Uhr, Live-DJs jeden Mittwoch und an Wochenenden, Tel. 051-859960, www.crossroad-discotheque.com.
- Größerer **Parkplatz** an der Bushaltestelle (wo die Durchfahrtsstraße Dubašljanska fast bis an das Hafenbecken führt), 6 Kn/Stunde, Tagesticket 25 Kn (Automat).
- An den Badeabschnitten werden **Kajaks** vermietet: 7 Euro/Stunde bzw. 45 Euro/Tag; **Boote** kosten ab 20 Euro/Stunde.
- Mehrere **Geldautomaten** an der Promenade Obala.
- An der Promenade Obala/Ecke M. Radića liegt die **Post,** geöffnet Mo bis Fr 7–19 Uhr, Sa 7.30–14 Uhr. Bei der Post finden sich auch **Telefonzellen.**
- **Internetcafé:** Agentur *Malinska,* s.o.

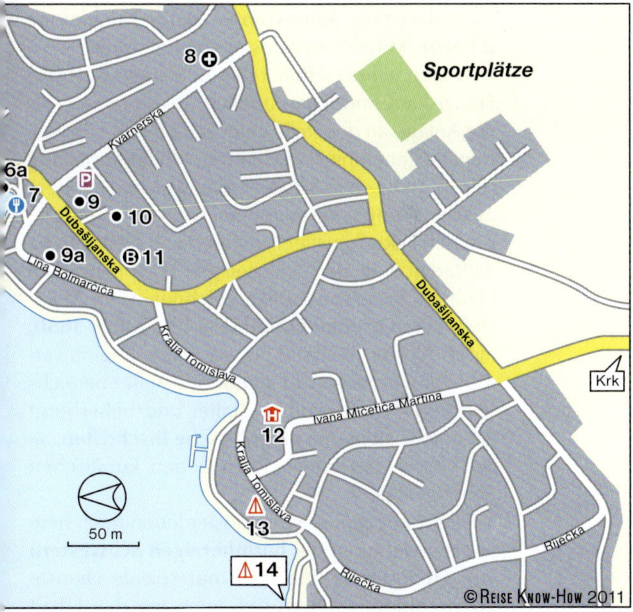

Insel Krk

© REISE KNOW-HOW 2011

Porat ⤢ B1

Sackgasse Die Bucht westlich von Malinska ist ebenfalls besiedelt, aufgrund der weniger guten Bademöglichkeiten jedoch längst nicht so (touristisch) intensiv wie bei Malinska selbst. Folgt man der Beschilderung Richtung Porat, passiert man die heute mehr oder weniger mit Malinska zusammengewachsenen Orte **Zidarići** und **Vantačići** und erreicht am Ende der Fahrstraße Porat, das **abgeschieden und ruhig** liegt (Sackgasse). In den letzten Jahren war eine erhebliche Ausweitung der Infrastruktur insbesondere im Apartment-/Pensionsbereich zu verzeichnen.

Sehenswertes

Magda-lenen-kloster Hauptsehenswürdigkeit der gesamten Bucht von Malinska ist das **Samostan Sv Marije Magdalene u Portu** (Magdalenenkloster von Porat). Die Klosteranlage wurde schon 1480 als Schaffensort von Franziskanermönchen amtlich dokumentiert, als die Anlage an der Stelle einer zerfallenen früheren Kapelle genehmigt worden war. Mit Fertigstellung der spätgotischen Klosterkirche wurde die Innenausgestaltung vorgenommen, wobei die venezianischen Sakralkünstler *Francesco* und *Girolamo da Santacroce* für den sechsteiligen Polyptichon am Hauptaltar verantwortlich zeichneten. Im Keller steht eine **Original-Ölmühle** aus dem Jahr **1850,** als im Kloster die Ernte der gesamten Region verarbeitet wurde. Der Innenhof des Außenbereichs wurde als Lapidarium gestaltet und beherbergt zahlreiche steinerne **glagolitische Inschriften,** alles Kopien der ältesten erhaltenen kroatischen Schriftstücke.

Direkt gegenüber vom Kloster leben noch heute einige **Nonnen der barmherzigen Schwestern von Heiligkreuz,** die nicht nur soziale Dienste übernehmen, sondern sich auch um den Erhalt

des Klosters kümmern. Das Kloster wird früh geöffnet (gegen 7 Uhr) und etwa „gegen Sonnenuntergang" wieder verschlossen (Eintritt frei).

Touristische Infrastruktur

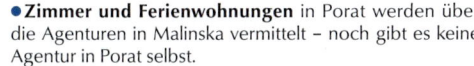

Unterkunft

● **Zimmer und Ferienwohnungen** in Porat werden über
die Agenturen in Malinska vermittelt – noch gibt es keine
Agentur in Porat selbst.

● €€**Pansion Cvelić**, Porat 13 (am kleinen Hafen), Tel. 051-
867052, pansioncvelic@porat-krk.com. Studios und Apartments ab 40 Euro (2 Pers./Nebensaison) bis 110 Euro
(4 Pers./Hochsommer).

● Sehr günstig kommt man bei **Familie Dujmović** unter, allerdings nicht direkt am Ufer. €**Apartments,** Porat 50, Tel.
051-867065, idujmovic.porat50@gmail.com, kosten 25–
50 Euro/2 Pers., €**DZ,** Porat 23, Tel. 051-867043) 24–35
Euro.
Die beiden genannten Direktanbieter sind auch online
unter www.porat-krk.com vertreten.

● Schön und ufernah wohnt man in der €€**Villa Margaret**
(Porat 25, zwischen Kneipen und Kloster, Tel. 051-867023,
Fax 867024, www.villa-margaret.com) in insgesamt 14 stil-
vollen DZ oder Dreibettzimmern (DZ ab 42 Euro). Eigener
Strandbereich und frische Fischgerichte (eigener Kutter).

● Einzige Hotelunterkunft ist am Westrand der Bucht das
€€€€**Hotel Pinia-Porat,** Tel. 051-866333, Fax 866133,
www.hotel-pinia.hr. DZ je nach Saison und Lage/Ausstat-
tung 55–115 Euro, Halbpension, Wellness und Hallenbad
inklusive.

Sonstiges

● Der winzige **Ortskern** liegt am kleinen Hafenbecken;
man achte auf ein hohlen Baum am rechten Fahrbahnrand
– hier auch Parkmöglichkeit für das Kloster.

● Am kleinen Fischerhafen kümmern sich die **Restaurants
Piccola Venecia,** Tel. 051-867062, tgl. 9–24 Uhr, italie-
nisch-kroatische Küche und **Konoba Porat,** Tel. 051-
867046, tgl. 9–23 Uhr, gut-bürgerliche Hausmannskost,
um das leibliche Wohl ihrer Gäste.

● **Telefonzellen** und ein **Minimarkt** (tgl. 7–15 Uhr geöffnet) liegen ebenfalls im kleinen Zentrum am Hafenbecken.

Insel Krk

Milohnići-Brzac ↗ B2

Ruhigste Teil der Insel

Anstatt von Malinska direkt nach Krk-Stadt zu fahren, bietet sich ein kleiner Umweg über Glavotok am Westkap der Insel an. Nur sehr wenige Besucher machen sich auf den Weg, die engen, mauergesäumten Sträßchen, vorbei an Olivenhainen und Feigenbäumen, zu erkunden. Schade, denn dieser Teil liegt etwas abseits und dürfte der vielleicht ruhigste und idyllischste Abschnitt der Insel sein.

Es gibt **zwei Anfahrtsmöglichkeiten:** Richtung Fähre und an der Kreuzung (links Vrh/Krk, rechts Glavotok) der Hauptroute folgend oder – etwas abenteuerlicher – vier Kilometer vorher bei Bajčići links bis Poljica fahren und dort auf der Waldpiste (befahrbar) entlang bis Milohnići-Brzac inlandsseitig etwa zweieinhalb Kilometer oberhalb der Bucht.

Wandern

Sv Krševan: Im Dörfchen Milohnići, drei Kilometer vor Glavotok, wende man sich an der zentralen kleinen Kreuzung (von Linardići kommend rechts) Richtung Poljica; nach wenigen Metern zweigt ein beschilderter Wanderweg zur Seekapelle Sv Krševan ab. Der Pfad führt erst asphaltiert, dann als Piste bis zu einem Gatter (500 m davor Parkmöglichkeit); dahinter 30 m links dem Wirtschaftsweg (Schild) dann 30 Minuten dem Pfad durch ein einsames Waldstück und über ein Ziegengatter hinweg folgen bis zu einer kleinen Gabelung (Steinzeichen): Rechts geht es in zwei Minuten zum malerischen, absolut einsamen Ufer, links in einer Minute zur Ruine der Kapelle Sv Krševan – ein kleiner Geheimtipp!

Fährpier Valbiska

Zurück Richtung Krk-Stadt an der Kreuzung führt die rechte Straße drei Kilometer hinunter durch einsame Landschaft zum Fährpier Valbiska (Verbindung nach Merag/Cres) mit **Tankstelle und Snackbar.**

Touristische Infrastruktur

Infos

● Die kleine **Touristeninformation** gegenüber vom Minimarkt (Hinterhof, Treppe hinauf) hat sehr gute Wanderkarten (nur April bis Okt., Mo bis Fr 8–14 Uhr, Sa 8–13 Uhr, So geschlossen, Tel. 051-220226).

Unterkunft

● Die ersten Veranstalter haben *Milohnići* als Ferienstandort entdeckt, z.B. die schweizerische Firma **Interchalet** mit einigen hübschen Angeboten zwischen 220 und 450 Euro/Woche (je nach Saison und Schlafzimmerzahl); www.e-holidayhome.ch.

● In Brzac kann man in den €**FeWo Rusin,** Tel. 091-5360405, www.entercroatia.com, entweder im 2er Apartment (40 Euro/Hauptsaison) oder in der großen Wohnung für max. 6 Personen für 75 Euro/Tag unterkommen. Beide Einheiten mit a/c, Grill, Terrasse, Parkplatz – uriges, traditionelles, allein stehendes Steinhaus! Nach *Hr. Cimerman* fragen.

● Die **Tauchbasis Correct-Diving** bietet ebenfalls Unterkunft an (s.u.).

Aktivitäten

● **Tauchen: Correct-Diving,** Brzac 33, Tel./Fax 051-869289, www.correct-diving.com. Verschiedene Kurse, Tauchpension Gaspar im Ort, Vermittlung weiterer Unterkünfte und Campingplätze usw.

● Im Ortsteil Linardici (Richtung Krk linker Hand an der Durchgangsstraße) bietet die britische Firma **Adriatic Adventures** (Tel. 0044-20-85662449, www.adriaticadventures.com) unter dem sympathischen Motto „responsible tourism" u.a. organisierte Tauchgänge, Surfkurse, Mountainbike-Touren, Wanderungen, Kajaktouren usw. als Pauschaltour an. Hier auch Moped- und Squadverleih.

Sonstiges

● An der Dorfkreuzung in Milohnići Richtung Klosterbucht/Camping folgt rechter Hand ein **Minimarkt** (tgl. 7–21 Uhr, So bis 13 Uhr). **Geldwechsel** im Minimarkt möglich, davor auch Telefonzellen.

● Etwas außerhalb, an der Ortskreuzung nach rechts Richtung Sv. Krševan, liegt die **Konoba Pod Trevolt,** in der ordentliches Essen aufgetischt wird.

Insel Krk

Glavotok ⤢ B2

Ruhiges Fischerdorf

Von Brzac sind es noch etwa zwei Kilometer bis Glavotok; an einer Straßengabel fährt man rechts zum Camp und links hinunter zum Weiler Glavotok. In dem zehn Häuser umfassenden idyllischen Fischerdörfchen direkt am Ufer dominiert ein **Franziskanerkloster** die kleine Bucht: 1507 entstand die einschiffige **Kirche Sv Maria** mit gotischem Chor, die Seitenkapellen folgten 1760. Die Altarbilder im Inneren stammen übrigens von *Girolamo da Santacroce,* der auch im Kloster von Porat gearbeitet hat. An der Außenfassade ist eine interessante Sonnenuhr mit glagolitischer Schrift angebracht. Im Jahr 1879 war der Wellengang so hoch, dass die Anlage einige Meter weiter ins Landesinnere verlegt werden musste. Wegen zahlreicher Piratenüberfälle ummauerte man das Anwesen und verstärkte die Portale mit Eisentoren.

Wer dem Trubel der Touristenorte einmal entgehen möchte, wird Glavotok lieben! Toll für Schnorchler, sogar an der alten Anlegestelle!

kb063 Foto: wl

Touristische Infrastruktur

Camping

● Sehr beliebt ist das einsame, abgelegene €€**AC Glavotok,** Tel. 051-862117, www.kamp-glavotok.hr. Mit Laden, Restaurant, Boots-Slip; maximal 250 Plätze.

● Falls Glavotok voll sein sollte, man aber dennoch an der Südküste campen möchte: In einer Nachbarbucht vom Fährpier Valbiska liegen – sehr einsam und idyllisch – die **Minicampingplätze** €€**Amar-Pinezici,** Tel. 051-863029, für 10 Personen (!), und €€€**Marta-Skrpčići,** Tel. 051-863126, für 30 Personen.

Sonstiges

● In der Hauptsaison ist ein **Kiosk** an dem kleinen Parkplatz beim Kloster geöffnet (Eis, kühle Getränke, Snacks wie Hotdog, Cheeseburger oder Čevapi).

● Nahe der Straßengabel Richtung Camp oberhalb von Glavotok führt nach links ein **Fußpfad** ab; er verläuft direkt und ufernah bis zum Camp (ca. 15 Minuten). Man achte dabei auf eine befestigte kleine Plattform am Ufer – hier kann man sehr schön **schnorcheln.**

Krk-Stadt   ⊿ B2

Allgemeines

Von Glavotok oder Malinska kommend, durchquert man bei der Fahrt zur Inselhauptstadt größere Mais- und Weinfelder, wobei die insgesamt empfehlenswertere **Route über den Ort Vrh** führt (Nebenstrecke).

Das römische Munizipium Curicum war traditionell **kultureller, wirtschaftlicher und verkehrstechnischer Schnittpunkt der Insel.** Überfälle und Zerstörungen führten zu wehrhaften Verstärkungen der Altstadt, deren bastionsartige Wälle sehr gut erhalten sind und das Stadtbild prägen. Die Stadt Krk (ca. 5500 Einwohner) bemüht sich sichtlich, das **historische Erbe** zu bewahren (viersprachige Hinweisschilder), ohne dabei übertriebenen Prunk herauszukehren – die Gebäude der Altstadt geben einen außerordentlich gelungenen Eindruck einer mittelalterlichen Frankopanenstadt.

Insel Krk

Der Olivenhain des Klosters von Glavotok

kb064 Foto: wl

Sehenswertes

**Uferpro-
menade
und Kastell** Vom Kreisel/Parkplatz Richtung Altstadt achte
man linker Hand auf einen ehemaligen Wasch-
platz *(krušija),* der am Austritt eines unterirdischen
Bachlaufes lag (Hinweisschild). Die **Uferprome-**

nade, gesäumt von Souvenirhändlern, führt zur eigentlichen, vom 12. bis 15. Jahrhundert allmählich von Frankopanen und Venezianern aufgebauten

Der markante Turm der Kathedrale in der Altstadt

und ummauerten **Altstadt,** die man von der großen Anlegestelle aus durch das **kleine Stadttor**
(**Mala Vrata,** 1398) betritt. Der Mahvica-Gasse
nach rechts folgend, passiert man den ehemaligen
Gerichtssaal (**Sudnica,** 1191) und das **Frankopa-
nenkastell** (**Kaštel,** 1407) am Trg Kamplin, beide
sehr beeindruckend.

Marien- basilika	Bedeutendstes Bauwerk von Krk-Stadt ist die **drei- schiffige** Marienbasilika mit Zwiebelturm, um 1150 errichtet auf den Relikten römischer Ther- men aus dem 6. Jahrhundert. Das linke Seiten- schiff birgt eine frankopanische Kapelle aus dem 15. Jahrhundert, der Hauptaltar eine ebenfalls frankopanische silberne Madonnenfigurine sowie ein Altarbild der Bestattung Christi von *G. Porde- none* (frühes 16. Jahrhundert). Direkt angebunden sind die „gruftige" romanische **Quirinus-Kirche** aus dem 10. Jahrhundert, der **Glockenturm** aus dem 16. Jahrhundert sowie der **erzbischöfliche Palast** mit einer interessanten Sammlung venezia- nisch-italienischer Gemälde.

●**Öffnungszeiten:** tgl. 9.30–13 Uhr; der Kathedralenkom-
plex kann nur als „Komplettpaket" zum Preis von 10 Kn besichtigt werden, Tickets im Turm.

Vela Placa	Durch die von Juwelieren und Boutiquen be- herrschte Strossmeyera kommt man durch das **Haupttor** (**Magna Porta Civitatis,** 1493) zum prachtvollen **Zentralplatz** Vela Placa mit Cafés und Verwaltungsgebäuden. Von hier führt das **Seetor** (**Kula Na Obali,** 1470) wieder auf die Pro- menade, es lohnt aber auch ein Spaziergang vom Vela Placa aus die Ulica J. Križnica hinauf zum Trg Krckih Glagoljaša, um von dort einen Blick auf das Nordtor (12. Jh.) und die Klöster Franjevački Sa- mostan und Benediktinski Samostan zu werfen.

Der Platz selbst wird wegen seiner besonderen
Konzentration traditionsreicher Sakralbauten bei
Einheimischen auch (etwas spöttisch) „Kleiner Va-
tikan" genannt. Das **Franziskanerkloster** entstand

um 1277 als Teil der nördlichen Stadtmauer und wurde bis ins 20. Jahrhundert ständig erweitert und renoviert. Kunstfreunde werden das Werk „Madonna mit Kind" des Renaissancemalers *Vittoreo Carpaccio* in der Klosterkapelle zu schätzen wissen. Die Entstehungsgeschichte des **Benediktinerinnenklosters** reicht bis ins 13. Jahrhundert zurück, wobei zunächst nur ein Klosterteil bei der Konventskirche gebaut wurde und weite Teile der Gesamtanlage erst im 19. Jahrhundert hinzukamen, als von 1803 bis 1906 eine Grundschule auf dem Gelände von den Nonnen betrieben wurde. Die Konventskirche stammt aus dem 14. Jahrhundert und wurde später vom Kvarner Sakralbaumeister *Sebastijan Petrucci* aus Rijeka ausgestaltet. Schließlich steht am Trg Krčkih Glagoljaša die **Kirche Majka Božja od zdravlja** (Muttergottes der Gesundheit) aus dem 11. Jahrhundert, die ursprünglich zum Benediktinerinnenkonvent gehörte und dem Hl. Michael geweiht war. Später wurde die Kirche abgegliedert und erhielt während einer Cholera-Epidemie im 19. Jahrhundert ihre heutige Bezeichnung.

Transport und Verkehr

Busse

Der Busplatz von Krk in der Ul. Linardica hinter dem zentralen Kreisverkehr ist der Ausgangspunkt der **Busverbindungen zu allen Inselorten.** Es besteht Anbindung zu den Ortschaften Baška, Omišalj, Njivice, Malinska, Stara Baška, Vrbnik, Klimno und Brzac/Glavotok sowie nach Rijeka oder Zagreb auf dem Festland (siehe Übersicht am Kapitelanfang).

Mit dem Auto

Hinter der Ortseinfahrt folgt ein Kreisverkehr an der Bucht – hier kann man gegenüber vom Supermarkt **beim Busplatz** gut **parken,** die Altstadt kann bequem zu Fuß erkundet werden.

Östlich von Krk-Stadt, abzweigend von der Hauptstrecke nach Baška, bietet sich eine **Rund-**

Insel Krk

fahrt durch den Nordosten von Krk mit seiner intensiven Landwirtschaft an – Weinfelder, Bienenstöcke sowie Baum- und Strauchland wechseln sich ab. Der Tourismus ist hier längst nicht so ausgeprägt wie entlang der Haupt-Inselstraße, und wer zumindest ein paar Tage auf Krk verbringt, sollte diesen Teil der Insel keinesfalls auslassen. Die öffentlichen Busanbindungen (siehe Übersicht eingangs des Kapitels) sind eher mau, sodass man hier doch eher auf ein eigenes Fahrzeug angewiesen ist.

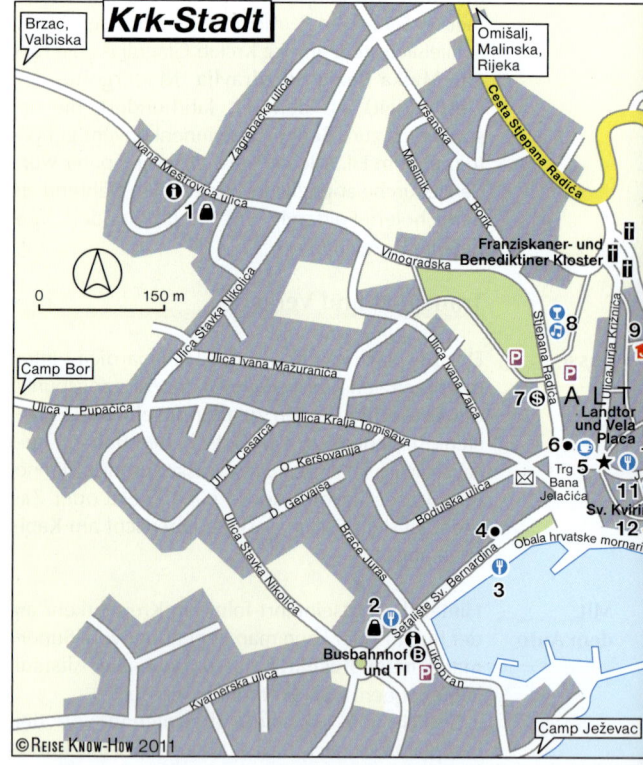

Touristische Infrastruktur

Infos

●**Touristeninformation,** Vela Placa 1, Tel./Fax 051-221414, www.tz-krk.hr/cms, geöffnet Sa/So 8–13 Uhr, sonst 8–15 Uhr. Achtung: Das Büro soll angeblich in Kürze für den Publikumsverkehr geschlossen werden, sobald alle sehenswerten Punkte in der Stadt mit Hinweistafeln versehen und Informations-Stadtpläne aufgestellt sein werden.

Agenturen

Organisierte **Ausflüge, Privatzimmer** und wunderhübsche **Ferienwohnungen** (sehr individuell) vermitteln die Agenturen (viele liegen an der Promenade).

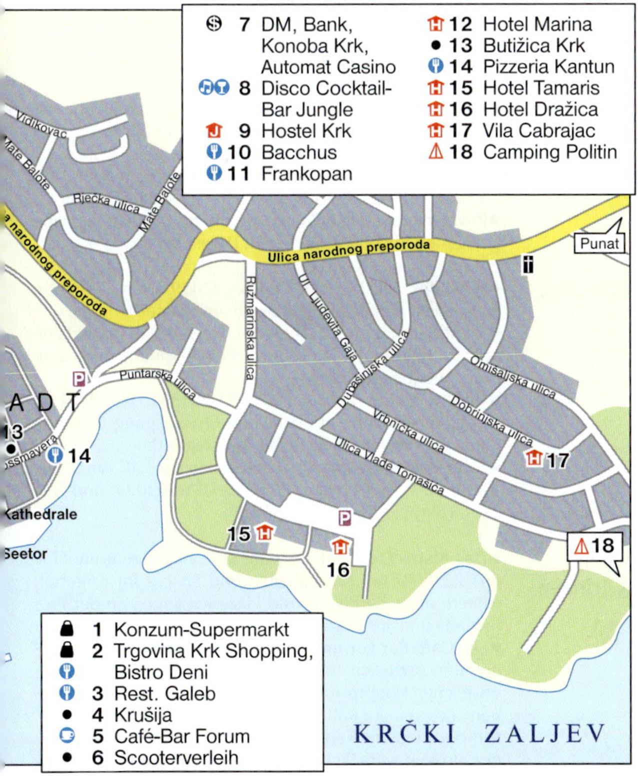

Insel Krk

⑤ 7 DM, Bank, Konoba Krk, Automat Casino	⌂12 Hotel Marina
	● 13 Butižica Krk
8 Disco Cocktail-Bar Jungle	❶14 Pizzeria Kantun
⬛ 9 Hostel Krk	⌂15 Hotel Tamaris
❶10 Bacchus	⌂16 Hotel Dražica
❶11 Frankopan	⌂17 Vila Cabrajac
	⚠18 Camping Politin

KRK-STADT

Ulica narodnog preporoda

Punat

ⅱ

Vidikovac · Mala Balote · Riecka ulica · Mala Balote · Ruzmarinska ulica · Ul. Frankopana Gaja · Drazulinska ulica · Vrbnicka ulica · Dobrinjska ulica · Omisaljska ulica

P · Puntarska ulica

A D T · 13 · Jossmayera · ❶14 · Ulica Vlade Tomasica · ⌂ 17

Kathedrale · Seetor

15 ⌂ · P · 16 ⌂ · ⚠18

KRČKI ZALJEV

🔒 1 Konzum-Supermarkt	
🔒 2 Trgovina Krk Shopping, Bistro Deni	
❶ 3 Rest. Galeb	
● 4 Krušija	
◔ 5 Café-Bar Forum	
● 6 Scooterverleih	

- **Kvarner Express,** an der Promenade, Tel. 051-221403, www.kvarner-express.hr.
- **Autotrans,** am Busbahnhof, Tel. 051-222661, Fax 222110, www.autotrans-turizam.com, Fahrräder, Zimmer.
- Beim Konzum-Supermarkt an der Ausfallstraße nach Brzac liegt die **Agentur Turist Biro Otok,** Tel. 051-221120, www.turistbiro-krk.com. FeWos, Ausflüge, Bootsverleih u.v.m.

Unterkunft

- In der Dinka Vitezića 23 in der Nähe der Kathedrale dürften die meisten Backpacker landen: das €**Hostel Krk,** Tel. 051-220212 und 220320, www.hostel-krk.hr, hat günstige Zimmer um 180 Kn.
- Im Zentrum selbst, Promenade Hrvatske Mornarice 6, gibt es nur das €€**Hotel Marina,** Tel. 051-221128, Fax 221357, www.hotelikrk.com. Je nach Saison kosten DZ 48–140 Euro inkl. Frühstück – die günstigste und zentralste Hotelunterkunft direkt am Ufer.
- In der Nachbarbucht liegt das teurere **Hotel** €€€**Tamaris,** Tel. 051-221022, www.hotelikrk.com, nebst Dependance €€€**Dražica** (gleiche Tel./Homepage). Management und Preise sind dieselben wie beim *Marina*.
- Privatunterkunft und Apartments arrangiert man über eine Agentur (s.o.); ein unabhängiger Direktanbieter wäre die €€**Vila Cabrajac** in der Dobrinjska 18, Tel. 051-222047, www.free-zg.t-com.hr/krk1, mit drei Wohnungen für 4 bis 6 Pers. zu 42–120 Euro/Tag je nach Größe und Saison.
- Privatunterkunft in DZ und Apartments bietet in der nahe gelegenen Bucht von Punat z.B. **Divesport** (s.u.).

Camping

- €€**AC Bor,** Tel. 051-221581, Fax 222429, www.camp-bor.hr, westlich der Stadt (nicht direkt am Wasser!).
- €€€**AC Ježevac,** Tel. 051-221081, Fax 221362, www.zlatni-otok.hr. Besser als Camp Bor und in Gehnähe zum Zentrum, aber unpersönlicher.
- €€€**FKK Camp Politin,** Tel. 051-221351, Fax 221246, www.zlatni-otok.hr, am östlichen Ortsausgang Richtung Punat (an der Tankstelle rechts, beschildert).
- Zwei kleine **Privatcamps** bei Krk sind das €*AC Amar*, Njivine 8 im Weiler Pinezići; Tel./Fax 051-863029, und €*AC Marta*, Skrpčić 29, Tel. 051-863126.

Essen & Trinken

- Das **Bistro Deni** am Trgovina-Krk-Einkaufszentrum (Tel. 051-221503) hat Kleinigkeiten und Snacks im Angebot; weitere einfache Bistros und Pizzerien liegen an der Promenade und am Jelačić Trg.
- Die **Café-Bar Forum,** Vela Placa 1, Tel. 051-222739, eignet sich vorzüglich, um das geschäftige Treiben am traditionsreichen Hauptplatz von Krk-Stadt bei einem kühlen Getränk oder einem Kaffee zu beobachten.
- In der **Pizzeria Kantun,** Tel. 051-222979, am Ostende der Strossmeyera/Ecke Stepinća sitzt man nicht nur sehr

angenehm, es gibt weit mehr als nur Pizza (40–50 Kn), etwa slawonische Kulen (50 Kn), eine Grillplatte (2 Pers., 155 Kn) oder eine riesige Fischplatte (2 Pers., 245 Kn).

●Das **Bacchus,** Strossmeyera 3, Tel. 051-222002, inmitten der Altstadtgassen hat einen für Weinfreunde verlockenden Namen, Chef *Branko* legt aber Wert darauf, dass außer den flüssigen auch die festen Verköstigungen hohen Ansprüchen genügen.

●Im **Frankopan** an der Kathedrale (Trg Sv Kvirina, Tel. 051-221437, geöffnet tgl. 11–23 Uhr, Nov./Dez. geschl.) speist man sehr gediegen, auch wenn es als „Restaurant-Pizzeria" firmiert; Spezialität: Gerichte mit fangfrischem Fisch.

●Sehr gut isst man auch im **Galeb** direkt an der Uferpromenade; neben einer reichhaltigen Auswahl an Cocktails wird nationale und internationale Küche geboten. Angenehmes Ambiente, aber nicht ganz billig: Hacksteak 75 Kn, Grillplatte 190 Kn/2 Pers., Muscheln 180 Kn. Obala hrvatske mornarice 3, Tel. 051-221261, geöffnet von April bis Sept. tgl. 8–23 Uhr.

Einkaufen

●Vom Vela Placa kommend wenige Meter die Strossmeyera hinein bietet eine **Metzgerei** linker Hand u.a. frische Grillhähnchen.

●**Bäckereien** (z.B. **Ilirija Krk**) und Snacks auf die Hand (z.B. **Obelix Snackbar**) findet man zahlreich entlang der Strossmeyera in der Altstadt.

●Sowohl diverse lokale Schinken- und Käsespezialitäten als auch Schnäpse und Weine bietet die **Butižica Krk** in der Frankopanska/Ecke Strossmeyera; hier auch sonstige Souvenirs (Honig usw.).

●Am Kreisverkehr vor der Altstadt liegt das kleine **Einkaufszentrum Trgovina Krk** mit Supermarkt, Bäckerei, Fischgeschäft (rechts um die Ecke) und Geldautomat.

●Größer und besser ist der neue **Konzum-Supermarkt** an der Umgehungsstraße/Kreuzung Richtung Vrh (tgl. 7–20 Uhr, So bis 13 Uhr); nimmt alle Plastik-Pfandflaschen an!

Aktivitäten

●**Bademöglichkeiten** bestehen an der Landzunge zwischen Marina und Campinganlagen sowie beim *Hotel Dražica* (Surfen, Tennis, Bootsverleih).

●**Bootsausflüge** aller Art arrangieren die Agenturen (s.o.), sie können aber auch direkt an der Promenade bei den zahllosen Anbietern direkt gebucht werden; z.B. Rundfahrten (120 Kn), Fischpicknick (250 Kn) oder Ausflüge zur Insel Košljun.

●**Tauchbasen/Schwimmen: Fun Diving,** Lukobran 8, Tel. 051-222563, www.fundivingkrk.de, und **Rainer & Garvens Cormoran Diving,** Lukobran 10, Tel. 051-220141. Die beste und bekannteste Basis liegt direkt an der Gabelung Richtung Baška/Punat in der Bucht von Punat: **Divesport** (Tel.

Insel Krk

051-867303, www.divesport.de) bietet auch preiswerte DZ (ab rund 25 Euro) und Apartments für 2 bis 6 Pers. (30–60 Euro/2er, 55–100 Euro/6er). Hier in der Bucht kann man auch gut baden (Parkplätze, Snacklokale, Kinderrutschen).

Sonstiges

- **Post:** am Trg Jelacica; Mo bis Fr 7–21 Uhr, Sa bis 12 Uhr.
- **Bank/Geldautomat:** am Kreisverkehr; 8–14 und 15–20 Uhr, Sa bis 12 Uhr; Automaten auch in den Supermärkten.
- **Hafenmeisterei (Kapetania):** Tel. 051-221380.
- **Marina:** Tel. 051-221221.
- **Apotheke:** am Vela Placa.
- **Radverleih:** Agentur Autotrans und Hotel Dražica.
- **Drogeriemarkt DM** in der S. Radića.
- **Scooterverleih: Rent-a-scooter,** am Trg Bana Jelačića, Tel. 098-643515, 45–50 Euro/Tag, sowie beim Internetcafé *Nekrepnine.*
- **Internetcafé Nekrepnine** am Einkaufszentrum Trgovina Krk und innen **Enigma-Cybercafé; Krk sistemi,** am Busbahnhof, Tel. 051-222999, tgl. 9–22 Uhr, liegt für Backpacker sehr günstig und kostet 10 Kn für 20 Minuten.
- **Nachtleben:** Abends flaniert man durch die Altstadt oder geht in die **Disco Cocktail-Bar Jungle** (zentral in der Stjepana Radića Tel. 051-221503, Mai–Sept. tgl. ab 20.30 Uhr, an Wochenenden bis 5 Uhr).
- **Taxiruf:** Tel. 051-221456.

kb066 Foto: wl

Klosterinsel Košljun

Bucht von Punat

Die **kreisrunde Insel** Košljun in der fast geschlossenen Bucht von Punat östlich von Krk-Stadt wirkt in ihrer natürlichen Schönheit geradezu pittoresk-surreal und lohnt jederzeit einen Ausflug. Einzig ein einsames Kloster harrt erhaben auf dem gut 6400 m² großen Eiland aus, auf dem im 13. Jahrhundert Benediktinermönche eine Abtei errichteten, die im 15. Jahrhundert von den Franziskanern übernommen wurde. Sehenswert ist hier die **Marienkirche** mit dem mehrteiligen Altargemälde, auf dem auch Sv Kvirin, der Krker Schutzpatron (Stadt in Händen), verewigt wurde. Im angeschlossenen **Sakral- und Heimatmuseum** werden unersetzliche glagolitische Schriften sowie Utensilien und Trachten vergangener Jahrhunderte aufbewahrt. Beachtenswert ist ferner der Grabstein der letzten Frankopanenfürstin *Katarina* († 1529).

●**Tagestouren** inklusive Museumsbesuch werden für ca. 60 Euro an der Promenade in Krk angeboten.

Punat ⤢ **B1**

„Ekotaxe"

Im Südosten der Insel Krk liegen einige Abschnitte, die unterschiedlicher nicht sein könnten: das aktive, lebhafte und durch die Marina mondän wirkende Punat, und auf der anderen Seite, getrennt durch einen Bergpass, das ruhige Stara Baška (s.u.). Übrigens werden hier auf Rechnungen nicht nur die Kurtaxe (meist 7 Kn pro Tag und Person), sondern auch eine „Ekotaxe" (**Ökosteuer**) in Höhe von derzeit 1 Kn pro Tag und Person aufgeschlagen. In anderen Regionen ist die Praxis einer Umweltabgabe (noch) nicht verbreitet.

Insel Krk

Strandbad am Plaža Punat mit der Marina Punat im Hintergrund

**Allge-
meines**

Der **zweitgrößte Ort auf Krk** (knapp 2000 Einwohner) wird wegen der in Kroatien seltenen und
schönen **Sandstrände** sowie wegen der giganti-
schen **5-Sterne-Marina** (Tel. 051-654111, Fax
654110, www.marina-punat.hr) als mondäner Ferienort beworben. Offen gestanden: Wer nicht zur
privilegierten Schicht gehört und im Besitz einer
Jacht ist, dürfte sich hier kaum wohlfühlen. Das
mag vielleicht etwas übertrieben sein, auf jeden
Fall aber ist Punat fest in der Hand der **Segler,** der
Durchschnittstourist wird sich (auf den ersten
Blick) deplatziert vorkommen.

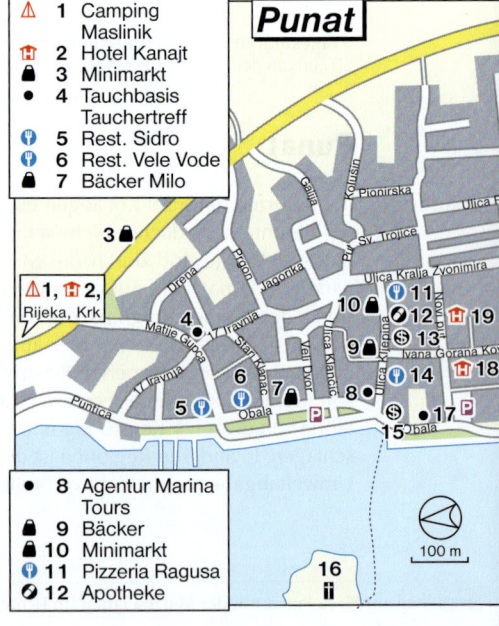

⚠ **1** Camping
Maslinik
🏠 **2** Hotel Kanajt
▲ **3** Minimarkt
● **4** Tauchbasis
Tauchertreff
🍴 **5** Rest. Sidro
🍴 **6** Rest. Vele Vode
▲ **7** Bäcker Milo

● **8** Agentur Marina
Tours
▲ **9** Bäcker
▲ **10** Minimarkt
🍴 **11** Pizzeria Ragusa
💊 **12** Apotheke

100 m

Touristische Infrastruktur

**Infos &
Agenturen**

●Die **Touristeninformation** liegt am Busplatz in der Pod topol (nur im Sommer von 8–20 Uhr geöffnet), Tel./Fax 051-854970, www.tzpunat.hr und www.punat.com (Unterkunftsseite).

●Für Unterkünfte, Ausflüge und Aktivitäten aller Art wende man sich an die **Agentur Marina Tours,** Obala/Ecke Kljepina, Tel. 051-854375, Fax 854340, www.marina-tours.hr, mit Filiale am Yachthafen oder an die **Agentur More** (Tel. 051-855033, www.more-punat.hr); beide liegen zentral an der kleinen Promenade.

Unterkunft

●Beliebt bei Seglern, da in der Nähe der Anlegestellen (Obala 94), ist das €€€**Falkensteiner-Hotel Park,** Tel. 051-854024, Fax 855001, www.hoteli-punat.hr. Mehrere neuere Dependancen (Park II und Kvarner) in unmittelbarer Nähe, mit 90–150 Euro/DZ allerdings etwas überteuert.

●Das €€€€**Hotel Kanajt,** Kanajt 5, Tel. 051-654340, Fax 654341, www.kanajt.hr, liegt direkt bei der Marina und ist ein sehr ansprechendes Familienhotel mit DZ zwischen 80

Ⓢ 13	Bank	🏠 19	Hostel
♥ 14	Rest. Lanterna		Punat Haluga
Ⓢ 15	Bank/EC	♥ 20	Rest. Aurora
ⅱ 16	Košljun/Kloster	Ⓜ 21	Galerie Toš
● 17	Agentur More	🏠 22	Apt. Omorika
🏠 18	Falkensteiner-	⚠ 23	Camping Pila
	Hotel Park		Konobe

Insel Krk

Augusta Cesarca

gusta Cesarca

ovica

P

i
20

21
Ⓜ

Pešćivica

Ulica Kralja Zvonimira　　Starobašćanska

Baška

22
🏠

Frankopanska

Vinogradska

Primorska

Krčka

Jadranska

na Gorana Kovačića

P

● Busbahnhof

Šetalište Ivana B rusića

⚠ **23**

Rapska

Bука

Buka

Košljanska ulica

Paška

Plavnička

Krčka

Lošiniska

Batovo

Creska

**PUNATSKA
DRAGA**

(Parkblick, Nebensaison) und 155 Euro (Meerblick mit Terrasse, Hauptsaison).

●In der Frankopanska liegen die €€€**Apartments Omorika,** Tel. 051-654500, www.omorika-punat.com, mit 106–255 Euro pro 4er Apartment auch nicht gerade billig.

●Das meist als „Jugendherberge" verkaufte €**Hostel Haluga,** Novi Put 8, Tel./Fax 051-854037, www.nazor.hr, liegt ebenfalls nahe der Marina und kostet ca. 260 Kn/DZ; geöffnet Mai bis Sept.

●Günstige **Zimmer und Ferienwohnungen** vermitteln auch die örtlichen Tauchschulen (s.u.).

Camping

●€€€**AC Pila,** Tel. 051-854122. Maximal Platz für 2000 Menschen, etwas außerhalb mit breiter Badeplattform.

●€€€**FKK-Camp Konobe,** Tel. 051-854049, Fax 854101. Keine Pkw-Parkmöglichkeit in den Parzellen, einige Mobilheime können gemietet werden; fjordähnliche Bucht am Ufer Richtung Stara Baška. Infos für beide Plätze unter www.kamp-maslinik.hr.

●An der Durchgangsstraße liegt der von der Marina betriebene kleine Platz €€**Maslinik,** Tel. 091-1654445, marina-punat@marina-punat.hr.

Essen & Trinken

●An der Ausfallstraße nach Stara Baška liegt linker Hand das sehr zu empfehlende **Restaurant Aurora** (Kralja Zvonimira 143, Tel. 051-855352), bekannt für gutbürgerliche Fleisch- und Fischgerichte.

●Im **Restaurant Lanterna** (Ul. Kljepina, Tel. 051-654926) bekommt man neben Pizzen und Suppen auch zahlreiche vegetarische Gerichte.

●Die **Pizzeria Ragusa** (Kljepina 8, Tel. 051-855010) hat von Mitte März bis Mitte Okt. täglich von 12–24 Uhr (Winter 22 Uhr) geöffnet, neben Pizzen (ab 38 Kn) ist hier die mexikanische Küche (Tacos, Burritos, Fajitas usw. zwischen 50 und 90 Kn) hervorzuheben.

●Die Käsespezialisten im **Restaurant Vele Vode** (Obala 29, Tel. 051-854109) bieten gemischte Käse-/Schinkenteller für 45 Kn, gemischte Käseteller für 40 Kn, Knoblauchcremesuppe für 18 Kn und zahlreiche Fischkreationen (Haifischsteak/70 Kn oder Scampi vom Rost/110 Kn).

●Ebenfalls sehr gut und ufernah speist man im **Restaurant Sidro** (Obala 18, Tel. 051-854235, geöffnet tgl. 11–24 Uhr, im Winter bis 22 Uhr). Sehr zu empfehlen sind hier die Fischsuppe (20 Kn), Calamari Sidro mit Rohschinken und Reis (49 Kn), Gnocchi 4 Käse (48 Kn) sowie hausgemachte Bratwürste mit Beilagen (45 Kn).

Einkaufen

●Links der Durchfahrtsstraße liegt ein **„Cash & Carry"-Minimarkt,** ein weiterer in der Ul. Kljepina (geöffnet tgl. 6.30–21 Uhr).

●Die **Bäckerei** in der Ul. Kljepina hat tgl. von 6.30–13.30 Uhr geöffnet, So 7–13 Uhr, die Bäckerei *Milo* am Ufer (Obala bb) tgl. von 6–24 Uhr.

●Eine **Metzgerei** liegt neben dem *Restaurant Ragusa* in der Ul. Kljepina.

Aktivitäten

●Entlang der Promenade gibt es mehrere **Bademöglichkeiten,** allerdings nicht unmittelbar im Ortszentrum selbst. Am schönsten ist es etwas außerhalb Richtung Krk am Plaža Punat. Von Krk-Stadt kommend folgt nach der Abzweigung Richtung Punat ein größerer Strandabschnitt mit Restaurants (Bistro Punat), Tauchbasis und Wasserskilift.

●**Tauchen:** Die Basis *Divesport München-Krk* (Tel. 051-867303, www.divesport.de) am Plaža Punat vermittelt auch preiswerte Unterkunft im Ortsteil Kornić nahe der Strandbucht: DZ 20–32 Euro, FeWo 27–48 Euro (2 Pers.) bzw. 49–93 Euro/Tag (6 Pers.).

●Schon fast als Einheimischer gilt *Erwin Kropp* mit seiner Tauchbasis *Tauchertreff* (Pasjak 1, Tel. 051-855120, www.tauchertreff-punat.de) mit Taucherpension (30 Zimmer) und Restaurant.

●Wenige hundert Meter außerhalb von Punat (Hauptstraße Richtung Stara Baška) liegt der gut beschilderte Ausgangspunkt für **Wanderungen** über den **Veli Vrh** (549 m) nach **Jurandvor** (12 km). In diesem sehr gut markierten Wandergebiet liegt auch der höchste Gipfel von Krk, der **Obzova** (569 m).

Sonstiges

●**Ambulanz, Apotheke, Bank, Post** (Mo bis Fr 7.30–18 Uhr, Sa bis 14 Uhr geöffnet) und **Autoverleih** liegen direkt landseitig an der Promenade, eine weitere Bank und eine Apotheke auch in der Ul. Kljepina.

●Eine **Touristenbahn** (10 Kn) verkehrt im Sommer tagsüber **zwischen Marina und AC Pila.**

●Kunstfreunde mögen sich vielleicht einmal in der kleinen **Galerie Toš** (Ul. Klančić) umsehen wollen, geöffnet wird nur auf Verlangen (klingeln).

●**Pape,** Kljepina 30 (nahe Minimarkt/Apotheke), vermietet **Scooter.**

●**Bootsverleih Punat,** Tel. 051-654170, www.mcp.hr.

Stara Baška   ⬀**C2**

Einsame Kiesstrände

Zehn Kilometer von Punat entfernt locken die einsamen Kiesstrände von Stara Baška (Sackgasse). Die Gegend erinnert in ihrer rauen Unwirtlichkeit ab dem 238 m hohen **Svinsko-Pass** stark an das südöstliche Rab bzw. Pag. Kurz hinter dem Pass

Insel Krk

geht es steil abwärts; hier kann man rechts hinunter in die schöne **Badebucht Uvala Stara Baška** (mit Kiosk) gehen (Parken nur auf der anderen Straßenseite am Rand möglich).

Unten in der Bucht folgt dann noch einen Kilometer vor dem Ort das **Camp Škrila,** dann kommt Stara Baška, das sich die enge Straße entlangzieht und in den steilen Hang gebaut ist. Auch von hier aus bestehen **Wandermöglichkeiten:** auf den 549 Meter hohen Veli Vrh (an der Straße mehrfach beschildert) sowie über den Veli Hlam (482 m) und Batomalj nach Jurandvor sowie direkt nach Baška.

Touristische Infrastruktur

Unterkunft

● Zimmer bietet die €**Pension Stanka** (Stara Baška 1, Tel. 051-844654) am Ortseingang.

● Ein Stückchen weiter die Straße in der Nummer 28 verfügt das Haus €**Stara Baška,** Tel. 051-844658, www.baska-apartmani.com, über DZ (18–30 Euro) und Apartments (45–70 Euro).

● In **Nr. 185,** rechts der Hauptstraße, Tel. 051-844611, gibt es ebenfalls DZ ab 30 Euro. Ab 38 Euro zahlt man in der **Pension Nadia** (s.u.).

kb067 Foto: wl

●In der Ortsmitte mit der kleinen Fußgängerzone zum Meer hinunter liegt die **Agentur Zala** (Tel. 051-844755), die für Unterkunfts- und Ausflugsarrangements in Anspruch genommen werden kann.

Camping

●€€€**AC Škrila,** Tel. 051-844678, Fax 844725, www.skrila. cjb.net. 850 Personen haben Platz, überwiegend unbewachsenes Gelände (kein Schatten!), direkte Meereslage, langer Kiesstrand.

Sonstiges

●Im Ort verstreut liegen einige **Gaststätten,** etwa der **Felix-Grill** (Frühstück, Pizza, Fischgerichte) direkt am Meer in der Senke.

●Am Ende der Straße etwas oberhalb liegt die €€**Pension-Restaurant Nadia,** Tel. 051-844663, www.nadia.hr, mit **Tauchbasis,** www.divepoint-croatia.com.

●**Parken** ist ein Kunststück, am besten bleibt man auf dem großen Platz am Ortsende bei der Pension Nadia (5 Kn/ Stunde).

Über den Straževnik-Pass nach Baška

Haupt-route

Von Punat bis Vrbnik bildet ein Höhenzug eine natürliche Barriere zwischen dem belebten und besiedelten Nordwestteil der Insel und dem idyllischen, eher **ruhigen Ostteil.** Die sehr schöne Hauptroute führt Richtung Baška: Erst durch karge, dann durch pinien- und kiefernbewachsene Landschaft windet sich die Straße über einen malerischen Pass am Straževnik (367 m) hinauf zu einem **Aussichtspunkt** mit herrlichem Fernblick auf 320 Meter Höhe. Dann öffnet sich das Bergland abrupt gleich einer Schere nach beiden Seiten hin, und die Straße fällt jäh ab, während beidseitig die 300 bis 400 Meter hohen Bergzüge allmählich einer abgeschotteten Talebene weichen. An der Abfahrt plätschert eine erfrischende Süßwasserquelle (Trinkwasser) rechter Hand an der Straße – hier halten auch viele Einheimische, um kostenlos Trinkwasser zu zapfen.

Insel Krk

Blick vom Straževnik-Pass auf die Badebucht bei Stara Baška

Draga Bašćanska

Ričina-Tal — Die erste Ortschaft im Ričina-Tal, benannt nach dem zumindest außerhalb des Sommers wasserführenden Ričina-Flüsschen, ist Draga Bašćanska, ein landwirtschaftlich orientiertes Straßendorf mit einem Plus-Minimarkt und einigen **Obst-, Öl- und Honigverkäufern** direkt an der Straße.

●In Draga Bašćanska hat die **Tauchbasis Delphin,** Draga Bašćanska 38, Tel. 051-880233, www.tauchbasisdelphin. com, ihren Sitz, am Ortsausgang bietet die **Agentur Igen,** Tel. 051-844095, www.igen.hr, u.a. Unterkunftsvermittlung und Scooterverleih.

Jurandvor

Sv Majke — Der folgende Abstecher ist unbedingt empfehlenswert: In Jurandvor-Batomalj achte man rechter Hand auf die Beschilderung „Batomalj, Sv Majke"; das Sträßchen führt hinauf zu einer **Bergkapelle** aus dem Jahr 1902 **mit sagenhaftem Ausblick** über das Tal von Baška. Das schlichte einschiffige Kirchlein wurde 1415 erbaut und mit Altarbildnissen aus weißem Marmor und einem Marienbildnis von *Celestin Medović* ausgestattet. Der Glockenturm wurde 1594 ergänzt und soll angeblich immer dann genutzt werden, wenn der Bischof von Baška zu Besuch ist.

Wandern — Im Weiler **Batomalj** treffen sich die Wanderwege Stara Baška – Baška (beschildert) und weitere Wanderwege von/nach Baška und zum AC Zablaca (alles beschildert), sodass auch längere Wanderungen zur Kapelle von Baška möglich sind. Oben an der Kirche (am Gittertor links von der Kapelle) führt ein mit „Lipica" bezeichneter Weg zum Nordrand von Draga Bašćanska.

Sv Lucija — Zurück an der Durchfahrtsstraße liegt gleich dahinter nach links ausgeschildert („Sv Lucija, Bašćanska Ploča") die kleine **Lucienkapelle** mit der berühmten **„Steintafel von Baška",** dem ältesten kroatischen Schriftstück überhaupt. Die Tafel bezeugt die Abtretung des Kapellenlandes durch König *Zvonimir* († 1089) an die Kirche sowie den Bau der Kapelle. Das Gelände ist heute ein archäologischer Park, daher kann die Kirche selbst nur noch im Rahmen einer Führung besucht werden. (Führungen 10–12 und 16–22 Uhr, 20 Kn).

●Einkaufsmöglichkeiten bestehen im **Plus-Minimarkt** im Ort, an der Abzweigung zur Kapelle Sv Majke bietet die **Konoba Malin,** Tel. 051-856149, deftige Lammgerichte und Spanferkel.

Baška ⤢ C1

Touristen-magnet
Das in die **südliche Inselbucht** eingebettete Städtchen Baška empfiehlt sich für all jene, die es nicht so bieder-touristisch wie an der Nordwestseite von Krk mögen und eventuell einmal halbtägige Wanderungen durch die stille Landschaft unternehmen möchten, ohne dabei auf umfangreiche touristische Angebote wie Abendunterhaltung, Tauchen, Wassersport usw. verzichten zu müssen. Der kilometerlange **Sand-Kiesstrand Velika Plaža,** geradezu paradiesisch umrahmt von kargen Hügeln, die engen Gassen des kleinen Zentrums und nicht zuletzt die majestätisch oberhalb des Ortes thronende Johanneskirche tun ihr Übriges, alljährlich Zehntausende von Besuchern in den Kreis der „Baška-Fans" zu ziehen. Wichtig: Die Autofähre von/nach Rab (Lopar) verkehrt jetzt nicht mehr hier, sondern ab Valbiska.

Orientierung

Straßen-gabelung
Gleich hinter Jurandvor liegt eine Straßengabelung: Rechts geht es zu den Hotels, dem Camp Zablace und zu Parkplätzen für einen reinen Strandbesuch.

Insel Krk

Haupt-straße	Die Hauptstraße zieht sich **um den Ort herum** zum FKK-Camp Bunculuka und der Bergkirche Sv Ivan; kurz vor der Zufahrt zu Sv Ivan (Vogelschutzgebiet „Ornitoložska Zona") führt die Kralja Tomislava nach rechts zum Bushalteplatz und einigen Parkplätzen – hier ist man schnell im Altstadtkern, aber etwas weiter vom Strand- und Hotelbereich entfernt.

Sehenswertes

Ortskern	Im kleinen Zentrum sind die barocke **Pfarrkirche Sv Trojice** aus dem frühen 18. Jahrhundert und das benachbarte, 1974 eröffnete **Heimatmuseum** sehenswert (geöffnet Mo bis Fr 16–21 Uhr, Sa/So 9–14 Uhr, Eintritt 20 Kn). Die acht wertvollen Altartafeln des 2007 komplett restaurierten Altarraumes stammen von venezianischen Künstlern, u.a. von *Palma dem Jüngeren* die Muttergottes mit dem Hl. Markus sowie das letzte Abendmahl. Das Triptychon des Hl. Michael wird *Paolo Campsa* zugeschrieben (1514). Die Glasfenster wurden erst vor wenigen Jahren eingebaut. Als Sitz des Kapitels von Baška ersetzte sie nach ihrer Inauguration am 29. Juni 1740 die Bergkirche Sv Ivan.
Aquarium	Aufs Meer blickend am linken Ende der Badebucht den Weg hinauf liegt in der Kralja Tomislava (Richtung Bushalteplatz) linker Hand das Aquarium mit **einer der größten Muschel- und Schneckensammlungen der Adria.** Es werden über 400 Muschel- und rund 100 Fischarten gezeigt.

●**Aquarium,** St. Radica 26, Tel. 051-860171, tgl. 9–22 Uhr geöffnet, Eintritt 30 Kn.

Sv Marka	Am Velika Plaža, zwischen Villa Adria und Hotel Atrium, liegt die kleine unscheinbare Kapelle Sv Marka **(Markuskirche).** Es handelt sich um einen frühchristlichen Komplex, der vermutlich bis ins 5. Jahrhundert zurückreicht. Recht gut erhalten sind

Der Tourismuspionier von Baška – Emil Geistlich (1870–1922)

Der Strand von Baška ist wirklich eine Klasse für sich, ob man sich nun in die Fluten stürzt oder nur die Promenade Emil Geistlicha entlang flanieren möchte. Apropos: *Emil Geistlich* – nicht gerade ein typisch kroatischer Name! Der gebürtige Tscheche und Leiter der Prager Zeitungsdruckerei „Narodna Politika" (Heimatpolitik) kam 1909 zunächst mehr oder weniger zufällig als Tourist nach Baška. Er war vom Meer und dem örtlichen Strand so sehr angetan, dass er beschloss, in Baška zu bleiben, und schon bald betätigte er sich als nachhaltiger Förderer des Tourismus in der Region: 1910 ließ er den **ersten vorgefertigten Strandpavillon** aufstellen, und ein Jahr später begann der Druckereispezialist mit dem **Druck von Werbebroschüren** über Baška. 1912 organisierte er die **„Abende von Baška"**, eine Art Vorläufer folkloristisch geprägter touristischer Veranstaltungen, die in den Sommermonaten heute landesweit üblich geworden sind. 1914 folgte seine **Zeitschrift „Baška"**, die insgesamt jedoch nur neunmal erschien, nicht zuletzt wegen des Ersten Weltkrieges, der den bis dahin ungestörten Tourismus unterbrach. Am Ende des Krieges stand die italienische Okkupation, die Branche konnte sich nicht erholen. *Emil Geistlich* blieb seiner Liebe Baška jedoch treu und lebte hier bis zu seinem Tod am 7. Juli 1922. Auf seinen Namen trifft man immer wieder – als Uferpromenade, als Denkmal oder bei einem Besuch der Bergkirche Sv Ivan.

Insel Krk

kb070 Foto: wl

die typischen römischen Mosaikböden jener Zeit, das heutige Bauwerk stammt allerdings erst aus dem 16. Jahrhundert. Geöffnet tgl. 8–11 und 18–21 Uhr, Eintritt 5 Kn.

Sv Ivan

Geradezu ein Muss ist der Aufstieg bzw. die Auffahrt zur markanten ockerfarbenen **Friedhofskirche St. Johannes** (Sv Ivan) **mit phänomenalem Ausblick** über den Velika Plaža bis zur Insel Rab. Einige der wildwestartigen, schlichten Holzkreuze verleihen der Szenerie hier oben eine schaurig-pietätvolle Note. Hier befindet sich auch die letzte Ruhestätte von *Emil Geistlich* (siehe Exkurs).

1	Corinthia Hotels	9	Konoba Mare
2	AC Zablače	10	Fish & Chips Fast Fish
3	Hotel Zvonimir	11	Pizzeria-Konoba Lanterna
4	Buddha-Bar	12	Aquarium
5	Squatina und	13	Busbahnhof
	Delphin Tauchbasen	14	Ribarnica/Fischgeschäft
6	Rest. Galeb	15	Rest. Captains
7	Hotel Atrium Residence	16	Scuba Tironi
8	Rest. Lantino	17	FKK Camp Bunculuka
	und Cicibela	18	Bergkirche Sv Ivan

Touristische Infrastruktur

Infos

● Die **Touristeninformation** liegt in der Kralja Zvonimira 114, Tel. 051-856817, www.tz-baska.hr. Geöffnet tgl. 8–22 Uhr, im Winter nicht am So und nur bis 18 Uhr.

Agenturen

Die folgenden zentral gelegenen Agenturen arrangieren **Geldwechsel, Unterkunft, Ausflüge, Bootsverleih** usw., insbesondere für Apartments/Ferienwohnungen wird man kaum um sie herumkommen:

● **Aventura,** Zvonimira 194, Tel./Fax 051-856774, www.aventura-baska.hr.

● **Guliver,** Zvonimira 98, Tel./Fax 051-856004, www.pdm guliver.hr.

● **Primaturist,** Zvonimira 98, Tel. 051-856132, Fax 856971, www.primaturist.hr.

● **Splendido,** Zvonimira 148, Tel. 051-856116, Fax 856616, www.splendido.hr,

Alle vier Agenturen liegen an der Haupt-Fußgängerstraße im Ortszentrum von Baška.

● **Eurotours** hat seinen Sitz im *Hotel Corinthia II,* Tel./Fax 051-856895, www.euro-tours.hr.

● **Polo Tours,** E. Geistlicha 16 (am linken Ende des Hauptstrandes, Tel. 051-856240, www.polo.hr), hat eine weitere Filiale in der K. Tomislava gegenüber vom Busplatz.

● **Šilo-Tourist,** im Aquarium (Ul. Tomislava/Ul. Radica 26), Tel. 051-860171, www.siloturist.hr.

Unterkunft

● **Zimmer und Ferienwohnungen** vermitteln die Touristeninformation und die Agenturen (s.o.); privat findet man Apartments (2 bis 4 Personen, 35–100 Euro/Apartment und Tag) z.B. unter www.baska.at oder www.baska-krk.at. Weitere Privatanbieter sind die **Apartmani Dvori Narca** und die **Apartments Petrinic,** beide unter Tel. 095-8370999, www.baska.info zu kontaktieren.

● Über ein Hotelmonopol in Baška verfügt seit Urzeiten die Gruppe **Hoteli Baška,** der alle unten genannten Häuser (teilweise *Aparthotel*) gehören und die über die Internetseite www.hotelibaska.hr gebucht werden können.

● Neu und direkt am Badestrand bietet die €€€€**Atrium Residence Villa Adria,** E. Geistlicha 39, Tel. 051-656111, Fax 856584, mondäne und luxuriöse Apartmentunterkunft für 2 bis 6 Personen.

● Wenige Meter entfernt liegt ebenfalls in der ersten Reihe das neue €€€€€**Atrium Residence** mit DZ und Studios in glamourösem Ambiente, Tel. 051-656890, Fax 656889.

● €€€**Corinthia Baška,** Riesenhotel mit drei Flügeln in der E. Geistlicha 38, Tel. 051-656800, 656111, Fax 856109, DZ 90–140 Euro. Mit Poollandschaft und diversen Gastrono-

Insel Krk

miebetrieben, inzwischen durch die Neubauten in der zweiten Reihe.

●Das €€€€**Zvonimir** (Tel. 051-656810, Fax 656811) mit 70 Zimmern und 15 Apartments ist eine Mittelding zwischen dem Hotel *Corinthia* und den Nobelapartments. Noch überschaubar und schöne Lage an der Strandpromenade.

Camping

In Baška können Camper auf zwei Plätzen unterkommen: Zablače liegt näher am Velika-Plaža-Strand, dafür ist es nach der Schließung der Fähre in Bunculuka ruhiger.

●€**AC Zablače,** Tel. 051-856909, Fax 856604, www.camp zablace.info.hr. Geöffnet Mai bis Sept., flaches Wiesengelände, Kapazität 1600 Personen, Mietcaravans, Sport- und Einkaufsmöglichkeiten.

●€€**FKK Camp Bunculuka,** Tel. 051-856806, Fax 856595, www.bunculuka.info. Geöffnet Mai bis Sept. Restaurant, Bar und Minimarkt auf dem Gelände, welches sehr verschachtelt an einem Hang liegt (ein Teil der Plätze ohne Pkw-Parkmöglichkeit; Zentralparkplatz); 1200 Personen Maximalkapazität, Sportzentrum (Tauchen, Surfen, Minigolf, Tennis). Infos im Internet für beide Plätze unter www.hotelibaska.hr.

Essen & Trinken

Snacks:

●Eine kleine Spezialität sind die **an der Promenade Geistlicha** in Buden gebackenen, einer länglichen, essbaren Schuheinlage ähnelnden **Pačića** ab 7 Kn, eine Art Krapfen/ Fettgebackenes mit Puderzucker. Pačića gibt es in einigen Varianten: mit Ketchup, Käse, Schokolade, Zucker, Marmelade usw.

●Beinahe englisch mutet die kleine Self-Service **Fish & Chips-Braterei Fast Fish** am Uferfußweg Palada an; Sardellen 30 Kn, Calamari 36 Kn, Sardinen 28 Kn, Garnelen 40 Kn, auch Pommes und Softdrinks sind erhältlich.

●Wer mehr auf einen fleischhaltigen Imbiss steht – wenige Meter weiter gibt es einen **Dönerstand** (30 Kn/Kebab, Hamburger 25 Kn).

Restaurants & Bars:

●Für einen gemütlichen Drink bieten sich die ein wenig Südseeatmosphäre verbreitende **Buddha-Bar** am Strand (nahe Restaurant Galeb) oder beim ehemaligen Fährpier die **Café-Bar Marinero** an.

●Am linken Ende des Velika Plaža (E. Geitslicha 3) gibt es in der **Konoba Mare** günstige Pizzen (ab 40 Kn), heimische Schinken- und Käseteller, grüne Nudeln mit Meeres-

Blick hinauf zur Friedhofskirche Sv Ivan

Insel Krk

früchten (60 Kn) oder Fischplatte (sehr gut!) für 2 Personen für 275 Kn. Etwas außergewöhnlich sind die Hühnerbrust in Pilzsauce (65 Kn) oder das Beefsteak in Salbeisauce mit Pršut (Rohschinken) und Beilage für 110 Kn.

●In der Kralja Zvonimira kann man in der **Pizzeria-Konoba Lanterna** Pizzen zwischen 35 und 68 Kn oder Fischgerichte (2er Platte 260 Kn, Seehecht 85 Kn, Sardellen 58 Kn) sowie heimischen Käse (38 Kn) genießen. Besonderheiten sind hier das Curry-Hühnchen für 65 Kn oder hausgemachte Teigwaren mit Lammgulasch.

●Etwas gediegener speist man im **Restaurant Galeb,** E. Geistlicha 38, kurz vor dem Camp, Tel. 051-856651; Pizza ab 40 Kn, Scampi vom Rost 360 Kn, Miesmuscheln 100 Kn, grüne Nudeln mit Meeresfrüchten 60 Kn.

●Ebenfalls an der Strandpromenade zaubert das **Bistro-Restaurant Lantino,** E. Geistlicha 30, Tel. 051-856484, gute Salatkreationen wie Meeresfrüchtesalat (70 Kn) oder Oktopussalat (50 Kn) sowie Pasta mit Meeresfrüchten (ab 65 Kn) oder die fast schon legendären Krebsfleischspieße mit Beilagen für 70 Kn. Sehr gepflegtes und angenehmes Ambiente.

●Nur wenige Meter weiter (E. Geistlicha 22a, Tel. 051-856013) kreiert der inselweit bekannte Koch *Eda Bogdešić* im **Restoran Cicibela** landestypische Kleinigkeiten und Fleischplatten. Seine Spezialität sind jedoch Fischgerichte wie Jakobsmuscheln (20 Kn/Stück), Scampicocktail (60 Kn) oder die Fischplatte 298 Kn/2 Pers, nur April bis September tgl. 10–24 Uhr geöffnet.

●Als die Rab-Fähre Lopar – Baška noch in Betrieb war, rentierten sich auch die zahllosen Lokale rund um die Fähre; heute bietet hier nicht einmal mehr eine Handvoll ihre kulinarischen Schöpfungen an: **Captains** (Tel. 051-856541, von April bis Nov. tgl. 10–24 Uhr geöffnet) bietet leckere Suppen ab 17 Kn, Fleischplatte 170 Kn, Sardellen 30 Kn und Miesmuschen für 65 Kn.

Einkaufen

Noch gibt es keine Supermärkte in Baška, was Sommerurlauber angesichts der Menschenmengen immer wieder etwas verwundert. Wenn man aber bedenkt, dass acht Monate lang nur rund 1000 Einwohner vor Ort leben, erklärt sich dieser Mangel von selbst. Dennoch sind die Einkaufsmöglichkeiten ausreichend, für Großeinkäufe sollte man den Konzum-Supermarkt in Krk aufsuchen.

●Ein **Minimarkt** liegt in der Hauptgasse Kralja Zvonimira, ebenso ein **Metzger** (Mo bis Sa 7–13 und 17–20 Uhr, So nur vormittags) und eine **Bäckerei** (tgl. 6.30–22 Uhr); ei-

Echtes Stillleben in der Altstadt von Baška

nen weiteren Bäcker findet man in der E. Geistlicha beim
Zvonimir-Hotel.
- Die örtliche **Ribarnica (Fischgeschäft)** liegt in der Palada/Ecke Nazora und hat tgl. 7–11 Uhr geöffnet.

Aktivitäten

- **Tauchen:** Die *Tauchbasis Delphin* hat Niederlassungen
nahe der kleinen Marienkapelle und im FKK-Camp, E.
Geistlicha 46, Tel. 051-880233, www.tauchbasisdelphin.
com. Es gibt vor Ort noch *Scuba Tironi*, Kircin 12, Tel. 051-
856536, www.rare-bird.org, sowie *Squatina Diving*, Zarok
88a, Tel. 051-856034, www.squatinadiving.com.
- Eine **Surf-Schule** liegt an der Zufahrtsstraße zum AC Zablače.
- Die Hotel- und Campinganlagen bieten **Tennis, Volleyball, Fitness- und Wellnessprogramme** (je nach Anlage
unterschiedlich).
- Am linken Strandende bietet **Water Sports Baška** Banane (10 Euro/Std.), Paragliding (40 Euro/Std.), Surfbrettverleih (10 Euro/Std.), Kajakverleih (8 Euro/Std.) usw.
- **Sonnenschirme und Liegen** (je 4–5 Euro/Tag) gibt es
am Strand, ebenso die **„Käfer"-Tretboote** (10 Euro/Std.).
- Wer **Klettern** (echtes Climbing) exerzieren möchte: Es
wurden jüngst zwei Abschnitte – Bunculuka im FKK-Camp
und Portafortuna außerhalb im Tal – eröffnet, Infos unter
www.climbinbaska.com.
- Wer am 15. April auf Krk ist, sollte das **Markusfest** zu Ehren des Dorfheiligen nicht versäumen. Gefeiert wird überall im Ort.

Insel Krk

kb069 Foto: wl

Sonstiges

● **Post** (mit Telefonzellen; geöffnet Mo bis Fr 7.30–21 Uhr, Sa 7.30–14 Uhr), **Bank** und eine **Apotheke** liegen an der Haupteinfahrtsstraße Richtung Strand (nahe dem *Hotel Corinthia*).

● **Ambulanz:** Ul. Kralja Zvonimira 100, Notruf 856825.

Vrbnik ⤢ B1

Weinbau

Die eher karge Landschaft südöstlich von Krk mit vorwiegend Krüppelkiefer- und Strauchbewuchs steht in deutlichem Kontrast zur **Nordostküste** mit intensivem Weinbau rund um Vrbnik – das hölzerne Fass am Ortseingang von Vrbnik unterstreicht die Bedeutung dieses Inselteils als zentrales Weinbaugebiet. Das Städtchen (900 Einwohner) liegt 48 Meter oberhalb eines kleinen Fjords und wehrte sich schon im 12. Jahrhundert gegen die Einführung des Lateinischen – seither galt Vrbnik als Hochburg slawisch-glagolitischer Schriftkultur. Auch der letzte Sprecher des Dalmatischen soll hier Ende des 19. Jahrhunderts gelebt haben.

Touristisch betrachtet ist Vrbnik ein typisches Ausflugsziel für ein paar Stunden, man nutzt am besten den **Parkplatz** unmittelbar vor der Altstadt und den Trg Skujica für 4 Kn/Stunde.

Sehenswertes

Rundgang

Vom Trg Skujica geht man die Fußgängergasse Ulica Potocina hinauf. Ein besonderes Vergnügen bereitet es immer wieder, arglose Touristen im wahrsten Sinne des Wortes durch Vrbnik rutschen zu sehen! Vorbei an zwei **Kapellen** (**Sv Ivan** und **Sv Martin** mit glagolitischen Inschriften) und dem Placa Vrbničkog Statuta „gleitet" man sanft über die spiegelglatten Pflastersteine der Roč Ulica Richtung **Pfarrkirche.** Der prachtvolle Hauptaltar im Inneren mit den beidseitigen Schnitzereien ist ein Werk des kroatischen Meisters *I. Rendica*. Im Glockenturm der Marienkirche ist ein **Lokalmuse-**

um (geöffnet 10–12 und 18–21 Uhr) untergebracht. Dahinter liegt ein Aussichtspunkt mit dem Weinlokal *Nada*. Die engen Gassen weiter entlang, folgt eine **Kunstgalerie** (Ulica Petrisa), von der aus der Zentralplatz gleich wieder erreicht ist.

Touristische Infrastruktur

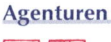

Infos & Agenturen

● **Touristeninformation,** Trg Vrbničkog Statuta 4, Tel. 051-857479, www.vrbnik.hr.
● **Agentur Mare Tours,** Trg Skujica, Tel. 051-604401, www.mare-vrbnik.com. Vermittelt werden DZ ab 20 Euro, in der Hauptsaison bis 40 Euro, oder FeWos von 25–60 Euro, in der Hauptsaison bis 80 Euro. Ähnliches bietet **Vrbnik-Tours,** Trg Sv Ivana, Tel. 051-857128, 091-5466296, geöffnet 8–13 und 18–20 Uhr (So nur vormittags).

Unterkunft

● Das einfache €€**Hotel Argentum** liegt an der Hauptstraße vor der Altstadt, Tel. 051-857352, http://apartments-croatia.info/hotel-argentum/de.htm; nur 10 Zimmer, 480–780 Kn, inkl. Frühstück je nach Reisezeit.

Essen & Trinken

● Noch vor dem Ortseingang liegt die sehr empfehlenswerte **Konoba-Vinarija Katunar,** Tel. 051-857391, www.katunar.com. Hier besteht die Möglichkeit zu einer Weinprobe inkl. Imbiss (ab 10 Personen) oder Menü (je 3 x Fisch bzw. Fleisch zur Auswahl).
● In der Frankopanska 1, oberhalb vom Trg Skujica, Tel. 051-857142; tgl. 10–23, Sa/So 12–22 Uhr, Jan.–März geschlossen. Spezialitäten sind Gulasch und Lammgerichte mit lokalen Weißweinen.
● Für Kleinigkeiten und Snacks empfiehlt sich das **Bistro Galeb** gleich nebenan.

Einkaufen

● Backwaren bietet die **Bäckerei Pekara Vrbnik** am Trg Sv Ivana 6. Geöffnet 6.30–13 Uhr, So 7–12 Uhr.
● Gegenüber bietet die **Ribarnica** frischen Fisch und der **Minimarkt Draga** ein Basissortiment für Selbstversorger (geöffnet 7–21 Uhr, So 7–11 Uhr).
● **Minimarkt Stupec** beim Parkplatz die Varoš hinein.

Sonstiges

● **Post:** Ul. Varoš, nebenan **Ambulanz.**
● **Geldautomat** beim Bäcker am Trg Sv Ivana.
● **Internetcafé** in der Agentur Mare-Tours (s.o.).
● Eine **Bademöglichkeit** gibt es im Kies-Strandbad am nördlichen Ortsrand.
● **Bushaltestelle** am Parkplatz (Anbindungen siehe Gesamtübersicht eingangs des Kapitels).
● Eine **Touristenbahn** fährt alle Ortsteile von Vrbnik (außerhalb der Altstadt) an und kostet 12 Kn.

Insel Krk

Dobrinj

⌕ B1

Vergleichsweise selten machen Reisende entlang der Route Šilo/Klimno – Vrbnik einen Abstecher zum **Verwaltungszentrum des nordöstlichen Krk.** Die Sehenswürdigkeiten der ältesten Siedlung auf dem Plateau beschränken sich auf Sakralbauwerke, namentlich die Hauptkirche Sv Stjepan aus dem 11. und Sv Antun aus dem 14. Jahrhundert sowie die Kapellen Sv Vid (11. Jh.) und Sv Ivan (14. Jh.).

●Für Speis' und Trank sorgt in Dobrinj die **Konoba Kennedy** (Tel. 051-848129) mit Fisch- und Muschelgerichten sowie Spezialitäten vom Grill.

Šilo

⌕ B1

Stipanja-Bucht

Šilo in der Stipanja-Bucht war einst ein Fährort zum gegenüber auf dem Festland gelegenen Crikvenica, geriet aber mit dem Brückenbau trotz der insgesamt guten touristischen Infrastruktur etwas ins Abseits. Auf der Abfahrt hinunter zum Ort passiert man die kleinen Weiler **Polje** und **Zupanje,** in denen vereinzelt Privatunterkunft geboten wird. Dann gelangt man über die Nova Cesta hinunter zum Ufer (Parkmöglichkeiten). Ein schmaler Fahrweg führt dort rechts zu Tauchbasis und Camp (knapp 1 km), unmittelbar links liegt das kleine Zentrum rund um das Hafenbecken.

Insel Krk

Touristische Infrastruktur

Infos & Agenturen

- **Touristeninformation Šilo,** Stara Cesta bb, Tel./Fax 051-852107 (neben der Agentur Estee).
- Ein paar örtliche Agenturen helfen bei der Unterkunftssuche: **Agentur Tina,** Nova Cesta, Tel. 051-852311, www.atina.hr, am Ortseingang rechter Hand; am Hafenbecken die **Agentur Šiloturist,** Tel. 051-852203, www.siloturist.hr; am Ende des Hafens um die Ecke das Sträßchen hinauf die **Agentur Estee** (Tel. 051-852241, www.estee.hr), jeweils tgl. 8–20 Uhr geöffnet.

Unterkunft

- **Ferienwohnungen** (über 50 FeWo-Angebote, 32–74 Euro/4er) kann man beispielsweise unter www.siloturist.com arrangieren.
- €€**Pension Zeba,** www.zeba.hr, rechter Hand am Ortseingang.

Camping

- €€€**AC Tiha,** Tel. 051-852120, Fax 852362, geöffnet Mai bis Sept.

Essen & Trinken

- An der kleinen Promenade liegen einige preiswerte **Snackbars.**
- Die **Konoba Portić,** Cesta bb, Tel. 051-852170, zaubert marinierte Sardellen mit Ruccola und Kartoffeln auf den Teller (40 Kn), Miesmuscheln zu 450 Kn oder hausgemachte Pasta mit Scampi zu 65 Kn.

●**Bistro-Pizzeria Roko,** Stara Cesta 1, Tel. 051-852342, u.a. vorzügliche Meeresfrüchtepizzen zu 35–50 Kn.

Aktivitäten

●Tauchen (auch mit Unterkunft) bietet das **Tauchcenter Neptun,** Tel. 051-604404, www.neptun-silo.com.

●**Bademöglichkeiten** bestehen am Ufer rechts gehend an befestigten Abschnitten sowie Richtung Camp an Sandstrand-Abschnitten. Weitere kleine Buchten liegen beim Campingplatz, unterhalb der Ruinen-Kurzwanderung (s.u.) sowie am Fußweg Richtung Klimno

●**Kurzwanderung zur Ruine:** Hinter der Bäckerei am Ufer entlang Richtung Camp passiert man nach ca. 100 m das Hinweisschild „Roman Villa 650 m". Nach einem kurzen Anstieg endet das Sträßchen, eine Piste führt weiter landeinwärts; nach ca. 200 m zweigt dann nach links ein Pfad (wieder beschildert) ab, dem man noch etwa 10 Minuten bis zu den Ruinen eines allerdings kaum mehr als solches erkennbaren spätrömischen Anwesens gelangt. Die Anlage selbst ist weniger sehenswert, allerdings hat man von hier eine sehr schöne Aussicht.

●**Fußweg nach Klimno:** Hinter der Apotheke zweigt ein Weg (Borići) ab, der zunächst durch Wohngebiet führt und sich nach ca. 10 Minuten gabelt. Rechts erreicht man in 5 Minuten eine kleine Badebucht, links führt ein markierter Wanderweg über den 114 m hohen Sladova ins ca. 5 km entfernte Klimno.

Sonstiges

●**Post:** in der Stara Cesta, geöffnet Mo bis Fr 8–12 und 13–17 Uhr.

●**Internetcafé** in der Agentur Estee (s.o.).

●**Geldautomat** und **Apotheke** neben der TI in der Stara Cesta.

●Direkt am Hafenbecken beim Parkplatz liegen ein **Minimarkt** und eine gute **Bäckerei** (tgl. 7–13 Uhr), ein weiterer Minimarkt (7–21 Uhr, So 7–13 Uhr) findet sich in der Stara Cesta neben der Touristeninformation.

Klimno ⤢ B1

Soline-Bucht

In der nächsten Bucht namens Soline liegt am Ende einer Stichstraße das Dörfchen Klimno, noch heute **Zentrum des Fischerbootsbaus.** Viele neue Häuser prägen das Ortsbild. An der kleinen Promenade liegen eine Agentur (Ausflüge, Bootsverleih), die Marina und ein glagolitisches Denkmal. Am Ende der Bucht befindet sich ein kleiner

Campingplatz – die Zufahrt mit breiten Fahrzeugen ist eine Kunstübung. Rund um die Bucht von Soline kann man überall baden.

Touristische Infrastruktur

Unterkunft

Noch herrscht vor Ort einigermaßen Ruhe – sehr zu empfehlen, wenn man abseits von Malinska oder gar Baška eher Entspannung und Einsamkeit auf Krk sucht. Schöne **Ferienwohnungen** finden sich online unter www.klimno.net/klimno_deu.htm, vor Ort hilft die **Agentur Paralela-Tours** (am Ufersträßchen, Tel. 051-850504, www.paralela-klimno.com) weiter, wenn es um Unterkunftssuche, Geldwechsel, Fahrzeugverleih, Ausflüge usw. geht.

Sonstiges

● **Infos** (nicht nur) zu Klimno unter **www.klimno.net.**
● Kulinarisch empfehlen sich in Klimno das **Fischrestaurant Žal,** Klimno 44, Tel. 051-853242, sowie die **Konoba Oleander,** Klimno 36, Tel. 051-853144, tgl. 9–24 Uhr, Febr. geschl., für Schinken und Käse, Muscheln, Scampi und Fleischgerichte auf Bestellung.

Soline

Heil-schlamm

Weniger der nächste Weiler der Soline-Bucht, als vielmehr das Treiben unmittelbar **außerhalb Richtung Čisici** ist mehr als nur einen Blick wert. Die Bucht ist hier extrem flach und am Buchtende von mineralsalzhaltigem Heilschlamm geprägt. Ein langer Betonsteg ragt hier ins Meer hinein, beidseitig sind **vulkantrichterähnliche Bodenvertiefungen** auszumachen. Und in diesen Trichtern befindet sich der zähflüssige Schlamm, in dem sich Männer, Frauen und Kinder im echten Wortsinne wälzen und anschwärzen – ein Erlebnis für Jung und Alt. Diese Gruben sind nur hüfttief und ungefährlich; selbstredend sollte man Kinder im Auge behalten.

Insel Krk

Čisici

Allge-
meines

Das Dörfchen Čisici am **Nordwestrand der Soline-Bucht** findet – wenn überhaupt – Eingang in
die Reiseliteratur durch den Hinweis auf die einige
Kilometer außerhalb gelegenen Tropfsteinhöhle
(s.u.). Ein Touristenmagnet wird die 250-Seelenge-
meinde wohl mittelfristig nicht werden, immerhin
aber findet der Durchreisende mehrere Bademöglichkeiten, die Tamaris Pizzeria & Apartments am
Ortsrand landseitig, die Snackbar Café Porto
Fango sowie einen Zeitschriftenkiosk am Ufer.

kb072 Foto: wl

kb073 Foto: wf

Špilja Biserujka

Folgt man der Uferstraße und hinter dem Ortsausgang von Čisici an einer Abzweigung der Beschilderung „Biserujka", endet der Weg an der sehenswerten **Tropfsteinhöhle Rudine.** Die Höhle ist zwar nicht besonders groß, dafür hält sich der Andrang in Grenzen und man kann die „Reise zum Mittelpunkt der Erde" einmal genießen!

● **Tropfsteinhöhle Biserujka-Rudine:** April, Mai und Okt. 10–15 Uhr, Juni 9–17 Uhr, Juli und August 9–18 Uhr, Sept. 9–17 Uhr geöffnet, Nov. bis März geschlossen, Tel. 051-852203, Eintritt 25 Kn, Kinder 6–12 Jahre 15 Kn.

Von der Uferstraße aus (von der Höhle kommend rechts halten) windet sich das Nebensträßchen durch ein karges, wenig bewachsenes Gebiet bis zur Haupt-Inselstraße bei Omišalj.

Insel Krk

Ein Badespaß der gesunden Art – Schlammbaden bei Soline

kb023 Foto: wl

Die Riviera von Crikvenica

Crikvenica ⤴B1

Zwischen der kleinen Landzunge Kačjak und Selce bietet die Kvarner Bucht ein etwa zehn Kilometer langes, zusammenhängendes Ferienzentrum mit rund 12.000 Einwohnern und den Orten Dramalj und Crikvenica als Zentrum. Ausgezeichnete Wasserqualität, ein riesiges Angebot an Unterkünften und Freizeitmöglichkeiten und vernünftige Preise machen die Riviera von Crikvenica zu einem sehr beliebten Urlaubsziel. Vor Ort hat man die Wahl, in den eher auf Sommerurlauber spezia-

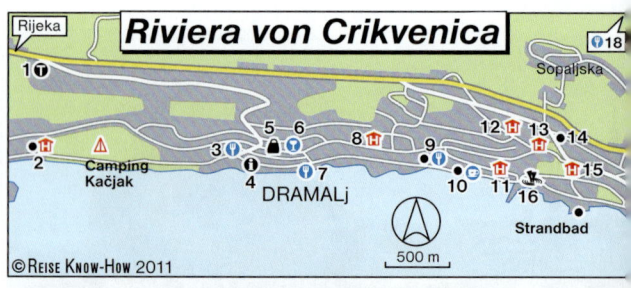

lisierten Campingarealen Selce oder Dramalj/Kač-
jak unterzukommen oder aber zentral in Crikvenica mit allen Annehmlichkeiten einer Kleinstadt.

Der Ort war schon den römischen Legionären
als Station Ad Turres bekannt, wurde unter den
Frankopanen erweitert (Paulinerkloster, heute Hotel Kaštel) und unter den Habsburgern zum **Kur-
und Badeort.** Das mediterrane Klima mit – laut
Tourismusprospekt – über 2500 Sonnenstunden
im Jahr sowie die reine und klare Luft sind Balsam
für die Atemorgane, aber auch Rheumatismus und
Allergien können in Crikvenica kuriert werden.

Bild auf den
Seiten zuvor:
Crikvenica –
einer der be-
liebtesten
Badeorte auf
dem Kvarner
Festland

⊖	1	Tankstelle	♥	17	Fischrest. Moslavina
●🏠	2	Sportzentrum Kačjak	♥	18	Konoba Griškinja
♥	3	Domino Grill	🏠	19	Hotel Varaždin
❶	4	TI Dramalj	⚲	20	Pfarrkirche
🔒	5	Konzum-Supermarkt	⊠	21	Post
		Dramalj	●	22	Erste Hilfe
♥	6	Brauereiausschank	🏠	23	Hotel Selce
		Crikvenica	🔒	24	Made in Croatia
♥	7	Bistro Aries	🏠	25	Hotel Crikvenica
🏠	8	Hotel Omorika	○	26	Café Nik und
♥	9	Pizzeria Galija,	♥		Rest. Luka
		Minigolf	❶⑤	27	TI, Geldautomat
●			🏠	28	Hotel International,
○	10	Rony's Café,	⊠		Post
		Wassersport	Ⓑ	29	Busbahnhof
🏠	11	Hotel Esplanade	🖼	30	Aquarium Crikvenica
🏠	12	Hotel Ad Turres	⚲	31	Sv Antun
🏠	13	Pension Klaudija	🔒	32	Markt und Konzum-
●	14	Kurhaus, Thalasso-			Supermarkt
		Therapie	🔒	33	Plodine-Supermarkt
🏠	15	Hotel Falkensteiner-	🏠	34	Hotel Kaštel
		Therapia			
⚓	16	Dive City			

Die Riviera von Crikvenica

Sehenswertes

Uferpro-menade & Aquarium

Das Sightseeing beschränkt sich auf ausgedehnte **Spaziergänge** entlang der weitläufigen Uferpromenade (mehrere Bademöglichkeiten und ein Strandbad) sowie einen Besuch des kleinen Aquariums. In 24 Wasserbecken sind hier Flora und Fauna aus dem Mittelmeer und aus tropischen Gewässern zu sehen.

●**Aquarium:** Ul. Vinodolska 8, in der Nähe des Busbahnhofs, Tel. 051-241006. Geöffnet tgl. 9–18 Uhr, im Sommer bis 22 Uhr.

Trg Radića

Wer am Ufer entlang flaniert, wird am Trg Radića in der **Grünanlage** auch die **Büste des Stjepan Radić** entdecken; er ziert nicht nur die 200-Kuna-Banknote, nach ihm sind auch in vielen kroatischen Orten wichtige Plätze oder Straßen benannt. *Stjepan Radić* (1871–1928) war Gründer und Vorsitzender der kroatischen Bauernpartei HSS und verfolgte die Idee einer unabhängigen Bauernrepublik Kroatien, weshalb er im National-

rat 1918 als einziger gegen die Bildung eines Königreiches Jugoslawien stimmte. Bei späteren Wahlen errang er mit der HSS in einigen Regionen (insbesondere im bäuerlichen Slawonien) teilweise die absolute Mehrheit und verstand sich als kroatisch-nationalistischer Gegenpol zur Zentralregierung in Belgrad. Er wurde von einem montenegrinischen Extremisten während einer Parlamentssitzung im Juni 1928 angeschossen und erlag fünf Wochen später seinen Verletzungen.

Transport und Verkehr

Busse

Vom Busbahnhof (Kartenschalter 6.30–19.30 Uhr, Sa/So 8–14.30 Uhr für den Kartenvorverkauf) am Trg Radića bestehen ganzjährig **gute Verbindungen** 9 bis 14 x tgl. tagsüber nach Rijeka, 12–14 x tgl. nach Novi Vinodolski, 7 x tgl. nach Split (davon 2 bis Dubrovnik), 4 x tgl. nach Zagreb, 3 x tgl. nach Pula sowie je zwei Direktbusse bis Rab (7.20 und 14.40 Uhr) und Pag (11.10 und 14.45 Uhr; nur im Sommer!).

Strandbahn

Eine Touristenbahn verkehrt **zwischen Zentrum und Kajčak** (Nord) sowie **Zentrum und Selce** (Süd) jeweils tgl. 9–22.30 Uhr etwa alle 30 Minuten für 15 Kn.

Mit dem Auto

Selbstfahrer haben es schwer: Nur selten sind die Straßen ausgeschildert, viele haben keinen Namen. Die lange Uferpromenade (Einbahnstraße!) dient im Abschnitt Dramalj auch als kostenloser Parkplatz. Die **Küstenstraße** liegt nur 300 Meter Luftlinie vom Meer entfernt, aber weit oberhalb des Ufers, sodass sich die Straßen und Gassen steil die Hänge hinaufschlängeln. Die Privatzimmer und Ferienwohnungen liegen beidseitig der

Die Riviera von Crikvenica

Hauptstraße. Man frage die jeweiligen Vermieter nach dem kürzesten Fußweg zur Promenade, da sich die Hauptstraßen fast endlos hinziehen; es gibt aber für Fußgänger etliche Schleichwege. Tagesbesucher parken am besten auf dem (gebührenpflichtigen) **Großparkplatz** beim Busbahnhof um die Ecke von der Touristeninformation (5 Kn/Stunde).

Touristische Infrastruktur

Infos

●**Touristeninformation Crikvenica,** Trg. S. Radića 1, Tel. 051-241051, Fax 241867. Hier auch Vermittlung von Unterkunft, Ausflügen usw. Geöffnet im Sommer tgl. 8–21 Uhr, sonst Mo bis Fr 8–15 Uhr und Sa/So 8–13 Uhr, offizielle Webseiten: www.tzg-crikvenice.hr und www.crikvenica.hr (Stadt). Eine elektronische Informationssäule befindet sich vor der TI sowie am Busbahnhof.
●**Touristeninformation Dramalj,** Ulica Gajevo Šetalište 48, Tel./Fax 051-786363. Geöffnet Mo bis Sa 8–20 Uhr und So 8–14 Uhr.
●**Touristeninformation Selce,** an der Promenade, Tel./Fax 051-782127. Der Sektor Selce wird auch auf den Internet-Seiten www.selce24.com und www.tzselce.hr gesondert vorgestellt.

kb082 Foto: wf

kb081 Foto: w

Agenturen

Zahlreiche Agenturen in der Stadt haben **Unterkunftsver-mittlung, Geldwechsel, Touren** usw. im Angebot, u.a.:

● **Autotrans,** Tel. 051-243800, www.autotrans.hr, direkt am Busbahnhof, betreibt das Busnetz und arrangiert Unterkünfte, Ausflüge usw.
● **AK-Tours,** Kralja Tomislava, Tel. 051-785060, Fax 784321, www.ak-tours.hr.
● **Crikvenica Tourist,** Trg Radića 1, Tel. 051-241516, Fax 241249, www.crikvenica-tourist.net; direkt bei der TI.
● Günstig zentral gelegen bietet **Klek-Tours,** Brozičević, vor dem Markt, Ausflüge, Unterkünfte und Geldwechsel.

Die Riviera von Crikvenica

Die Promenade wurde üppig begrünt

Kiesstrand-Abschnitte von Crikvenica-Dramalj

Unterkunft

Das Angebot ist überwältigend; vom Luxushotel bis zum Privatzimmer wird alles geboten. Man kann sich vor Ort entweder an eine der Agenturen oder die TI wenden, auch die folgenden Internetseiten kann man gut für die Vorabsuche einer Ferienwohnung heranziehen: www.selce24.com, www.selce. kroatische.de, www.tzg-crikvenica.hr.

Im Zentrum:

● Das €€**Hotel International,** Ulica Skomerže 1, Tel. 051-241324, Fax 241681, schont bei Preisen ab 48/DZ den Geldbeutel und liegt absolut zentral neben Post und TI beim Hafenbecken.

● Wenige Meter entfernt und damit gleichfalls zentral und ufernah empfiehlt sich das etwas stilvollere €€**Hotel Crikvenica,** Strossmeyerovo Šetalište 8, Tel. 051-241199, Fax 241129, www.hotelcrikvenica.com, das schon seit über 120 Jahren über alle Höhen und Tiefen hinweg Gäste aus aller Welt beherbergt. Rund 80 DZ, nach Möglichkeit sollte man eines zur Seeseite hin buchen. DZ inkl. Frühstück saisonabhängig zwischen 40 und 90 Euro. Auch einige Apartments ab 60 Euro sind zu haben.

● Am Schnittpunkt der Straßen Dr. Sobol/K. Tomislava liegt etwa mittig zwischen dem Zentrum und Dramalj die €**Pension Klaudija** für sehr günstige 18 Euro/Person im DZ inkl. Frühstück, auch Vollpension ist mit 35 Euro nicht überteuert. Und dabei verfügen alle Zimmer über einen meerseitigen Balkon. Julija Klovica 2, Tel. 051-785175, www.pension-klaudija.com.

● Außerhalb der Hauptsaison (da ist es zu teuer!) empfiehlt sich auch das €€**Hotel Falkensteiner-Therapia,** Br. Buchoffer, Tel. 051-209700, Fax 785072, www.therapia.falkensteiner.com, DZ ab 395 Kn.

● Erwähnenswert ist auch das einfache €€**Hotel Ad Turres,** K. Tomislava 111, Tel. 051-785003, Fax 785079, das sich bis zur Magistrale erstreckt und schon ab 370 Kn schöne Unterkunft bietet.

● Schließlich sei das schon optisch sehr auffällige €€€€**Kaštel,** Frankopanska 22, Tel. 051-241044, am Ostrand des Zentrums direkt uferseitig hinter dem Flüsschen genannt. 1988 wurde das festungsähnliche ehemalige Kloster in ein Luxushotel umgewandelt.

Alle genannten Häuser sind im Internet unter www.jadran-crikvenica.hr buchbar.

Außerhalb des unmittelbaren Zentrums:

● Die angenehmsten Hotelunterkünfte der mittleren bis gehobenen Kategorie in Dramalj sind das €€€**Hotel Esplanade,** Strossmeyerovo Šetalište 52, Tel. 051-785006, Fax 785090, und das €€€**Hotel Omorika,** Muževica 35, Tel. 051-785023, Fax 785015; recht preiswert sind hier die sogenannten *Paviljoni* (Bungalowzimmer) für rund 350 Kn.

●Im Sektor Kačjak vermietet das Sport- und Erholungszentrum €€**Kačjak,** Tel. 051-786444, Fax 786262, DZ und günstige Apartments (45–70 Euro) – bei Familien sehr beliebt.

●Im Bereich Selce bietet das €€€**Hotel Varaždin,** Tel. 051-764032, Fax 764091, angenehmen Luxus. Relativ schlicht wirkt dagegen das €€€**Hotel Selce,** Tel./Fax 051-765465, Fax 765464, info@hotel-selce.com.

Auch diese Unterkünfte sind im Internet unter www.jadran-crikvenica.hr abrufbar.

Camping

●€€**AC Kačjak,** Tel. 051-786250, Fax 786262, www.jadran-crikvenica.hr. Geöffnet Anfang Mai bis Ende Sept., klein und ruhig.

●€€**AC Selce,** Tel. 051-764038, Fax 764066, www.jadran-crikvenica.hr, 3 km südlich des Busbahnhofs. Geöffnet Anfang April bis Ende Okt. – die zweite Wahl!

●In der Nähe (gut beschildert) liegt das €€€**AC Uvala Slana,** Tel. 051-764246, Fax 764042, www.club-adriatic.hr. Schöne Lage, geöffnet 1.6. bis 5.10.

Die Riviera von Crikvenica

Der Altstadtkern mit dem Hotel International

Essen & Trinken

Kleinigkeiten und Snacks:

- Für einen Happen zwischendurch bietet sich das **Bistro Pizza-Cut** (mit Internetcafé) in der Strossmeyerovo Šetalište 28 neben dem *Hotel Crikvenica* an. Geöffnet tgl. 10–24 Uhr.
- An der Uferpromenade findet man mehrere **Bäckereien** (z.B. Sv Jelena, Strossmeyerovo Šetalište 34), ebenso am Marktplatz.
- Am Marktplatz selbst kann man **Burek** (kleine Seitengasse Richtung Bach, beschildert) und Grillhähnchen im **Bistro Tržnica** genießen (ganzes Brathuhn, Sardellen, Čevapi).
- Ausgesprochen gute Speisen serviert das sehr preiswerte **Bistro Aries** an der Promenade mit kleiner Fischplatte für 50 Kn oder frischen Tintenfischringen für 38 Kn. Imbissatmosphäre, aber gut!

Restaurants:

- Besonders nett sind die Cafés an der palmengesäumten Promenade im Zentrum von Crikvenica, u.a. **Café Nik** und **Café/Restaurant Luka,** Trg S. Radića 11, Tel. 051-243301, geöffnet tgl. 10–24 Uhr; hier kann man von der Terrasse im OG sehr schön den Hafenbereich überblicken.
- Gute und günstige Pizzen backt die **Galija-Pizzeria** gegenüber der kleinen Marina, außerdem kann man hier auch gut frühstücken. Gajevo 1, Tel. 051-784710, geöffnet tgl. 7–2 Uhr.
- Auch die **Brasserie Filumena,** Strossmeyerovo Šetalište 42, Tel. 051-241785, serviert Pizzen (ab 40 Kn), gebackene Tintenfischringe (55 Kn) und andere kleine Gerichte im einfachen bis mittleren Preissegment.
- Der Tipp schlechthin im mittleren Preissegment ist die ausgesprochen nette **Lokalbrauerei Beer Pub/Pivovara Crikvenica** nahe dem *Hotel Riviera/*Dramalj, M. Muzevica 88, Tel. 051-7886888.
- Wer es eher nobel mag, diniert im **Domino Grill** (Grillspezialitäten) in Dramalj, nahe Konzum-Supermarkt, Braće Car 23, Tel. 051-786472, tgl. 10–24 Uhr, oder im exquisiten **Fischrestaurant Moslavina,** Braće Sobol 13, Tel. 051-785186, tgl. 12–24 Uhr.
- Schließlich noch ein Tipp ein gutes Stück außerhalb für Selbstfahrer: Die Vinodolska (unter der Brücke) nach Norden hinauf erreicht man die Inlands-Nebenstraße bei Bribir; hier links bis Blaškovići, dort wieder links (Karlići) zur **Konoba Griškinja,** Koštelj 88, Tel. 051-240049. Sehr schön restauriertes, uriges Landgasthaus mit deftiger Küche und angenehmer traditioneller Livemusik Fr und Sa ab 20 Uhr (Reservierung empfehlenswert).

**Unter-
haltung**

●In der Hauptsaison fahren Pkws die Promenade entlang und verkünden per Lautsprecher, wann und wo diverse **Abendaktivitäten** stattfinden (Turniere, Misswahl o.Ä.).

●An der Promenade nahe dem Busbahnhof zeigt das **Kino Jadran** oft englischsprachige Filme mit Untertiteln.

●Zwischen der kleinen Marina und dem umzäunten Strand liegt landseitig eine **Minigolfanlage mit Billard-Café.** Nebenan werden Mopeds (Scooter) und Fahrräder verliehen.

●Auf Höhe der TI befindet sich am Ufer vor dem Hafenbecken im Sommer ein kleiner **Kinderpark** mit Hüpfburg, Mini-Quad usw. Eintritt 10 Kn.

●Mit vielerlei Spielgeräten locken das große **Automatenkasino** am Trg Radića sowie das **Bistro Mandy** (am Marktplatz) mit angeschlossener Spielhalle.

Einkaufen

●Ein **Bäckereiwagen** fährt zu unregelmäßigen Zeiten durch den Ort; ein Standort ist nahe dem Supermarkt von Dramalj.

●Im Zentrum von Crikvenica befindet sich der große **Frischwarenmarkt** landseitig der TI, Zidarska/Ecke Vinodolska, mit Metzgerei (Mo bis Fr 7–20 Uhr, Sa 7–14 Uhr, So 7–11 Uhr), Ribarnica (Fischgeschäft, 7–12.30 Uhr, So bis 11.30 Uhr), Bäckereien, Obst- u. Gemüseständen usw.

●Auf dem Marktgelände liegt auch ein **Konzum-Supermarkt** (ebenso am Hang oberhalb der TI Dramalj und in der Strossmeyerovo am Hafenbecken); geöffnet tgl. 7–21 Uhr, So bis 13 Uhr. Ein Stück weiter (Fußgängerweg über

kb022 Foto: wf

Die Riviera von Crikvenica

den Bach) folgt ein großer **Plodine-Supermarkt** (gleiche Öffnungszeiten; hier kann man prima umsonst parken!).

● Ein Stückchen versetzt vom Markt (unterhalb der Riesenbrücke) liegen mehrere größere **Geschäfte** (Supermarkt, Baumarkt usw.).

● **Made in Croatia,** Strossmeyerovo Šetalište 38. Souvenirs, teilweise kitschig, aber auch manche interessante Mitbringsel sind darunter wie eingelegte Honigerzeugnisse, Schnäpse, Trachtenpuppen usw. Geöffnet im Sommer tgl. 9–23 Uhr, sonst tgl. außer So 9–13 und 16–19 Uhr.

Aktivitäten

Gesundheitszentren:

● Als traditioneller Kurort bietet Crikvenica im Bereich Dramalj ein echtes **Kurhaus** (Thalassotherapie) zur Behandlung von Atemwegserkrankungen. Informationen in den Agenturen oder im Kurhaus unter Tel. 051-241433.

● Im Bereich Selce können die Dienste des **Gesundheitszentrums Terme Selce,** Ribara 8, Tel./Fax 051-764055, in Anspruch genommen werden.

Wassersport:

Rund um Rony's Café ist das Zentrum für wassersportliche Aktivitäten (Bootsverleih, Wasserski usw.); an einigen Strandabschnitten ist Beach-Volleyball möglich. Über ein umfangreiches Sportangebot verfügt u.a. das **Zentrum Kačjak** (ursprünglich ein Sporthotel/Trainingslager), aber auch alle **Hotelanlagen** und Campingplätze bieten Bootsverleih und Surfen, teilweise auch Tennis- und Segelkurse.

Strand:

Schwimmen ist **an allen Strandabschnitten** möglich, wobei nördlich der kleinen Marina zahllose Felsabschnitte locken. Südlich davon liegt zunächst der (kostenlose) **Plaža Balustrada** mit kleinem Spielplatz und sehr hübscher Bepflanzung, dann folgt ein umzäunter und flacher Strandabschnitt, der 15 Kn Eintritt kostet (Kinder 3 bis 14 Jahre 8 Kn). Die einsamsten Stellen findet man auf dem Weg nach Kačjak hinter der Touristeninfo Dramalj.

Ufer-Spaziergänge:

Ausgedehnte Spaziergänge ohne Schwierigkeitsgrade sind entlang der zentralen Uferpromenade möglich oder z.B. auf den sehr beliebten Routen Hotel Kaštel – Bucht Slana (1 Stunde, mit Info-Punkten) oder Hotel Omorika – Halbinsel Kačjak (ebenfalls 1 Stunde).

Sonstiges:

● **Bootsausflüge** (u.a. Rab, Krk, Disco-Party) werden direkt am Hafenbecken angeboten; Infotel. 051-785085. **Bootstaxis** (z.B. von/nach Dramalj oder Selce) können unter Tel. 098-323380 geordert werden.

●**Bustouren** organisieren die oben genannten Agenturen; Preisbeispiele für diverse Landausflüge: Postojna-Höhlen/Slowenien 320 Kn, Rijeka und Opatija 200 Kn, Istrien-Rundfahrt inkl. Mittagessen 380 Kn, Plitwitzer Seen 300 Kn, Venedig 650 Kn usw.

●**Tauchen: Dive City,** Buchoffer 18, Tel. 051-784174, www.divecity.net. Vermitteln auch Ferienwohnungen.

Sonstiges

●**Ambulanz:** Strossmeyerovo Šetalište, Tel. 051-241111.

●**Apotheke:** am Markt sowie am Trg Radića.

●**Polizei:** oberhalb Trg S. Radića, Tel. 051-439010.

●**Bank/Geldautomat:** u.a. Riječka Banka, an der Promenade (nahe Trg Radića), 7.30–13.30 und 15–20.30 Uhr; Bankomat außerdem direkt vor der TI.

●**Post:** Trg Radića, beim Hotel International; geöffnet Mo bis Sa 7–20 Uhr, So 7–14 Uhr.

●**Marina:** Abwicklung über die Touristeninformation, Trg Radića, Tel. 051-241867.

●**Hafenmeisterei:** Trg Nikole Cara 1, Tel. 051-241029.

●**Tankstelle:** große 24-Stunden-Tankstelle an der Küstenstraße.

●**Fahrzeugverleih: Crikvenica Tourist,** Trg S. Radića 1 c, Tel. 051-241249, www.crikvenica-tourist.net; ein reiner Scooterverleiher liegt direkt am Markt (Rent-a-Scooter, ab 300 Kn/Tag, Tel. 051-242985).

●**Internetcafé:** Am zentralsten liegen das **Café Balustrada,** Strossmeyerovo Šetalište 21, Tel. 098-358889, und das **Bistro Pizza-Cut** (mit Internetcafé) in der Strossmeyerovo Šetalište 28 neben dem *Hotel Crikvenica;* **Internet-Club** am Busbahnhof.

Novi Vinodolski ⤢ C1

Weinbau und Tourismus

Der Begriff „Vinodolski" bedeutet Weintal und bezieht sich auf die Weinbaugebiete, die sich von Novi Vinodolski entlang der Orte Bribir und Grižane bis nach Crikvenica und Kraljevica hinziehen. 1288 errichteten Frankopanenfürsten ein Kastell in der Oberstadt und nannten die Siedlung „Novi" (neu), erst seit 1953 trägt der Ort seinen heutigen Namen. Er gliedert sich in die alte, hübsche **Oberstadt am Hang** (Stari Grad mit Fußgängerzone), die **touristische Unterstadt** entlang der Küstenstraße und die reinen **Feriensiedlungen Zagori und Povile.** Der Ort wirkt insgesamt sehr

Die Riviera von Crikvenica

anziehend, wozu die alleeartigen Sträßchen ebenso beitragen wie das Flair einer mittelalterlichen Stadt. Auch muss man anerkennen, dass die Verantwortlichen in den letzten Jahren den Innenbereich kräftig saniert haben, was sowohl den alten Ortskern als auch die Zentralplätze und die kleine Flanier- und Einkaufsmeile Korzo Hrvatskih Branitelja betrifft. Nicht zuletzt deshalb gilt Novi Vinodolski auch als der beliebteste Ferienort des Kvarner Landes südlich von Rijeka – kann die Masse irren? Bademöglichkeiten bestehen entweder (nicht so schön) bei den Plattformen im Hafenbecken, vor allem aber entlang der äußeren Promenade Šetalište Kneža Domagoja.

Sehenswertes

Sv Filip

Alle wichtigen Gebäude in und vor der Altstadt sind mit Hinweistafeln versehen worden. Prunkstück ist die **Pfarrkirche** Sv Filip, die in ihrer jetzigen Form aus dem Jahr 1520 stammt. Die Stuckarbeiten wie auch der Hauptaltar sind Werke der Schweizer Brüder *C.* und *G. Somazzi.* Vom Kirchplatz hat man einen schönen Überblick über Stadt und Bucht.

Kvadrac

Auf dem Hauptplatz Frankopanski Trg unmittelbar an der Altstadt steht ein quadratischer **Turm,** Kvadrac genannt, ein **Überbleibsel der alten frankopanischen Kastell-Anlage** aus dem 13. Jahrhundert. Berühmt sind in diesem Zusammenhang die in Glagolitisch verfassten **„Gesetze von Vinodolski"** (Vinodolski-Kodex) aus dem Jahr 1288, erlassen von den Frankopanenfürsten zur rechtlichen Regelung des Gemeinschaftswesens. Geöffnet ist der Turm von 10–12 und 20–23 Uhr.

Museum

Wenige Meter weiter vermittelt das kleine Museum **mit Galerie (Narodni Muzej Galerija)** einen netten Eindruck von der Region und der Stadtgeschichte.

•**Narodni Muzej:** geöffnet 9–12 und 19–21 Uhr, So 9–12 Uhr; Winter: nur Mo bis Fr 9–12 Uhr, Eintritt 10 Kn, Tel. 051-244266.

Transport und Verkehr

Busse

Die folgenden **ganzjährigen Verbindungen** sind für Touristen evtl. von Interesse: 10 bis 14 x tgl. nach Rijeka, 6–7 x tgl. nach Split (davon 2 bis Dubrovnik), je 3 x tgl. nach Zagreb und nach Pula sowie zwei Direktbusse bis Rab (7.35 und 14.50

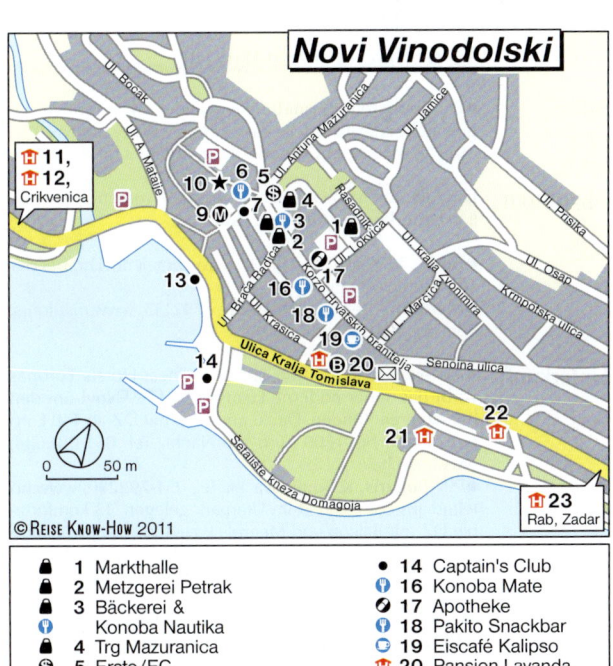

Novi Vinodolski

© REISE KNOW-HOW 2011

0 ____ 50 m

🔲	**1** Markthalle	●	**14** Captain's Club
🔲	**2** Metzgerei Petrak	🔵	**16** Konoba Mate
🔲	**3** Bäckerei &	⊘	**17** Apotheke
🔵	Konoba Nautika	🔵	**18** Pakito Snackbar
🔲	**4** Trg Mazuranica	🔵	**19** Eiscafé Kalipso
Ⓢ	**5** Erste/EC	🏠	**20** Pansion Lavanda,
🔵	**6** Pizzeria Charlie	Ⓑ	Busbahnhof
●	**7** Zentralplatz Frankopanski trg	🏠	**21** Hotel Lišanj
Ⓜ	**9** Museum/Galerie	🏠	**22** Tamaris Hotel
★	**10** Altstadtgassen	🏠	**23** Hotel Ruža
🏠	**11** Hotel Adria		
🏠	**12** Hotel Novi Resort		
●	**13** Bootsverleih		

Die Riviera von Crikvenica

Uhr); der Busbahnhof liegt schräg gegenüber der TI ostseitig der Marina an der Durchfahrtsstraße.

Mit dem Auto

Man findet sich leicht zurecht: Von der Durchgangsstraße führt am Südende der Bucht eine einzige Straße – **Korzo Hrvatskih Branitelja** – hinauf Richtung Altstadt (davor gebührenpflichtiger **Parkplatz**), ansonsten parkt man unten in der Bucht beim Jachthafen (ebenfalls Automat). Am nördlichen Ende der Bucht führt auf der anderen Straßenseite ein Stufenweg hinauf zum Museum und zum Kirchplatz.

Touristische Infrastruktur

Infos

● Die **Touristeninformation** liegt in der Kralja Tomislava 6 gegenüber der Tankstelle an der Hauptstraße, Tel./Fax 051-791171, www.tz-novi-vinodolski.hr; geöffnet tgl. 8–20 Uhr.

Agenturen

Die Agenturen entlang der Hauptstraße vermitteln wie üblich **Unterkünfte, Ausflüge** usw., u.a.:

● **Adria,** Tel./Fax 051-244397, www.hoteli-novi.hr, bei der Touristeninformation.
● **Maritours,** Tel. 051-792134, Fax 792135, www.maritours. com, am Busbahnhof.

Unterkunft

● Als eines der größten Spa & Wellness-Hotels Europas wirbt das supermoderne Luxusresort €€€€€**Novi** um den betuchteren Kunden. Direkt am Meer mit DZ ab 140 Euro und Suiten bis 1600 Euro die Nacht. Tel. 051-006684, www.novi.hr.
● €€€€**Tamaris,** K. Tomislava 14, Tel. 051-792280, www.ho teltamaris.com. Direkt im Uferpark gelegen, 13 komfortable DZ mit Balkon und Meerblick zu 460–730 Kn/Hauptsaison sowie zwei ähnlich ausgestattete Apartments zu 880 Kn/Hauptsaison (2 Pers.). Vom Preis-Leistungsverhältnis her die beste Wahl im Zentrum.
● In der Nähe und ebenfalls schön am Ufer liegt das €€**Hotel Lišanj,** Lišanjska Ulica, Tel. 051-665600, www.lisanj. com. Meerseitige DZ mit Balkon und Halbpension 50–95 Euro, Kinder bis 12 50%, unter 6 Jahren frei – daher eine gute Wahl für preisbewusste Familien. Pool und großzügige Liegeflächen am Ufer, insgesamt etwas betonlastig.

Im modernen Zentrum von Novi Vinodolski

● ^{€€}**Hotel Ruža,** K. Tomislava 28, Tel. 051-791324, Fax 791326, recepcija-hotel.ruza@ri.t-com.hr. Eines der älteren Hotels an der Hauptstraße südwestlich vom Ortskern, DZ kosten rund 55–60 Euro.

● Neu und etwas preiswerter ist die ^{€€}**Pansion Lavanda,** K. Tomislava 31, Tel. 051-792293, www.pansion-lavanda. com, direkt beim Busbahnhof. Ordentliche DZ mit Safe, a/c, Internet usw. ab 39 Euro.

● Wer nicht unmittelbar im Zentrum unterkommen möchte, findet auch in den Vororten Hotelunterkünfte: ^{€€}**Hotel Adria,** Tel. 051-244766, Fax 244530, www.adriabeachhotel.de, am nördlichen Ortsende in der Obala Krešimira; ^{€€}**Hotel Povile,** Tel. 051-793135, Fax 244307, hoteli-novi1 @ri.htnet.hr, ordentliche DZ für 40–60 Euro; ebenso das ^{€€}**Hotel Zagori,** Tel. 051-244122, Fax 244622, hoteli-novi1 @ri.htnet.hr, etwas teurer, hat dafür aber auch angenehme 4er Apartments zu max. 80 Euro. Zagori liegt etwa 3 km außerhalb Richtung Rijeka, Povile 3 km Richtung Zadar. Buchung über die Agenturen, man kann auch direkt an der Rezeption nachfragen.

Camping

● ^{€€}**AC Zagori,** Tel. 051-244644, Fax 244622, ca. 3 km westlich des Zentrums, recht groß, mit Freizeitangeboten.

● [€]**AC Punta Povile,** Tel. 051-793083, Fax 244307, ca. 3 km östlich des Zentrums, gut bewaldet und am Meer, klein, schnuckelig, ohne besondere Angebote.

Die Riviera von Crikvenica

Essen & Trinken

● Die **Snackbar Pakito** gegenüber vom Parkplatz vor der Fußgängerzone bietet Sandwiches und Pizzaschnitten an (10 Kn, nur zum Mitnehmen; Korzo hrvatskih branitelja 42, Tel. 051-245556).

● Für einen Café, kühle Getränke oder auch Eiscreme bieten sich die Cafés in der Fußgängerzone an; wer etwas abseits vom Trubel mit Blick aufs Meer sitzen will: Im **Eiscafé Kalipso,** Korzo H. Branitelja, sitzt man sehr angenehm auf der Terrasse mit schöner Aussicht.

● Am östlichen Altstadtzugang (Stari Grad 1) serviert die **Pizzeria Charlie,** Tel. 051-245987, in einem an den großen Filmpionier *Chaplin* angelehnten Ambiente gute und günstige Pizzen und Snacks.

● Empfehlenswert für urige Atmosphäre und gute Küche ist die **Konoba Mate** am Ende der Fußgängerzone 30 m in die Gasse hinein, Tel. 051-245817, Korzo V. Zakona 36b.

● Einfache Gerichte, auch Fisch, hat die **Konoba Pizzeria Nautika** in der Fußgängerzone zu bieten; Sardellen 25 Kn, Calamari 40 Kn, Pizzen 30–65 Kn, Pasta 35–60 Kn.

● Zur **Konoba Griškinja** in Koštelj siehe bei Crikvenica.

Einkaufen

● Die Zufahrtsstraße zur Altstadt – Korzo Hrvatskih Branitelja – wurde im oberen Bereich bis zum Zentralplatz Frankopanski Trg zur **Fußgängerzone** umgestaltet; hier finden sich zahlreiche Cafés, Supermarkt Konzum, Zeitschriftenhandel, Bäckereien, Fachgeschäfte usw.

● In der großen **Markthalle** werden Fleisch, Geflügel, Obst und Gemüse sowie frischer Fisch verkauft; hier auch mehrere Bäckereien; geöffnet 7–12.30 Uhr, So 8–11 Uhr.

● **Metzgerei Petrak,** Korzo H. Branitelja 9 (Fußgängerzone), geöffnet tgl. 7–13 und 16–20 Uhr, So und Feiertage 7–12 Uhr.

Sonstiges

● **Bootsverleih:** direkt an der Ortspromenade beim Hafen, Tel. 09-7920150, ab etwa 100 Euro/Tag je nach Boot.

● Am Hafenbecken, Obala Branimira, Tel. 051-244039, organisiert der **Captain's Club** Bootsausflüge nach Vrbnik (200 Kn), Baška (180 Kn), Fischpicknick (250 Kn), usw.).

● **Bank/Geldautomat:** Bank die Erste (mit Automat), am Frankopanski Trg; Zagrebačka mit Automat am Trg Mazuranića; Bankautomaten wurden u.a. direkt vor der Post und der TI installiert.

● **Post:** um die Ecke vom Busbahnhof am Ostrand der Korzo H. Branitelja, geöffnet Mo bis Fr 7.30–13 Uhr, Sa 7.30–14 Uhr.

● **Telefonzellen,** Frankopanski Trg (bei der DM-Drogerie).

● **Apotheke,** in der Fußgängerzone, tgl. 7.30–20.30 Uhr, So 8–11 Uhr, Tel. 051-244354; Erste-Hilfe-Station am Busbahnhof.

● **Automatenkasino Admiral's Club,** am Busbahnhof in der K. Tomislava, tgl. 11–2 Uhr.

Senj
♫ C1

**Das
Umland**

Mit Novi Vinodolski endet festlandsseitig die Region Kvarner Bucht; lediglich ein paar Dörfer (u.a. Bunica, Klenovica) mit kleinen Campingplätzen und einigen Straßenlokalen säumen die Route bis Senj. Die **Besiedlung** entlang der Küstenstraße zwischen dem Velebit-Gebirge und den vorgelagerten Inseln Rab und Pag ist **äußerst dünn.** Von Senj führt eine Inlandsroute über den malerischen Vrtnik-Pass hinauf ins Kvarner Hochland (siehe „Rundfahrt durchs Kvarner Hochland").

Die Stadt

Die Stadt Senj war bis ins 15. Jahrhundert in Frankopanenhand, sie durfte sich zu dieser Zeit der berühmtesten glagolitischen Druckerei rühmen. Dann übernahmen die von den Türken zurückgeworfenen **Uškoken,** eine mittelalterliche Seeräuberbande (siehe Glossar), den Ort. Die Uškoken bauten Senj zur Festung aus, bekämpften die Türken, arrangierten sich aber 1540 mit ihnen, um fortan freie Hand für Überfälle auf venezianische Schiffe zu haben. Nach einem Pakt zwischen Österreich und Venedig im 17. Jahrhundert wurden die Uškoken aus ihrem Zentrum Senj vertrieben; die Stadt verlor ihre Bedeutung als Küstenort.

**Uškoken-
burg Nehaj**

Das Ortszentrum bilden die Bucht und der **Pavlinski Trg** mit Cafés und Restaurants. Hinter dem Platz führen beschilderte Fußwege durch das Altstadtzentrum, vorbei am **Gelnica Trg** mit der Büste des Uškokenführers *Nikola Jurisič* (1490–1545), hinauf zur markanten Festung Kula Nehaj, welche weithin sichtbar oberhalb der Stadt thront. Die quadratische Uškoken-Bastion Nehaj wurde 1551–59 errichtet und galt als nahezu uneinnehmbar. Nach umfangreichen Renovierungsarbeiten ist sie zur Besichtigung freigegeben worden. Ausgestellt sind alte Waffen, Rüstungen, Gewänder und Utensilien der Uškoken sowie eine Sammlung glagolitischer Schriften. Besonders wit-

Die Riviera von Crikvenica

zig ist der „Uškoken-Freefall-Tower", ein ganz oben nach außen hin angebautes Türmchen mit einem Sitzplatz mit einem auch von unten sichtbaren Loch – WC-Spülungen gab es damals eben noch nicht!

Gleich hinter dem Zugang zur Festung passiert man das **Uškokenorakel,** ein mit Münzen eingedecktes Wasserbecken; hier soll man über die Schulter eine Münze ins Becken werfen, gelingt es, hat man einen Wunsch frei – mehrmalige Versuche sind ausdrücklich erlaubt.

●**Uškokenburg Nehaj:** geöffnet Mai/Juni, Sept./Okt. 10–18 Uhr, Juli/August 10–21 Uhr; Eintritt 20 Kn, Kinder 10 Kn, Tel. 051-885277.

Herrlicher Blick von der Uškokenburg über Senj

Touristische Infrastruktur

Infos

- **Touristeninformation,** mittig im Zentrum an der Durchfahrtsstraße, Tel. 051-881068, www.tz-senj.hr.
- **Informationszentrum Nationalpark Nordvelebit,** Obala Tudmana 6, Tel. 051-884551, www.velebit.hr.

Camping

- €**Minicamp Škver,** Tel. 053-885266, kamp_skver@yahoo.com, direkt im Zentrum am Ufer.
- €**Camp Ujca,** 3 km außerhalb in südlicher Richtung in Sv Juraj, Tel. 053-884626, www.camp-ujca.com. Hier bietet auch die **Tauchbasis Explorator,** Tel. 053-244431, www.tauchen-explorator-hr.de, ihre Dienste an; sie vermittelt auch Unterkunft. Weitere Plätze sind etwa das **Eurocamp Rača** bei Sv Juraj, Tel. 053-883209, info@sojat.net, oder das Camp **Bunica** des gleichnamigen Dörfchens, Tel. 053-616718, www.urlaub-anbieter.com/batina.htm.

Essen & Trinken

- Für das leibliche Wohl sorgen die ordentliche **Restaurant-Pizzeria Krešimir,** Obala Zvonimira 10, geöffnet tgl. 8–24 Uhr, Tel. 053-885247, am Hafenbecken sowie am Zentralplatz der Altstadt, Frankopanski Trg 2, Tel. 051-884041, das **Restoran Košare** in der mittleren bis gehobenen Preisklasse.

Sonstiges

- **Bank mit Geldautomat, Post und Apotheke** direkt am Hafenbecken links der Hauptstraße.
- Großer **Konzum-Supermarkt** in der N. Suzana (parallel zur Uferstraße; von Norden kommend an der INA-Tankstelle linker Hand links hinein). Eine **Bäckerei** liegt direkt am Ufer nahe der TI in der Zvonimira.

Nationalpark Plitwitzer Seen

Plitvice

Knapp 1½ Fahrtstunden von Senj entfernt (in Senj beschildert) liegen **im Hinterland** der Region Kvarner die bekannten Plitwitzer Seen, die unbedingt einen **Tagesausflug** wert sind. Wer erinnert sich nicht an die malerischen Wasserfälle, von denen der Apachen-Häuptling *Winnetou* seinem weißen Blutsbruder *Old Shatterhand* zuwinkt, um hernach gemeuchelt in die Fluten zu stürzen und die entsetzten Kinder (bisweilen auch die Damenwelt) an den Bildschirmen in einem Tal der Tränen zu hinterlassen? Noch immer ziehen die überwäl-

Die Riviera von Crikvenica

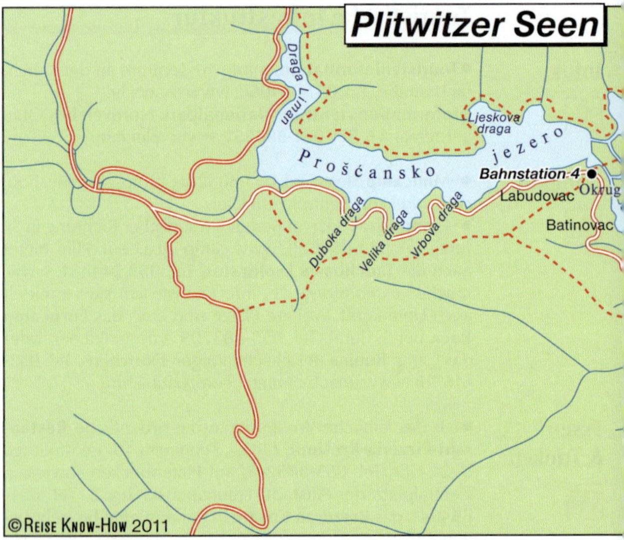

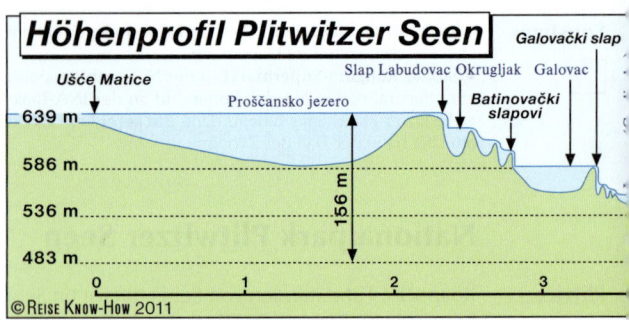

tigenden Kaskaden der Plitwitzer Seen – Drehort etlicher Karl-May-Filme – alljährlich Hunderttausende begeisterter Besucher an, und das ohne große Werbung.

16 Seen   Wasserspiele faszinieren die Menschen seit jeher und erst Recht, wenn sich 16 größere und kleinere Seen ganz natürlich, mal als kleine Kaskade, mal

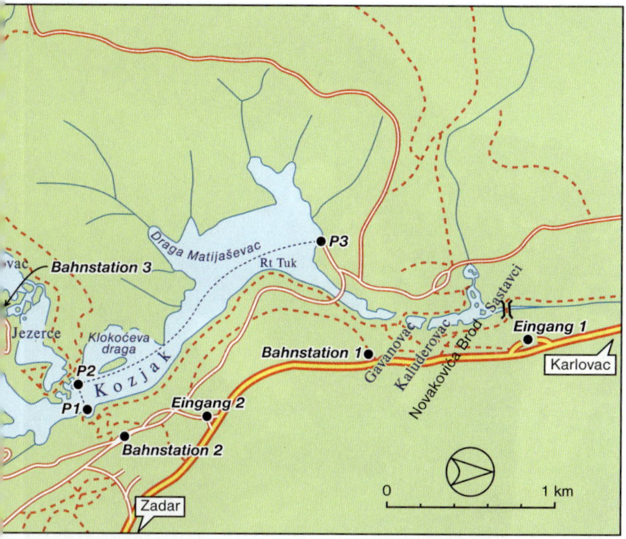

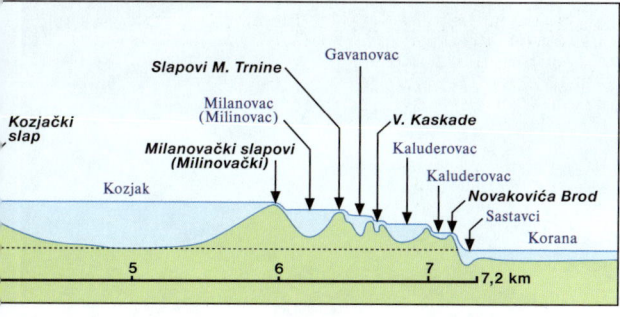

Map labels: Draga Matijaševac, P3, Bahnstation 3, Rt Tuk, ...vač, Jezerce, Klokočeva draga, P2, Gavanovac, Kaluderovac, Sastavci, Eingang 1, Bahnstation 1, Novakovčka Brod, Karlovac, P1, K o z j a k, Eingang 2, Zadar, Bahnstation 2, 0 — 1 km

Profil labels: Slapovi M. Trnine, Gavanovac, Kozjački slap, Milanovac (Milinovac), V. Kaskade, Milanovački slapovi (Milinovački), Kaluderovac, Kaluderovac, Kozjak, Novakovića Brod, Sastavci, Korana, 5, 6, 7, 7,2 km

als hoher Wasserfall, auf einer Gesamtlänge von **7,2 Kilometern** inmitten von sattem Grün ineinander ergießen und dabei insgesamt **156 Höhenmeter** hinabfallen. Die kristallklaren Seen nehmen eine Gesamtfläche von 2,2 km² ein, die Fläche des Nationalparks beträgt insgesamt 295 km² und erstreckt sich um den **Gebirgszug Mala Kapela,** ein Ausläufer der dinarischen Alpen.

139nd Foto: wl

Natürlicher Wandel

Das „Land der fallenden Seen", wie Plitvice oft genannt wird, ist eine Region des permanenten natürlichen Wandels. Die östlichen dinarischen Alpen sind von **Kalkgestein** geprägt, das Wasser durchlässt und allmählich unterirdisch ausgewaschen wird (Tropfsteinhöhlen; siehe auch Exkurs zur Karstlandschaft). Im Raum Plitvice trat das nunmehr extrem kalkhaltige Wasser aus dem Gebirge heraus und floss naturgemäß abwärts. In den entstandenen Bach- und Flussläufen siedelten sich Moose an, die für ihre Vermehrung den Kalk herausfiltern und binden, um im Laufe der Zeit dann selbst zu Kalkgestein zu werden. Daher verändern sich die Bachbette und auch Seen und Wasserfälle fortlaufend.

UNESCO-Naturerbe

Schon 1928 wurde Plitvice per Gesetz zum Nationalpark ernannt, 1949 international anerkannt und 1979 schließlich ins UNESCO-Weltnaturerbe aufgenommen. Nicht zuletzt deshalb konnten im **Bosnien-Krieg** glücklicherweise größere Schäden im Park vermieden werden, obwohl er im damals heftig umkämpften Bihač-Gebiet liegt. Dieses wurde 1991 von Serbien besetzt und 1995 durch Kroatien zurückerobert; erst 1996 erhielt das in Europa einmalige Naturdenkmal seinen würdigen Frieden zurück.

Tierwelt

Nichtsdestotrotz hatte der Bürgerkrieg gewisse nachhaltige (negative) Folgen für das ökologische Gleichgewicht in dieser einzigartigen Primärwaldregion: Die Soldaten erlegten mehr oder weniger das komplette Rotwild, sodass die Tierwelt – insbesondere die Wölfe – noch heute ohne ihr wichtigstes Beutetier leben muss. Neben zahleichen Vogelarten und **Wölfen** und **Rötelmäusen** sind im Park u.a. auch **Braunbären, Luchse, Wildkatzen,**

Die Riviera von Crikvenica

Schwarzwild und **Fischotter** beheimatet. In den Karsthöhlen der dinarischen Alpen lebt ferner endemisch – also nur hier in den dinarischen Alpen von Slowenien bis Bosnien-Herzegowina – der **Grottenolm,** ein als permanente Larvenform in Höhlengewässern lebender blinder Schwanzlurch.

Sehenswertes

Rundtour Die folgende Tour beinhaltet alles Sehenswerte im Park und dauert etwa **einen halben Tag:** Es empfiehlt sich, die Runde am Tor 1 (Richtung Karlovac) zu beginnen, dann hinunter zu den großen Fällen der unteren Seen zu gehen und weiter zur Anlegestelle P 3. Mit dem Boot setzt man über zu P 2 und geht an den oberen Seen entlang bis Labudovac. Von dort (ST 4) fährt man mit der Touristenbahn bis ST 1 nahe dem Parkplatz zurück. Der Hotelbereich liegt bei Haupttor 2 (Touristenbahn ST 2). Der Park ist vorbildhaft sauber, bitte unbedingt darauf achten, dass dies auch so bleibt! Jegliche Art von Wassersport ist strengstens verboten.

●Der Park ist im Hochsommer tgl. **7–20 Uhr geöffnet,** sonst 8–18 Uhr, im Winter 9–16 Uhr. **Eintritt 110 Kn**/Winter 80 Kn, Kinder (7–18 Jahre) 55 Kn/Winter 40 Kn, Kleinkinder frei. Zweitageskarten kosten 180 Kn (Winter 130) bzw. für Kinder 90 Kn (Winter 60). Alle Fahrten (Boote, Touristenbahn) sind im Preis enthalten; gebührenpflichtige Parkplätze liegen an den Haupteingängen 1 und 2 (7 Kn/Std.). Die Tickets sollte man aufbewahren, da routinemäßige Kontrollen vorkommen. Hunde sind nur angeleint zugelassen.

Touristische Infrastruktur

Infos ●Informationen zum Park unter **Nacionalni Park Plitvicka Jezera,** 53231 Plitvicka Jezera, Tel. 053-751015, Fax 751013, www.np-plitvicka-jezera.hr.

Unterkunft ●€€€**AC Korana,** Tel. 0523-751888, Fax 751882. Wer als Zwischenstation in Plitvice übernachten möchte, findet diesen sehr angenehmen Campingplatz ca. 8 km vor Plitvice Richtung Karlovac im Dorf Grabovac.

●Dort liegt auch das preiswerte €-€€**Hotel Grabovac** (Tel. 053-751999, Fax 751892, www.np-plitvice.com) mit DZ ab ca. 30 Euro.

●Im Bereich von Eingang 2 des Parks wurden drei Hotels etabliert, das günstigste ist das €€**Bellevue** (Tel. 053-751700, Fax 751165, www.np-plitvice.com) – mit DZ zu 76 Euro greift man aber schon um einiges tiefer in die Tasche! Die Parkhotels sind generell nur als Notlösung anzusehen.

●**Privatunterkünfte** bieten mittlerweile fast alle Ortschaften zwischen Slunj und Jezerce (nördlich und südlich des Parks) recht preiswert an, vor allem rund um Grabovac. Günstig sind 2er-Mini-Bungalows anmietbar, auch mit Frühstück oder Halbpension, Tel. 053-751888.

Jablanac

Fähre zur Insel Rab

Während die meisten Fährhäfen der Kvarner Bucht praktisch nur aus einem Pier bestehen, darf man Jablanac (75 Einwohner), den Fährort zur Insel Rab, durchaus als **malerisches Dorf** bezeichnen. An einer kleinen Bucht gelegen, hat es immerhin eine Pfarrkirche, zwei Schänken und ein Hotel aufzuweisen (unterhalb Bademöglichkeit). Die Wartezeit kann man mit einem Spaziergang (ausgeschilderter Weg am Ortseingang rechts) zum **Planinarski Dom,** einem schönen Aussichtspunkt, überbrücken.

kb026 Foto: wl

Die Riviera von Crikvenica

kb032 Foto: wl

Insel Rab

Allgemeines

Mondäne Insel

Die 94 km² große Insel Rab gilt als die mondänste Insel der Kvarner Bucht, zugleich ist sie **am üppigsten begrünt und am dichtesten besiedelt.** Die Stadt Rab verzückt jeden, ob man nun auf kulturhistorischen Spuren wandeln oder einfach das erfrischende Seebad mit städtischem Flair genießen möchte. Ein kleiner Nachteil ist, dass es auf Rab weniger Bademöglichkeiten als auf anderen Inseln zu geben scheint: Die zum Festland gelegene Ostseite ist steil und unzugänglich, auf der Westseite sind viele Abschnitte entlang der Hauptstraßen in Privatbesitz und umzäunt. Nichtsdestotrotz gibt es natürlich auch auf Rab einige großartige und vielseitige Strandbereiche mit Zentrum rund um Lopar, wenn auch teilweise etwas versteckt.

Geschichte

In vorgeschichtlicher Zeit von illyrischen Liburnern bewohnt (illyrisch *arb* = „grün, bewaldet"), wurde die Insel als **Arba** 155 v. Chr. römische Kolonie. Unter Kaiser *Augustus* erfolgte der Ausbau der Hauptstadt mit Wehrtürmen, Stadtmauer und Hafen. Mit der Völkerwanderung zunächst byzantinisch, stand Arba vom 9. bis 15. Jahrhundert unter kroatischer, von 1409 bis 1797 unter venezianischer, bis 1918 unter österreichischer und bis 1943/45 unter italienisch-deutscher Herrschaft. Anfang des 20. Jahrhunderts setzte eine touristische Entwicklung ein, die heute das Rückgrat der lokalen Wirtschaft bildet. Es heißt übrigens, der **erste FKK-Strand Jugoslawiens** sei auf Rab entstanden. Angeblich soll *Edward VIII.,* später König von England, 1934 um die Genehmigung des hüllenlosen Badevergnügens für seine Frau *Wallis* ersucht haben.

Bild auf den Seiten zuvor: In der Bucht am Aussichtspunkt von Supetarska Draga

Flache Sandbuchten prägen den Nordwesten von Rab

Transport und Verkehr

Fähren

Jablanac – Mišnjak

Die Fähre von Jablanac nach Mišnjak auf Rab (häufigste und schnellste Fährverbindung) legt in der Hauptsaison **von 3.30 bis 23 Uhr permanent** ab (will heißen: Alle vier Fähren werden eingesetzt und fahren ab, wenn sie voll sind); 2 Personen inklusive Pkw zahlen ca. 20 Euro; Infos unter www.rapska-plovidba.hr.

Lopar – Valbiska

„Inselhüpfer" werden die alte Route Lopar – Baška (Krk) vermissen; sie wurde durch die Verbindung Lopar – Valbiska (Krk) ersetzt: **in beide Richtungen 2 x tgl.** (nur im Hochsommer 4 x tgl.) für rund 40 Euro (Pkw plus 2 Pers.), www.splittours.hr.

Sonstige

Neben Personenverbindungen von/nach **Rijeka** und **Novalja/Pag** (Katamaran-Schnellboot, www.jadrolinija.com) besteht von **Rab** aus eine direkte Fährverbindung in die Schwesterstadt **San Marino** auf dem italienischen Festland, www.emiliaromagnalines.it.

kb085 Foto: wl

Insel Rab

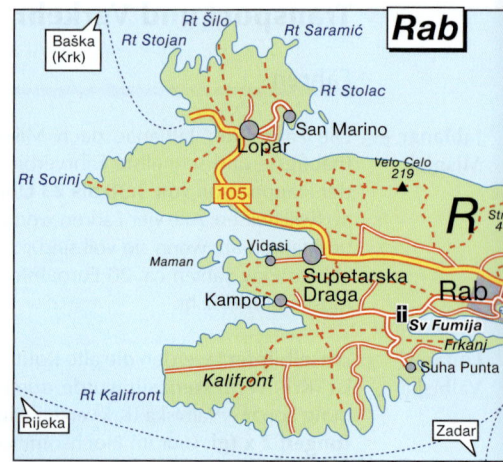

Busse

Rab-Stadt **Dreh- und Angelpunkt für alle lokalen und Langstreckenlinien** ist der Busbahnhof Rab-Stadt an der Durchgangsstraße vor der Altstadt; Infos unter www.rab-croatia.com.

●**Langstreckenbusse** nach Zagreb starten 4 bis 5 x tgl. (5.25 und 6.40 Uhr sowie 2–3 x am Nachmittag), nach Rijeka tgl. 5.25, 13.40 und 15.40 Uhr. Die Agenturen in Rab organisieren auch Direktlimousinen-Service vom/zum Flughafen Rijeka-Krk (4 Personen 100 Euro/einfach) oder im Linienbus (etwa 25 Euro einfach p.P.).

Verbin-
dungen

Die **wichtigsten lokalen Verbindungen** auf der Insel sind:
●**Rab – Lopar:** 4.30, 5.45, 8.30, 10.15, 12.15, 14.15, 14.45 (nur Fr und So), 15.15, 18 und 22.15 Uhr.
●**Lopar – Rab:** 5, 6.10, 9, 10.45, 12.45, 14.45, 15.45, 18.30 und 22.45 Uhr.
●**Rab – Kampor:** 5, 6.15, 6.45, 10.15, 13.40, 15.15 Uhr, vom 1.7. bis 31.8. nur Fr und So: 17.30 und 22.15 Uhr.
●**Kampor – Rab:** 5.20, 6.30, 7, 10.30, 13.55, 15.30 Uhr, vom 1.7. bis 31.8. nur Fr und So: 17.45 und 22.30 Uhr.
●**Rab – Barbat:** 5.40, 6.30, 6.40, 7.15, 10, 14.15, 14.40 und 15.40 Uhr.
●**Barbat – Rab:** 5.50, 6.40, 7.30, 9.20, 10.15, 11.20, 14.30, 16.50 und 21.55 Uhr.

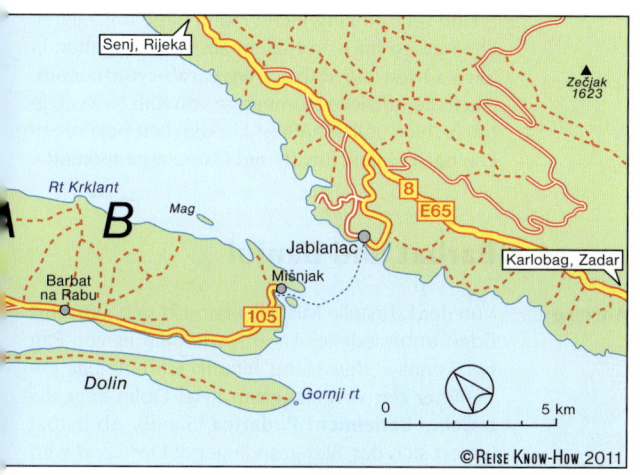

- ●**Rab – Dumici/Supetarska Draga:** 7.15, 10.15, 13.15, 15.15 und 19.30 Uhr.
- ●**Dumici/Supetarska Draga – Rab:** 7.30, 10.30, 13.30, 15.30 und 19.45 Uhr.
- ●**Rab – S. Punta:** 8.45, 12, 13.40, 18.50 Uhr und 22.15 Uhr (nur 1.7. bis 31.8.).
- ●**S. Punta – Rab:** 9, 12.10, 14, 19 Uhr und 22.30 Uhr (nur 1.7. bis 31.8.).

Unterkunft (allgemein)

Yacht-schule Am Katthagen

Speziell auf in Deutschland organisierbare **Boots- und Tauchreisen bzw. Unterkunftsvermittlung** für Rab (preiswert, breites Angebot) hat sich die Yachtschule Am Katthagen spezialisiert: Gittruper Str. 67, 48157 Münster, Tel. 0251-3211212, Fax 3211213, www.yacht-ak.de.

Im Internet

Unter **www.apartmani-hrvatska.com** findet man Angebote für Ferienwohnungen zu Rab; weitere Webseiten sind **www.rabonline.net, www.reisen-nach-rab.de, www.apartmani-rab.net**.

Insel Rab

Eine sehr umfangreiche Homepage mit zahlreichen guten Infos, vor allem aber Unterkünften in allen Orten auf Rab ist **www.rab-croatia.com.** Auch die offizielle Homepage von Rab (www.tzg-rab.hr, hier: „Ortschaften" klicken) hilft bei der Suche nach Hotel-, Privat- und Campingunterkunft.

Barbat und Banjol

Anreise

Von der Fährstelle Mišnjak erstreckt sich zunächst ödes, unbesiedeltes Land – wie man es von Pag her kennt – den Hang hinauf. Unmittelbar gegenüber der vorgelagerten Insel Dolin liegt die beliebte **Badebucht Pudarica** (Sand!). Ab Barbat ändert sich das Bild grundlegend: Das Land wird deutlich grüner, Wein, Mais und Tomaten werden angebaut. Eine ununterbrochene Besiedlung entlang der beiden Hauptstraßen bis Lopar bzw. Kampor wird sichtbar.

kb019 Foto: wl

Mit Rab-Stadt zusammen-gewachsen

Bei Barbat und Banjol, einst eigenständige Dörfer, handelt es sich heute praktisch um eine zusammenhängende Verlängerung der Stadt Rab in Form eines Straßendorfes **entlang der Uferstraße** auf der der Insel Dolin zugewandten Seite. Irgendwelche Ortsgrenzen sind nicht zu erkennen – ab einem bestimmten Punkt (etwa Hausnummer 800) heißt die Uferstraße einfach „Barbat" statt „Banjol".

Die Bademöglichkeiten sind hier eher mäßig (meist befestigte kleine Plattformen und winzige Kiesabschnitte). Viele der Häuser entlang der sehr schmalen Uferstraße bieten Ferienunterkunft an, oder besser: Wer ein Haus in der ersten Reihe besitzt, vermietet mit hoher Wahrscheinlichkeit Zimmer oder Wohnungen. Es sind hauptsächlich **Angler und Bootsbesitzer,** die hier wohnen, um unmittelbar eine Anlegestelle vor der Tür zu haben – und/oder ein wenig Abstand vom üblichen Baderummel.

Touristische Infrastruktur

Essen & Trinken

●Restauranttipp: Von Rab kommend zweigt unmittelbar hinter dem Eko-Centar Natura Rab in Barbat rechts ein Sträßchen ab; dann gleich wieder rechts kommt man zum **Restaurant Bimbo,** Barbat 643, Tel. 051-721176, geöffnet Mitte Mai bis Mitte Okt. 11–14 und 17–24 Uhr. Immer gut gefüllt, keine Laufkundschaft, angenehme Terrasse, super Essen (Fischteller „Bimbo"!) – eines der qualitativ besten Lokale der Insel, dabei aber insgesamt durchaus günstig.

●Etwas näher am Ufer isst man auch gut im **Restaurant Leut,** Barbat 254, Tel. 051-724064, geöffnet März bis Sept. tgl. 11–23 Uhr, geboten wird fangfrischer Fisch, aber auch die Fleischspieße sind ausgezeichnet.

●Das kleine **Bistro-Konoba Puntica** kurz vor dem Ende des Ufersträßchens linker Hand bietet Erfrischungen und Snacks wie Čevapi im Fladenbrot (30 Kn), Hamburger (22 Kn), Thunfischsandwich (28 Kn).

Sonstiges

●An der Hauptstraße (Fährpier – Rab-Stadt) liegt im Bezirk Barbat das markante **Eko-Centar Natura Rab** rechter Hand, Tel. 051-721927, wo man hauptsächlich Liköre, Honig, Früchte, Weine usw. aus ökologischem Anbau erwerben kann; eine Filiale befindet sich in Rab-Stadt am Trg Mu-

Insel Rab

nicipium Arba. Die Homepage www.natura-rab.hr informiert über weitere Details zum beginnenden Öko-Anbau auf Rab.

● **Tauchbasis Mirko,** Barbat 710, Tel./Fax 051-721154, www.mirkodivingcenter.com. Arrangiert werden auch Genehmigungen und Boots-/Tauchexkursionen.

● **Kaštel Cocktail-Bar** und **Internetcafé** kurz vor dem Bootskran von Barbat am Ufer.

● In der Bucht hinter dem Restaurant Leut liegen ein **Minimarkt** sowie ein **Fahrrad-/Scooterverleih.**

● Vielfach werden **Unterkünfte** in Barbat und Banjol (ebenso wie Palit) pauschal als „Rab" angeboten, sie liegen allerdings ziemlich weit außerhalb des eigentlichen Rab (Altstadt); einige Beispiele siehe Rab-Stadt.

Rab-Stadt

Altstadt

Die Altstadt von Rab wird **neben Dubrovnik** oft als **schönste Stadt der kroatischen Küste** bezeichnet. Ihr unverkennbares Wahrzeichen sind die vier in einer Reihe stehenden Kirchtürme. Der Ausgangspunkt für Besichtigungstouren der Altstadt liegt am kleinen Stadtpark auf der Buchtseite, von hier verläuft die Uferpromenade Obala Krešimira IV unterhalb der sich rechts den Hügel hinauf erstreckenden Altstadt. Hier und in der Donja Ulica („Talstraße") liegen etliche Bars, Restaurants und Eisdielen, das Bild der Srednja Ulica („Mittelstraße") wird von Juwelieren und Boutiquen geprägt, während die Gornja Ulica („Bergstraße") den schönsten und kulturell bedeutendsten Teil der Stadt umfasst. Rab-Stadt bietet gleich zwei zentrale Ortsplätze mit „Glanz und Gloria": den Trg Kristofora und den Trg Municipium Arba. Die Altstadt ist überwiegend **für Autos gesperrt,** gebührenpflichtige Parkplätze liegen vor der Altstadt am Hafenbecken (7 Kn/Stunde) beim *Hotel Imperial*.

Orientierung

Lang-gestreckt

Rab-Stadt umfasst im Kern die **Altstadt** und westlich davon den recht zersiedelten Bezirk **Palit** mit Busbahnhof, Einkaufspassage und einigen Unterkünften. Gegenüber der Altstadt liegen die Marina und der sich nach Osten am Ufer entlang erstreckende Bereich **Banjol** u.a. mit dem großen Campingplatz Padova. Banjol geht übergangslos in **Barbat** über – auch hier werden zahllose Unterkünfte angeboten.

Insel Rab

Modernes Herrenhaus in Banjol

Sehenswertes

Trg Sv Kristofora

Es empfiehlt sich für einen allgemeinen Überblick, zunächst vom Trg Sv Kristofora die Treppen zu den gleichnamigen **Ruinen** aus dem 15. Jahrhundert hinaufzugehen – von der kleinen Galerie Vidikovac hat man den typischen Panoramablick mit den vier Türmen. Unmittelbar daneben liegt das **Kristoferus-Museum** (geöffnet 10.30–12.30 und 19.30–21.30 Uhr, So nur abends) mit Lapidarium. Die kleine **Kapelle Sv Antun** neben dem Restaurant am Trg Sv Kristofora wurde von *F. Prazza* im 17. Jahrhundert gestiftet.

Vier Türme

Auf den Grundmauern einer Basilika aus dem 6. Jahrhundert entstand im 11. Jahrhundert die **Johanneskirche (Sv Ivan Evanđelista);** zu sehen sind nur noch einige Säulen und der Turm (man kann jederzeit hinauf – sehr eng, sehr schöne Aussicht). Direkt daneben steht die **Kirche Sv Križ** (Hl. Kreuz, 16. Jh.). Bemerkenswert sind hier einige alte Bodenmosaike, die von einer unbekannten Vorgängerkirche stammen.

Die **Kirche Sv Justina** (16. Jh.) mit einem integrierten Sakralmuseum ist leicht an ihrer kronenähnlichen Kirchturmspitze zu erkennen, während die Türme der anderen Kirchen spitz und kantig sind. Sehenswert ist das zentrale Altarbild „Tod des Josef" aus dem 16. Jahrhundert.

Der dritte Turm steht auf dem Areal der **Kirche** des Benediktinerinnenklosters **Sv Andrija** (11. Jh.), das noch von einigen Nonnen bewohnt ist. Gegenüber der Klosterkirche achte man auf die schweren, mit aufwendigen Ornamenten verzierten Türen der Privathäuser.

Der vierte und hinterste Turm schließlich gehört zur **Kirche Marija Velika** (Große Maria, 1177 von Papst *Alexander III.* geweiht) mit einem sehr hübschen Marienbildnis im linken Flügel. Typisch byzantinisch sind die Säulengänge der Seitenflügel und der baldachinähnliche Hauptaltar. Da die Kir-

kb028 Foto: wl

che erst im 11. Jahrhundert gebaut wurde (lange nach Byzanz), nimmt man an, dass sie einem an gleicher Stelle erbauten älteren Vorbild nachempfunden wurde. Taufbecken und Portal (15. Jh.) stammen vom kroatischen Baumeister *Peter* aus Trogir. Die Relikte des Stadtpatrons, des Hl. Christoph, werden in der Schatzkammer aufbewahrt. Der frei stehende, 26 Meter hohe Campanile (geöffnet 10–13 und 19–22 Uhr, Eintritt 5 Kn) gilt als Paradestück des gesamten Mittelmeerraumes.

Sv Antun Rechts um Sv Marija herum – hier hat man einen schönen Ausblick über die Bucht – gelangt man schließlich zum **Kloster** Sv Antun mit einer kleinen **Kapelle.** Beide Gebäude wurden vermutlich Ende des 15. Jahrhunderts von *Katarina,* der letzten Frankopanenfürstin, aus Furcht vor den auf dem Festland herannahenden Türken errichtet.

Insel Rab

Die berühmten „Vier Türme" von Rab-Stadt

Ufer-promenade

Von der Ulica Gornja führen einige Treppen hinunter zum herrlichen Uferweg (bis zum Eufemija-Kloster) mit guten **Bademöglichkeiten** im kristallklaren Wasser und zum angenehmen **Waldpark Komrčar,** der sich bis zum *Hotel Imperial* erstreckt.

Paläste

Von Sv Antun durch den Klosterpark gehend, durchschreitet man das kleine Seetor zur Uferpromenade. Es folgt der **Trg Municipium Arba,** ein zu römischen Zeiten angelegter, zentraler Stadtplatz. Hier steht das bedeutendste weltliche Bauwerk von Rab-Stadt, der ehemalige Fürstenhof (**Knežev Dvor**) und spätere Rektorenpalast aus dem 13. Jahrhundert, zu erkennen an den venezianischen Löwen, die den Balkon stützen. Weitere für das Stadtbild recht typische Familienpaläste liegen in den Gassen Donja und Srednja.

Transport und Verkehr

Busse

Der Busbahnhof liegt günstig vor der Altstadt an der Durchfahrtsstraße, Anbindung besteht von hier sowohl zu den **wichtigsten Inselorten** als auch auf das **Festland** (u.a. Rijeka, Zagreb; zu Details siehe die Gesamtübersicht am Kapitelanfang). Tickets direkt am Busbahnhof (Autotrans), geöffnet tgl. 5.15–19.15 Uhr.

Touristische Infrastruktur

Infos

●**Touristeninformation Rab,** Škver 6, am Trg Municipium Arba, Tel. 051-771111, Fax 771110, www.tzg-rab.hr, geöffnet Mo bis Sa 8–15 Uhr, im Sommer tgl. 8–22 Uhr, mit Filiale in der Fußgänger-Einkaufszone hinter dem Busbahnhof (8–21 Uhr).

Agenturen

Unterkunftsvermittlung, Ausflüge und Geldwechsel bieten z.B. folgende Agenturen:

●**Atlas Tours,** Trg Municipium Arba und Busbahnhof, Tel. 051-724585, Fax 725028, www.atlas-rab.com.
●**Katurbo,** Dominisa 5, Tel. 051-724495, Fax 777015, www.katurbo.hr.
●**Numero Uno,** Dominisa 5, Tel./Fax 051-724688, www.numero-uno.hr.

Insel Rab

Blick in eine der engen Altstadtgassen in Rab-Stadt

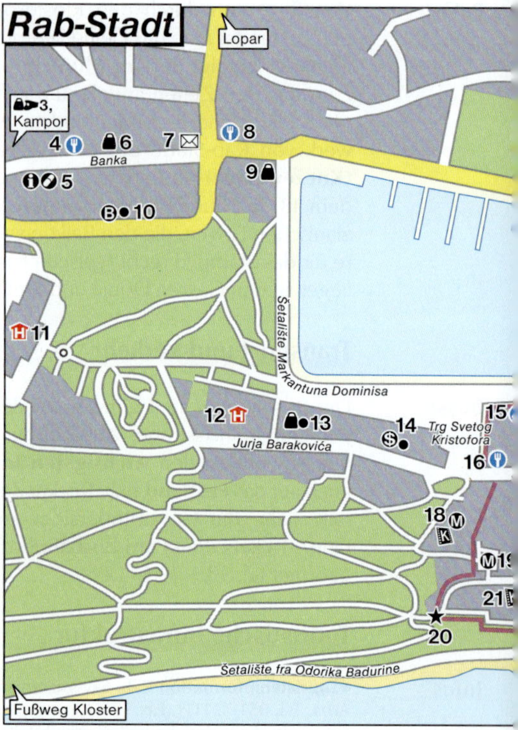

Rab-Stadt

Lopar

3, Kampor

4 6 7 8

Banka

9

5

10

Šetalište Markantuna Dominisa

11

12 13 14 *Trg Svetog Kristofora* 15

Jurja Barakovića 16

18

19

21

20

Šetalište fra Odorika Badurine

Fußweg Kloster

Unterkunft

Hotels:

● Segelfreunde bevorzugen das €€€**Hotel Padova,** Tel. 051-724544, Fax 724418, www.imperial.hr, da es noch in Gehnähe zum Zentrum nahe der Marina liegt. Riesenanlage mit tollem Blick auf die Altstadt.

● Der relativ neue Zweckbau des €€€**Hotel Imperial,** Tel. 051-724522, Fax 724126, www.imperial.hr, liegt gegenüber vom Busbahnhof und wird gerne von Reisegruppen genutzt. Keine schöne Aussicht aus den meisten Zimmern, aber zentral.

● Das ebenfalls zentrale €€€**Hotel Istra,** Tel. 051-724276 und 724134, Fax 724050, www.hotel-istra.hr, gilt zu Recht als ältestes und stilvollstes Hotel von Rab. Sehr schönes gehobenes Ambiente.

● Die vielleicht schönste Lage fast an der Spitze der Altstadt-Landzunge nimmt das €€€€**Hotel Arbiana** ein (Obala Krešimira IV Nr. 12, Tel. 051-775900, www.arbianahotel.

© REISE KNOW-HOW 2011

●	1	ACI-Marina
✚	2	Krankenhaus
⬛	3	Konzum-Supermarkt, Polizei, Fischgeschäft
🔆	4	Rest. Velum
🅸	5	TI, Apotheke
⬛	6	Einkaufspassage Banka
✉	7	Hauptpost
🔆	8	Konoba Amfora
⬛	9	Drogerie DM
Ⓑ	10	Busbahnhof und Atlas Tours
🏨	11	Hotel Imperial
🏨	12	Hotel Istra
⬛	13	Minimarkt und Ag. Katurbo und Numero Uno
Ⓢ●	14	Bank & Agentur Merkur
🔆	15	Disco-Bar Vox
🔆	16	Restaurant Grand
⛪	17	Kapelle Sv Antun
🅺Ⓜ	18	Winterkino/Galerie
Ⓜ	19	Kristoferus-Museum/ Lapidarium
★	20	Stadtturm, Aussichtspunkt
🅺	21	Open-air-Kino (im Sommer)
⛪	22	Sv Ivan & Sv Križ
⛪	23	Sv Justina
🔆	24	Pizzeria San Marco
🔆	25	Konoba Rab
⬛	26	Minimarkt
🔆	27	Rest. Paradiso
@	28	Internetcafé
🔆	29	Rest. Astoria
🏨	30	Hotel Rab
☕	31	Café San Antonio
🔆	32	Club San Antonio
✉●	33	Post und Atlas Tours
●	34	Admiral's Club
⛪	35	Sv Andrija
🏨	36	Hotel Arbiana
⛪	37	Sv Marija
⛪	38	Sv Antun
🏨	39	Hotel Padova

kb030 Foto: wl

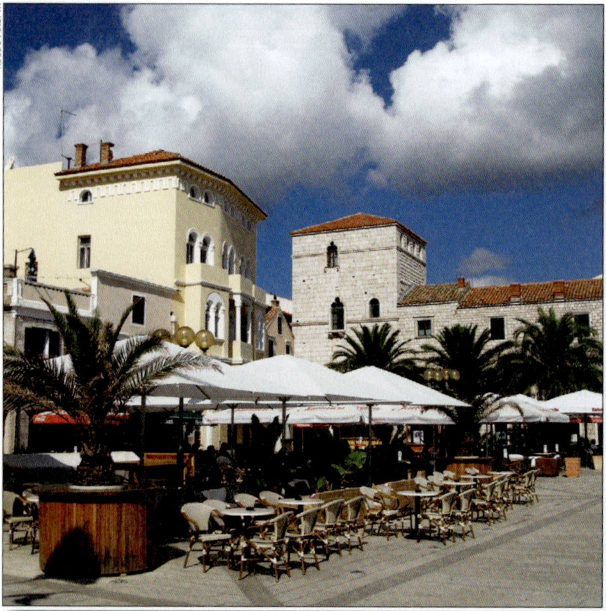

com). 1928 als Exklusivhotel für betuchte Gäste eröffnet, bieten 28 großzügige Wohneinheiten gediegenen Luxus für die Oberklasse (alle Zimmer mit a/c, Internet, Sat-TV, Safe usw.).

● Alternativ empfiehlt sich noch das €€€**Hotel Rab** (ehem. *Ros Maris*), Obala Kresimira 4, Tel. 051-774875, Fax 724876, www.hotelrab.com, ein jüngst umfassend renoviertes gehobenes Mittelklassehotel am Hafen mit Hallenbad, Wellness und komfortablen DZ ab rund 140 Euro.

Gemütliche Cafés säumen den Trg Municipium Arba

Pensionen und Ferienwohnungen:

● Die meisten **Privatunterkünfte** liegen im Ortsteil **Banjol** hinter dem Sportplatz (für Vorabarrangements s.o. die Agenturen und am Anfang des Rab-Kapitels „Unterkunft").

● **Pensionen:** Recht beliebt im Bezirk Banjol ist die €€€**Vila Lučica,** Banjol 737, Tel./Fax 051-721510, hellrotes Haus mit Palme und antiker Brunnenschale davor, mit Apartments und DZ ab 45 Euro. Ein weiterer Anbieter ist die €€€**Villa Petrac,** Banjol 590, Tel. 051-771088, www.villa-petrac.hr, wo schöne 3er Apartments 270 Euro/Woche in der Nebensaison und bis zu 1380 Euro/Woche für max. 8 Personen in der Hauptsaison kosten. Am anderen Ortsrand, im Distrikt Palit, empfiehlt sich die €€**Villa Ana,** Tel. 091-1000059, www.villaana-rab.com, Richtung Kampor kurz vor dem Kloster, wo sehr schöne DZ saisonabhängig 32–45 Euro und Apartments 45–65 Euro/2 Pers. bzw. 55–85 Euro/4 Pers. kosten.

Camping

● €€**AC Padova** *(Padova I bis III),* Tel. 051-724355, Fax 724539, ein gutes Stück außerhalb am kleinen Kap Artić in Banjol gelegen, zu Fuß 45 Minuten bis zur Altstadt. Infos unter www.rab-camping.com. Die Beschilderung in Rab vor dem Supermarkt *Tina* linker Hand beachten.

Essen
& Trinken

Cafés und Snacks:

● **Essensstände rund um den Trg Kristofora** haben oft Fettgebackenes (eine Art Minikrapfen) im Angebot, eine Spezialität auf Rab und Krk.

● **In der Fußgängerzone** hinter dem Busbahnhof findet man mehrere **Cafés, Bäckereien und Snacklokale.**

● Guten Cappuccino serviert das **Café San Antonio** am Trg Municipium Arba mit schönem Blick über den Hafen.

● **Eko Centar Natura Rab,** am Trg Municipium Arba, geöffnet 9.30–13 und 19–22 Uhr, Verkaufsfiliale des Eko Centar Barbat (siehe dort).

Restaurants:

Hier soll nicht verschwiegen werden, dass viele Lokale in Rab-Stadt (nicht alle!) vom **Tagestourismus** leben und viele Reisende daher einen gewissen Qualitätsabfall im Vergleich zu Lokalen in anderen Inselorten bemängeln; außerdem sind die Gaststätten in Rab etwas teurer (Getränke!) als gewohnt. Praktisch alle Restaurants liegen an den beiden Sträßchen Sredna und Donja Ulica, man sollte durchaus einmal beide entlanggehen und sich inspirieren lassen.

Innerhalb der Altstadt:

● Sehr schön und zentral am Trg Kristofora wurde das **Restaurant Grand** in die Altstadtmauern integriert. Nationale und internationale Küche, geöffnet tgl. bis 23 Uhr, Tel. 051-724115.

Insel Rab

●In der Ulica Rabske Brigade, abzweigend von der Srednja Ulica, liegt recht versteckt mit kleinem Außenbereich die **Pizzeria San Marco,** deren Portionsgrößen legendär (Lasagne!) sind; die Getränke sind teuer, Tel. 051-724820.

●Mit einigen empfehlenswerten Spezialitäten wartet die **Konoba Rab,** Branimira 3, Tel. 051-725666, geöffnet März bis Okt. 10–24 Uhr, Wochenende 17–23 Uhr, auf: Im Angebot stehen Meeresfrüchtesalat für 45 Kn, Lamm im Tontopf zu 220 Kn/2 Pers. oder Kalbshaxe im Tontopf für 150 Kn. Auch die Getränkepreise sind für Raber Verhältnisse günstig (Bier 9 Kn/0,3 l, Softdrinks 12 Kn, Wasser 20 Kn/l).

●Das **Paradiso** in der Srednja Ulica/Ecke Radića 1, Tel. 051-771109, geöffnet tgl. 8–24 Uhr, an der alten Loggia bietet Frühstück, eine angeschlossene Vinothek, ein stilvolles Restaurant (im Sommer an Wochenenden Hintergrundmusik) und auch DZ (ab 60 Euro inkl. Frühstück).

●Als eines der trendigsten Oberklasserestaurants von Rab hat sich das **Astoria** etabliert, Trg Municipium Arba 7, Tel. 051-774844, geöffnet tgl. 12–15 und 18–23 Uhr. Die Jakobsmuscheln sind ein Gedicht, ebenso die Kalmare vom Grill mit Knoblauch oder die Fischsuppe nach Hausfrauenart. Sehr lieblich schmecken die Putenmedaillons mit Pflaumen. Hier wird Wert auf die Verarbeitung heimischer, im ökologischen Anbau erzeugter Produkte gelegt.

Vor der Altstadt:

●Das **Restaurant Velum,** Palit 71, Tel. 051-774855, in der Einkaufspassage ist eines der nobleren von Rab: Pasta- und vor allem Fischspezialitäten, sehr gut sind die Riesengarnelen auf Nudeln.

●Die kleine **Konoba Amfora** ist eines der wenigen Spanferkelrestaurants auf Rab, Banjol 1, Tel. 051-776394, geöffnet tgl. 8–14 und 16–24 Uhr, Jan./Febr. geschlossen. Einfach und zünftig, einziger Nachteil ist die Lage direkt an der Straße.

Unterhaltung

●Am Abend wird die **Disco-Bar Vox** (um die Ecke vom Trg Kristofora) vor allem von der einheimischen Jugend angesteuert. Neueste Musik wird im **Club San Antonio** am Trg Municipium Arba gespielt.

●Das **Open-air-Kino (Ljetno Kino)** zeigt englischsprachige Filme nur an Sommerabenden (Aushänge beachten).

●An der Treppe zwischen Trg Kristofora und dem Aussichtspunkt liegt linker Hand ein Saal, der im Sommer als **Kunstgalerie,** im Winter als **Kino/Theater** dient.

●Es wirkt in Rab ein wenig deplatziert, aber man kann rund um die Uhr im **Admiral's-Club-Automatenkasino** zocken (am Trg Municipium Arba).

●Im **Sv Marko** am Ende der Srednja Ulica werden tolle Drinks in der urigen Atmosphäre eines alten Stadthauses kredenzt.

Einkaufen

- Selbstversorger shoppen im kleinen **Supermarkt** neben dem Hotel Istra oder in der **Einkaufspassage Banka** mit Kaufhaus hinter dem Busbahnhof; hier auch mehrere **Bäckereien** (tgl. 6.30–22 Uhr).
- In der Einkaufspassage Banka liegt auch die **Tržnica Rab** (**Markthalle,** neben dem Merkur-Kaufhaus) mit Metzgerei, Fischgeschäft, Obst- und Gemüseständen (nur vormittags).
- **Ribarnica (Fischgeschäft):** 20 m vor dem Parkplatz des Konzum-Supermarktes rechter Hand, nur vormittags geöffnet.
- Groß sind die beiden **Supermärkte** von Rab: **Petra** (an der Hauptstraße, von Mišnjak kommend kurz vor der Kurve ins Zentrum; geöffnet tgl. 7–22 Uhr) und **Konzum Cash & Carry** (tgl. 6.30–21 Uhr; mit Bankautomat), ca. 150 m hinter dem Busbahnhof Richtung Lopar nach rechts; hier hinter dem Eingang um die Ecke Pfandflaschensammelstelle für ganz Rab.

Sonstiges

- **Ambulanz:** Blato 1, Tel. 051-775165.
- **Apotheke:** bei der Einkaufspassage Banka neben der TI.
- Die **Hauptpost** in der Einkaufspassage hat Mo bis Fr 7–20 Uhr, Sa 7–14 Uhr geöffnet.
- **Bank/Geldautomat:** in der Altstadt am Trg Municipium Arba und in der Einkaufspassage am Busbahnhof.
- **Marina Rab:** Tel. 051-724023, Fax 724229.
- **Polizei:** Ortsausgang Richtung Suha Punta neben dem Fischgeschäft vor dem Konzum-Supermarkt rechts 100 m.
- **Scooterverleih:** bei der Tankstelle in der Šetalište Dominisa.
- **Hafenmeisterei:** neben der TI, Tel. 051-776122.
- **Drogerie DM** am Hafenbecken.
- **Bootsausflüge** arrangieren die Agenturen, man kann aber auch direkt am Stadthafen vor der Altstadt die Boote begutachten und buchen.
- **Internetcafé: Online-Internet,** Srednja Ulica, Ecke Domagoja, www.digitalx-rab.com.

Insel Rab

Kloster Sv Eufemija

Schöne Lage

Von Rab **Richtung Kampor,** immer die besiedelte, aber dennoch landwirtschaftlich geprägte Hauptroute entlang, überrascht hinter einer Kurve ein verträumt liegendes Klosterareal aus dem 15. Jahrhundert, genannt Sv Eufemija (sehr empfehlenswert ist der Fußweg von Rab-Stadt am Ufer entlang; ca. 1 Stunde). Auf dem Hauptaltar sticht ein recht seltenes zehnteiliges, farbiges Ikonenbildnis ins Auge.

● **Museum:** geöffnet tgl. außer So 10–12 und 16–18 Uhr, Eintritt 15 Kn.

Suha Punta

Halbinsel

Nördlich des Klosters Richtung Kampor setzt eine intensivere landwirtschaftliche Nutzung ein. Die Halbinsel Suha Punta unterbricht diesen Eindruck deutlich. Am Ende der **Bucht Sv Fumija** (Eufemija) zweigt die einzige befestigte Straße in ein zusammenhängendes größeres **Waldgebiet** ab. Am Ende dieses Sträßchens liegt die zu den älteren Feriensiedlungen gehörende **Anlage Suha Punta,** in der Sportmöglichkeiten wie Wasserski, Surfen, Reiten und Tennis angeboten werden; Fahrradverleih im **Hotel Eva.** Familien sollten ihren Standort eher in Lopar suchen.

Baden und wandern

Die gesamte bewaldete, fast unbewohnte **Halbinsel Kalifront** ist mit Wegen zu den zahlreichen Badebuchten (FKK-Möglichkeiten) und Wanderwegen (teilweise beschranktes Naturschutzgebiet) durchzogen. An den Hotels selbst bestehen eher bescheidene Bademöglichkeiten, sehr schön und ruhig sind die Buchten am **Kap Kristifor** – Hinweisschilder „Uvala Gozinka/Schinkenbucht" (tatsächlich so!) an der einzigen Abzweigung von der Hauptstraße beachten.

Für längere Spaziergänge bietet sich der **Waldpark Šuma Dundo** an (am Hinweis „Uvala Gozinka/Schinkenbucht" geradeaus bis zur Schranke), welcher bereits in den 1950er Jahren als kleines Waldreservat eingerichtet wurde (Eintritt frei, Infos unter www.ju-priroda.hr. Hier findet man einige ruhige Buchten (Bademöglichkeiten) sowie unberührte Flora und Fauna (Zwergeulen, Gelbrückenmaus). Auch an dem Hauptsträßchen kurz vor der Bucht rechts (Wandertafel) sind Biking- und Wandertouren auf den Südostzipfel der Landzunge Suha Punta möglich.

Touristische Infrastruktur

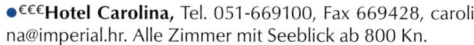

Unterkunft

🛏

● €€€**Hotel Carolina,** Tel. 051-669100, Fax 669428, carolina@imperial.hr. Alle Zimmer mit Seeblick ab 800 Kn.

● €€**Hotel Eva,** Tel. 051-668200, Fax 668518, eva@imperial.hr. Tennis, Restaurant und Bootsanlegestelle.

● €€**Suha Punta,** Tel. 051-724060, Fax 724562, www.imperial.hr. Sehr beliebte Apartmentanlage mit 4er Apartments zu ca. 80 Euro und DZ ab 50 Euro.

● €€€**Villa Anka,** Suha Punta 90, Tel. 051-724775, www.suha-punta.com. Moderne DZ mit a/c, Sat-TV und Frühstück ab 45 Euro. Das Haus liegt an der kleinen Straße zwischen den *Hotels Carolina* und *Eva.*

Uvala Gozinka

Schinken-bucht

Gleich nach der S-Kurve in den Wald Richtung Suha Punta führt eine schmale Asphaltstraße rechts ab; hier entlang achte man linker Hand auf eine Abzweigung zur „Schinkenbucht". Dabei handelt es sich um eine winzige **Anlegestelle am Kap Kristifor** mit einem sehr beliebten **Uferlokal** (Muscheln!) und einigen wenigen Privatvermietern.

Die Parkmöglichkeiten sind begrenzt; wo sich das Zufahrtssträßchen gabelt, geht es links hinunter zum Lokal (Parkplatz), rechts zu einigen Wohnungen und einem kleinen Waldparkplatz rechter Hand – hier geht es am Ende hinab zur anderen Buchtseite (**Cifnata,** mehrere schöne Badebuchten und Spaziermöglichkeiten). Folgt man hier immer dem Ufer-Fußweg, erreicht man u.a. eine FKK-Bucht mit beschilderten Lehrabschnitten (z.B. ein alter Meiler).

Touristische Infrastruktur

Unterkunft

Alles ist im Augenblick noch sehr untouristisch; hier einige Zimmeranbieter: **Vila Lucija – Srečko Kurelić,** Tel. 051-772510, http://vilalucija.com; **Marija Kurelić,** Kampor 100, Tel. 051-724815 (Zimmer und Apartments); **Sonja i Petar Kurelić** (Tel./Fax 051-725426) oder **Vesna Kurelić,** Tel. 051-724882, www.suhapunta.info. DZ kosten zwischen 40 und 50 Euro, Apartments 75–90 Euro für 4 bis 6 Personen.

Kampor   ♪ C2

Mahnmal

Der Name des Ortes Kampor („Camp, Lager", gemeint ist KZ) hat einen faden Beigeschmack: Von **Juli 1942 bis September 1943** unterhielt die italienische Besatzungsmacht hier ein **Konzentrationslager,** in dem 15.000 „Staatsfeinde", großteils Juden und Slowenen, inhaftiert waren. Das ehemalige Lager ist heute ein antifaschistisches Mahnmal (Eintritt frei, Schild „Groblje Žrtava Fašista" vor dem Ort links beachten).

Der Ort

Kampor selbst ist ein **winziges Fischerdorf** mit ein paar **Badebuchten** rund um den Ort und zwei Tauchbasen. Man wohnt hier relativ abgeschieden, dennoch gibt es alles Notwendige vor Ort im Einkaufszentrum (unübersehbar) mit Bäcker, Minimarkt und Agentur (Unterkunft, Radverleih). Die Straße ist im Ort zu Ende (Buswendeplatz), dahinter halbrechts über den Hügel verteilt liegen weitere kleine Buchten und ein schmaler, befestigter Ufer-Fußweg bis Donji Supetarska Draga.

Antifaschistische Gedenkstätte Kampor

Touristische Infrastruktur

Agentur

- **Agentur Matovica,** gegenüber vom Minimarkt, Tel. 051-604199, www.matovica.hr. Geöffnet tgl. 7.30–22 Uhr, Räder und Scooter, Geldwechsel, Ausflüge, Unterkunft usw.

Unterkunft

Privatvermieter (FeWo): €€**Ralf Waldeck,** Kampor 396, Tel. 098-1303078, www.rab-apartments.eu; €€**Vila Staničić,** Kampor 412, Tel. 051-776027, www.rab-kampor412.com; €€€**Fam. Guščić,** Kampor 446, Tel./Fax 051-7766695, www.guscic.com; €€€**Starturist Vile Kampor,** Kampor 443, Verwaltung in Rab-Stadt, Tel. 047-645600, www.villas-rab.com.

**Essen
& Trinken**

- Kleine **Kioske und Pizzerien** (z.B. **Pizzeria Viktoria**) findet man an der Hauptstraße und am Ende des langen Strandes (am Minimarkt halb links blickend).
- Mehr für das Frühstück oder einen Drink eignet sich das **Café Trto** (tgl. 7.30–24 Uhr) neben dem Minimarkt.
- Richtig gut essen kann man in Kampor im ausgezeichneten **Restaurant der Tauchbasis Kron** (s.u.): Spezialitäten sind u.a. Spieß für 2 Personen inkl. Beilagen (250 Kn), Seehecht in Weinsauce (70 Kn), ausgezeichnete Steaks, alles mit sehr guten und frischen Zutaten! Auch *Paulaner Weißbier* ist zu haben.

Sonstiges

- **Tauchen: Kron Diving,** Kampor 413a, Tel. 051-776620, www.kron-diving.com, ausgezeichnete Basis, tolles Restaurant anbei, auch sehr schöne Unterkünfte; **Rab Eko Diving,** Kampor 378, Tel. 051-776671, www.rab-eko.hr.
- Der **Minimarkt** bietet alles Notwendige; gegenüber verkauft der Bäcker frische Backwaren.

kh031 Foto: vl

Insel Rab

Mundanje

**Berg
Kamenjak**

An der Straße durch den kleinen landwirtschaftlichen Weiler Mundanje kann man hausgemachte Weine erwerben (Schilder „vino"), je nach Saison auch Obst oder Honig. Hier lohnt die Auffahrt zum 410 Meter hohen Kamenjak mit **einmaliger Aussicht auf Rab-Stadt.** Hinweis: Das Sträßchen ist okay, aber sehr eng und erfordert bei Gegenverkehr haarsträubende Manöver – am besten sehr früh hinauffahren, wenn man mehr oder weniger alleine ist (bestes Licht!).

Supetarska Draga ⤢ C2

**Donji und
Gornji
Supetarska
Draga**

Vom 11. bis zum 16. Jahrhundert Klosterort, zieht das beidseitig der Bucht (vor der Bucht links Donji Supetarska Draga, rechts Gornji Supetarska Draga) gelegene Straßendorf in erster Linie **Wassersportler** an. Eine kleine Marina (Tel. 051-776268, Fax 776222) und die Tauchschule von *Tanja* und *Riko* (*Aqua Sport,* Tel. 051-776145, www.aquasport.hr, vermietet auch Zimmer (17 Euro/p.P.) und Apartments (70 Euro/4 Pers.) bieten ihre Dienste an. Zum Baden ist der Ort weniger gut geeignet, dafür liegen die Strände von Lopar nahe.

Sehenswertes

Sv Petar

Kurz vor Supetarska Draga weist ein braunes Hinweisschild auf Sv. Petar nach rechts hin. Das **Kloster** geht auf eine großzügige Stiftung der Bürger der Stadt Rab zurück und wurde 1059 im romanischen Stil errichtet. Trotz mehrfacher Restaurationsarbeiten gilt Sv Petar als eine der am besten erhaltenen Sakralanlagen des Landes, deren Glockenturm die älteste Glocke Kroatiens beherbergt.

**Aussichts-
punkt**

Richtung Lopar nach dem Ortsausgang liegt linker Hand ein größerer Aussichtspunkt-Parkplatz – unbedingt halten, denn der Ausblick ist wirklich toll! Aber: Die Bucht unten ist trotz des Fährwracks nicht empfehlenswert; wer mag: 200 Meter weiter folgt links ein Feldplatz (Parkmöglichkeit), dann dem Trampelpfad halbrechts folgen.

Touristische Infrastruktur

Unterkunft

Es werden ausschließlich **Ferienwohnungen bzw. Zimmer** angeboten, und zwar sowohl links in Donji Supetarska Draga (Dumići, Gonar) in den Hängen als auch in Gornji Supetarska Draga entlang der langen Durchgangsstraße. Hinweis: Schöner und auch ruhiger wohnt (und isst) man im Bezirk Donji Supetarska Draga, der ziemlich verstreut in die Hügel gebaut ist.

kb003 Foto: wl

Insel Rab

●Man kann entweder über eine der Agenturen (siehe bei Rab), allgemeine Webseiten (siehe „Unterkunft" zur Insel Rab ganz allgemein) oder direkt über die Webseiten der Vermieter Vorabbuchungen vornehmen, z.B. **M. Dumić,** Sup. Draga 245, Tel. 051-776158, www.sikic-rab.com; **S. Dumi,** Sup. Draga 263, Tel. 051-776122, www.arbia.hr; **Z. Eminefendić,** Sup. Draga 469, Tel. 051-776435, www.arbia.hr; **F. Gulić,** Sup. Draga 399, Tel. 051-776227, www.apartments-subic-rab.com, oder **M. Precca,** Sup. Draga 375, Tel. 051-776425, www.precca.com. Alle genannten Vermieter haben mehrere Wohnungen im Angebot und liegen in einer Preisklasse zwischen 45 und 90 Euro/Tag je nach Größe und Saison.

●Die €€**Pension Royal,** Donji Sup. Draga, www.rab-royal.com, Tel./Fax 051-776320, hat Zimmer und Apartments (z.B. 4 Pers. 58–75 Euro je nach Saison) inkl. Tennis, Fitness und Bootsanlegeplatz direkt vor der Tür.

●Sehr günstig kann man im €-€€**Belveder** unterkommen, wo DZ ab 20 Euro und Apartments für 2 Personen ab 35 Euro kosten. Tel. 051-776162, www.belveder-rab.com.

●Sehr ruhig liegen in Donji Sup. Draga-Gonar Nr. 304 die €€**Apartments Boni Lilijana,** Tel. 051-776619, www.gonar boni-rab.com: 4er Apartments etwa 60 Euro in der Hauptsaison, 20% Rabatt in der Nebensaison sowie 15% Rabatt bei Aufenthalten von 2 Wochen oder länger.

Essen & Trinken

●Marktführer vor Ort ist das **Belveder-Stiegenwirt,** Donji Sup. Draga 223, Tel. 051-776162, geöffnet 8–24 Uhr; sehr schöne Terrasse.

●Das **Restaurant Valentino** in Donji Sup. Draga bietet gutbürgerliche Küche zu überraschend günstigen Preisen. Viele Einheimische.

●**Snackbar Mareta,** Donji Sup. Draga-Dumići, an der Gabel des Sträßchens rechts, Tel. 051-776114.

●Am Ende des Sträßchens, Donji Sup. Draga-Gonar, Dreiergabel rechts, liegt die **Konoba Gonar,** Tel. 051-776638, geöffnet tgl. 10–24 Uhr. Kroatische Küche, frischer Fisch.

●**Bistro Snoopy,** Donji Sup. Draga-Gonar, Dreiergabel geradeaus, hier führt auch ein Uferweg nach Kampor, geöffnet tgl. 9–24 Uhr. Es gibt Snacks und merkwürdig anmutende Katergerichte wie Rührei mit Oktopus.

●Um die Ecke vom Snoopy beginnt ein kleiner Promenadenweg mit dem **Restaurant More,** Tel. 051-776457. Schöne Terrasse, große Auswahl von Pizza über Snacks (Schinken, Čevapi) bis hin zu feinen Fischmenüs.

Sonstiges

●**Bäckerei und Minimarkt** an der Durchfahrtsstraße (Gornji Sup. Draga).

●Die **Agentur Valentino,** Donji Sup. Draga, bietet neben Unterkunftsvermittlung auch Bootsverleih, ebenso der **Bootsverleih Dumičić,** Tel. 098-289686.

●**Aquasport Diving,** Tel. 051-776145, Donji Sup. Draga-Gonar (an der Dreiergabel rechts).
●**Bademöglichkeiten** beim Restaurant More (betonierte Liegeflächen); hier auch **Telefonzellen.**
●**Nautic-Bootsverleih und Wassersport:** am Badeufer beim Restaurant More (tgl. 9.30–18 Uhr, 15 Minuten 25 Euro), Boote ab 90 Kn/Stunde, Motorjachten ab 1500 Kn/Tag. Infos und Buchung unter www.nautic.hr.

Lopar   ⤢C2

Fähren nach Krk

Lopar, die **zweitgrößte Siedlung auf Rab** und Fährhafen nach Krk, lebt vom Tourismus und von den zahlreichen Wein- und Gemüsepflanzungen außerhalb. Im Ort bietet fast jedes zweite Haus Privatzimmer an. Lopar verfügt über **mehr als zwanzig Badebuchten,** von denen drei (Ciganka, Sahara und Stolac) den Nudisten vorbehalten sind. Insgesamt ein idealer Ferienort für Familien mit Kindern sowie für jüngere Reisende, denen Rab-Stadt und Suha Punta zu „gediegen" sind.

Strände

Hauptstrand ist die weitläufige, kinderfreundliche (da flache) **Sandbucht San Marino (Veli Mel)** mit dem riesigen Campingplatz. Der Legende zufolge war ein gewisser *Marin von Lopar* der Gründer der Schwestergemeinde San Marino auf der anderen Seite der Adria. Die Parkplätze an der Straße sind im Hochsommer gebührenpflichtig, das Areal ist vollständig erschlossen mit Bars, Snackbuden, Restaurants, Souvenirständen sowie Wassersport (linkes Buchtende Richtung Hotels). Man kann ein Inselchen in der Bucht erkennen, ein beliebtes Ziel von Tretbootfahrern. Erwachsene können zwei Drittel des Weges durch das flache Wasser gehen, sodass man auch ohne Boot hinüberkommt.

Tipp: Die **ruhigen Badebuchten** liegen alle etwas abseits der Siedlung Lopar auf der Nordseite der gleichnamigen Halbinsel. Am einfachsten orientiert man sich an der Ortseingangsgabel (bei der TI) und fährt/geht links, bis nach ca. 200 Me-

Insel Rab

tern ein Schild auf das Restaurant „Madonna" hinweist; man folgt diesem Hinweis und dem befestigten Weg am Restaurant vorbei in den Wald hinauf bis zu einem Parkplatz. Dort geht es nur zu Fuß (im Sommer wird der weitere Weg versperrt) geradeaus weiter bis zu Wegweisern (mit Entfernungsangaben) zu den einzelnen Buchten. Hier kann man der Beschilderung **„Ciganka"** – Bucht – folgen (sehr schön, zwei FKK-Abschnitte).

Die **anderen Buchten** des Wegweisers (Dubac, Sturić etc.) erreicht man auch (und etwas schneller), wenn man an der Gabelung bei der TI immer geradeaus (Kirche im Blick) das Gässchen hinauf fährt (beschildert).

Touristische Infrastruktur

Infos

● **Touristeninformation Lopar,** Tel. 051-775508, Fax 775487, www.lopar.hr, am Ortseingang/Gabelung linker Hand, geöffnet tgl. 7.30–20 Uhr.

Agenturen

● Professionell arbeitet die **Agentur Turist-Biro,** Tel. 051-771105.
● **Agentur Numero Uno,** am Minimarkt/Abzweigung zum Camp, Tel. 051-775073, www.numero-uno.hr, geöffnet tgl. 8–22 Uhr. Ausflüge, Geldwechsel, Unterkunft, Internetcafé, Fahrzeugverleih, Radverleih usw.

Unterkunft

● €€€**Hotel San Marino,** Tel. 051-775144, Fax 775128, www.imperial.hr. Riesenkomplex mit über 1000 Betten und Preisen ab 90 Euro.
● €€**Hotel Zlatni Zalaz,** Tel. 051-775150, Fax 775465, www.zlatnizalaz.com. Das 500-Betten-Haus liegt günstig zur Marina mit eigenem Zugang zum schönen Badestrand.
● €€€**Hotel Epario,** kurz vor der Zufahrt zum Campingplatz/San-Marino-Strand linker Hand, etwas abseits vom Trubel, Tel. 051-777500, Fax 777510, www.epario.net. Fitness, Kinderbetreuung, Sportcamps usw., 28 Zimmer, familiär.

Alle drei Hotels liegen in der Zufahrt zur Badebucht.
● €€**Apartments Paparić,** Lopar 466, zentral und doch etwas abseits des Trubels, Tel. 051-775308, www.rajka-lopar.com. Insgesamt vier schöne und große Wohnungen für 4 Personen zu saisonabhängig 45–80 Euro/Tag.

●Gegenüber der Parkplätze am großen Strand (neben dem Bäcker) liegen die €€€**Apartmani Lorena,** Lopar 491, Tel. 051-775575, www.apartmani-lorena-lopar.com. Moderne helle Wohneinheiten ab 45 Euro.

●Dem Sträßchen Richtung Fähre folgend, liegen noch vor den großen Hotels rechter Hand oberhalb der Bucht die €€**Apartmani Jeric,** Lopar 555, Tel. 051-775320, www.rab-jeric.com. Apartments für 2 bis 6 Personen zu saison- und größenabhängig 45–135 Euro/Tag.

●Sehr beliebt ist auch die €€**Pension Lavanda** am Hügel im Hotelbereich (Lopar bb, Tel./Fax 051-775399, www.pension-lavanda.com). DZ inkl. Halbpension, Sat-TV, Internet, Balkon, Meerblick kosten 58–88 Euro, Apartments mit ähnlicher Ausstattung 46–78 Euro.

●Schließlich sei noch auf die €€**Pension Dragica** (s.a. „Essen & Trinken") verwiesen, wo DZ 30–45 Euro kosten.

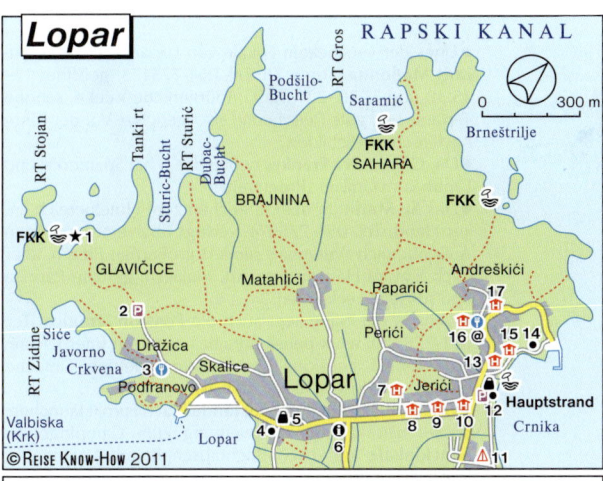

★	1	Ciganka-Bucht	⚠	11	Campingplatz
P	2	Waldparkplatz	⚓	12	Minimarkt,
ℹ	3	Rest. Madonna	●		Agentur Nr. Uno,
●	4	Spielplatz	P		Parkplatz
⚓	5	Bäcker, Minimarkt		13	Aptm. Jeric
ℹ	6	TI	●	14	Tennis/Sportanlagen
⌂	7	Hotel San Marino	⌂	15	Hotel Zlatni Zalaz
⌂	8	Hotel Epario	⌂ℹ	16	Pension/Rest. Dragica
⌂	9	Aptm. Paparić	@		Rest. Sv Marin, Internet
⌂	10	Aptm. Lorena	⌂	17	Pension Lavanda

Insel Rab

•Weitere **Wohnungsanbieter** findet man **online** unter www.rabonline.net, www.reisen-nach-rab.de und www. apartmani-rab.net.

Camping

•ᶜᶜᶜ**AC San Marino,** Tel. 051-775133, Fax 775290, www. imperial.hr. Sehr großer Platz am Strand mit etlichen Sportangeboten und Tauchbasis Moby Dick (s.u.), Boots-, Scooter-, Wasserskiverleih (am Ufer, Tel. 098-9702439) u.Ä. mehr. Besonders gut sind hier die Einkaufsmöglichkeiten (für jedermann zugänglich, s.u.), weniger gut ist das eintönige Erscheinungsbild der Parzellen, das einem Schrebergarten-Musterkatalog entnommen sein könnte – es fehlen nur noch die Gartenzwerge ...

Essen & Trinken

Das gastronomische Angebot in und um Lopar entspricht der touristischen Bedeutung des Ortes, kurz: Man kann hier sehr gut essen. Die Betreiber sind in aller Regel keine Pächter (wie in Rab), sondern Eigentümer und somit noch mehr auf wiederkehrende Besucher angewiesen.

•Eines der versteckten Lokale von Lopar ist das **Restaurant Madonna,** Lopar 38, Tel. 051-775173, geöffnet 12–15.30 und 17.30–23 Uhr. Gutbürgerliche Küche, schöne Terrasse und gute Fleisch- und Fischgerichte. Vor der Fähre nach rechts beschildert.

•Die **Gostionica Frankys** neben der TI hat Spanferkel und Lamm vom Grill im „Programm".

•Das **Sv Marin** an dem Sträßchen zum Hotelbereich linker Hand, Tel. 051-775074, verfügt über einen schönen Außenbereich (Veranda), serviert großartige Pizzen, aber auch Eintopf Hausmacher Art, Gulasch, gefüllte Paprika und sonstige Leckereien.

•Ganz in der Nähe liegt auch die **Pension Dragica,** Tel. 051-775420, www.pensiondragica.com, mit Internetcafé, Bootsverleih, Pensions- und Restaurantbetrieb. Einfache und leckere Kost nicht nur für Gäste.

•**Obst- und Grillhähnchenstände** (ca. 6 Euro/Hähnchen; *pečeni pilić*) an der Abzweigung zum Campingplatz; **Snacklokale** am linken Buchtabschnitt mit Tischtennis, Spielplätzen usw.

In der abgelegenen Ciganka-Bucht

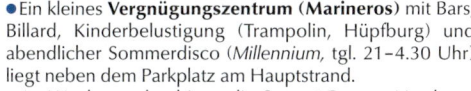
**Unter-
haltung**

● Ein kleines **Vergnügungszentrum (Marineros)** mit Bars, Billard, Kinderbelustigung (Trampolin, Hüpfburg) und abendlicher Sommerdisco (*Millennium,* tgl. 21–4.30 Uhr) liegt neben dem Parkplatz am Hauptstrand.

● An Wochenenden bietet die **Sunset Bar** am Nordrand der Siedlung während der Sommermonate Livemusik, an Donnerstagen Beachparty.

Einkaufen

● **Minimarkt, Apotheke** und **Bäckerei** rund um den Kreisel bei der TI am Ortseingang; ein zweiter Minimarkt (tgl. 7–21 Uhr, So bis 20 Uhr) mit Geldautomat und Bäcker (tgl. 6–21 Uhr) liegt vor der Zufahrt zum Campingplatz, ein weiterer im Camp.

kh034 Foto: wl

Insel Rab

●**Fischgeschäft** (tgl. 7–11 Uhr), **Metzgerei** (Mo bis Fr 7–19.30 Uhr, Sa/So 8–12.30 und 17–19.30 Uhr), **Bäckerei** (tgl. 7–22 Uhr), **Zeitschriftenhandel** und **Minimarkt** (tgl. 7–21 Uhr) **im Camp** (für jedermann zugänglich).

●Auch auf der anderen Ortsseite **Richtung Pier** kann man im **Minimarkt** und in der **Bäckerei** (gegenüber vom Kinderspielplatz) einkaufen.

Aktivitäten

●Am Nordrand der Bucht **Tennis** (70 Kn/Stunde), **Minigolf** (15 Kn), **Tischtennis** (30 Kn/Stunde) sowie Sonnenschirm- und Liegestuhlverleih.

●**Ausflugsboote** zu den Inseln Goli Otok und Sv Grgur fahren unregelmäßig am Pier unterhalb des Hotelbereiches ab; hier auch **Wassersport** (Jetski, Banane, Glasbodenboot usw.) sowie **Bootsverleih** ab 60 Euro/Tag. Infos und Reservierung direkt am Pier und unter Tel. 091-5258147 sowie 091-5391300.

●**Tauchen: Moby Dick,** Tel. 051-775577, 091-5201643, www.moby-dick1.com, im AC San Marino (s.o.).

●**Wassersport** aller Art unterhalb des Hotelkomplexes San Marino, im Campingareal und entlang des San-Marino-Strandes.

Sonstiges

●Eine **Touristenbahn** verkehrt tagsüber zwischen den einzelnen Ortsteilen von Lopar entlang der Hauptstraße.

●**Internetcafé: Gostionica Dragica** und **Agentur Numero Uno** (s.o.).

●**Post:** am kleinen Platz neben der TI, geöffnet Mo bis Fr 8–21 (Pause 16–17) Uhr, Sa 8–12 Uhr.

●**Süßwasserduschen** bei den Tennisplätzen am Uferweg.

●**Ambulanz:** an der Hauptstraße gegenüber der Agentur *Numero Uno.*

●**Bushaltestelle:** an der Agentur *Numero Uno*/Campingzufahrt und kurz vor dem Fährpier.

●**Geldautomat** neben der Touristeninformation.

Inseln Sv Grgur und Goli Otok

Von Lopar aus können zwei größere vorgelagerte Eilande im Rahmen eines Ausfluges besucht werden, wobei die beiden Inseln sehr unterschiedlich sind.

Goli Otok

Heute zwar gänzlich unbewohnt, findet man dennoch zahlreiche Spuren einstiger menschlicher Aufenthalte auf Goli Otok. Lange Zeit diente die

Insel als ein Weidegebiet für Schafe, wovon noch einige verfallene Hirtenschutzhütten und Zisternen zeugen. Nach dem Zweiten Weltkrieg suchten die Schergen *Titos* nach einem geeigneten „Gulag" für politische und schwerkriminelle (männliche) Häftlinge – man fand es auf dem nur 4,5 km² großen Goli Otok und errichtete dort ein **Hochsicherheitsgefängnis,** welches von 1949 bis 1988 in Betrieb war. Die Gefangenen – bis zu 3000 gleichzeitig – mussten unter härtesten Bedingungen Schwerstarbeit (Steinbruch und Marmorwerke) verrichten. Interessante Details und zahlreiche Hintergrundinformationen findet man bei einem sehr guten virtuellen Rundgang auf der (auch deutschsprachigen) Internetseite www.goli otok.com. Nach dem Zerfall Jugoslawiens wurde das Gefängnis als Synonym für menschenunwürdige Haftbedingungen geschlossen, Goli Otok ist seither unbewohnt. Bunker, Gleisanlagen, Fabriken und Gefängnis können besichtigt werden, ein **kleines Restaurant** bietet während der Sommermonate Erfrischungen und Snacks.

Sv Grgur   Die größere der beiden Inseln, Sv. Grgur, umfasst 6,4 km². Ähnlich wie Goli Otok war auch Sv Grgur eine **Gefängnisinsel,** allerdings ausschließlich **für Frauen.** Die Anstalt ist allerdings schon seit etwa 1980 geschlossen und der Zerfall relativ weit fortgeschritten, sodass Goli Otok die interessantere, Sv Grgur die unberührtere der beiden Inseln ist.

●**Anreise:** Das übliche Programm beinhaltet eine etwa dreieinhalbstündige Bootstour mit insgesamt jeweils einer Stunde Aufenthalt pro Insel, wobei einige Ausflugsanbieter auch gezielt eine Insel anfahren und z.B. einen mehrstündigen Badeaufenthalt anbieten. Als ein Beispiel sei das Glasbodenboot „San Marino" genannt (Tel. 098-424660), das täglich um 10.30 und 15.30 Uhr in Lopar ablegt (120 Kn/Person, Kinder 60 Kn).

Insel Rab

Anhang

Literaturtipps

- *Bodrožić, Marica:* **Tito ist tot,** Suhrkamp Verlag. Kurzgeschichten und Erzählungen zum neuen Kroatien.
- *Deschner, Kh. & Petrovic, M.:* **Der ewige Kreuzzug auf dem Balkan.** München, 1999.
- *Dubravka Ugrešić:* **Kultur der Lüge,** Suhrkamp Verlag. Auseinandersetzung mit dem jugoslawischen bzw. kroatischen Nationalstaat.
- *Dubravka Ugrešić:* **Lesen verboten,** Suhrkamp Verlag. Weitere Auseinandersetzung mit dem jugoslawischen bzw. kroatischen Nationalstaat.
- *Elsässer, Jürgen:* **Kriegslügen,** Kai Homilius Verlag, 2004. Erläutert die unselige Geschichte des Balkankonfliktes bis zum Milošević-Prozess.
- *Hösch, Edgar:* **Geschichte der Balkanländer,** C. H. Beck Verlag. Grundlagenwerk zur Geschichte des ehemaligen Jugoslawien und seiner Nachfolgestaaten.
- *Jovanović, Dragoslav:* **Kroatisch – Wort für Wort,** Kauderwelsch Band 98, REISE KNOW-HOW Verlag, Bielefeld. Kroatisch für den einfachen Einstieg und die schnelle Verständigung im Reisealltag. Der „AusspracheTrainer Kroatisch" (Audio-CD, ca. 60 Min. Laufzeit) enthält die wichtigsten Sätze und Redewendungen des Kauderwelsch-Bandes zum Hören und Nachsprechen.
- *Lipps, Volker:* **Kroatien – Buchten, Ankerplätze, Häfen, Landgänge.** DSV-Verlag, 2010. Der – übrigens nicht mit dem Autor dieses Buches verwandte – Verfasser beschreibt die aktuellen Grunddaten (Bojenfelder, Luftaufnahmen usw.) für alle Segelsportler.
- *Mappes-Nieldick, Norbert:* **Balkan Mafia,** Berlin 2003. Beschreibt die Balkanstaaten in der Hand krimineller Banden und Politiker, sehr aktuell bis zum Djindić-Attentat.
- *Pavić, Irena:* **Kroatien auf dem Weg in die Europäische Union.** VDM-Verlag, 2010. Junge Untersuchung über den Sachstand, die Einstellung der Bevölkerung und die politischen Hintergünde im Land zum EU-Beitrittsprozess.
- *Pavlović, Mirko:* **Lesereise Kroatien.** Picus-Verlag, 2009. Kurzweilige Geschichten und Anekdoten, Reportagen und Portraits der eher unbekannten Seiten aus einem aufstrebenden Land jenseits von *Winnetou,* Balkangrill und FKK.
- *Schmidt, H. & Barth, E.W.:* **Hafenhandbuch Mittelmeer,** in 6 Bänden, Nautik-Verlag. Detaillierte Pläne und Beschreibungen aller adriatischen Hafenanlagen und Segelreviere.
- *West, Rebecca:* **Schwarzes Lamm und grauer Falke,** Berlin, 2002. Geschichtlicher und kultureller Hintergrund des Balkan basierend auf einer Reise einer Engländerin in den 1930er Jahren.

Bild auf den Seiten zuvor: Grandioser Blick über Predošćica (Insel Cres)

Glossar

● **Abecedarium:** Alphabet (lateinisch, kyrillisch oder griechisch), welches vom Bischof bei der Kirchweihe in den Boden graviert wird.

● **Antolčić, Ivan** (*15.5.1928 in Komarevo, Sisak): In Zagreb ausgebildeter Bildhauer, von 1954–1991 Bühnendekorateur und Skulpteur des Nationaltheaters in Zagreb, gleichzeitig gefragter Poster-Zeichner (Ballett Zagreb) und Maskenbildner. Seit 1963 stellt er selbst aus und arbeitet bevorzugt für Kinderzeitungen („Radost", „Modra"), gestaltet Folianten, Medaillen, Plaketten u. Ä. *Antolčić* gilt als Aushängeschild der kroatischen Allround-Kunst des 20. Jh.

● **Aquilea** (ital. Aquileja): Ab 181 v. Chr. als römische Kolonie erwähnt, wurde als zweite italienische Stadt christianisiert und war eine der größten Städte Italiens überhaupt. Ab Mitte des 6. Jh. war es Patriarchat („Patriarch" ursprünglich: Vorsteher des Sanhedrin, des höchsten jüdischen Gerichtes, dann ähnlich einem Erzbischof). Ab 1421 gehörte das Patriarchat Aquilea zu Venedig, verlor 1445 seine weltliche Macht und wurde schließlich von Papst *Benedikt XIV.* aufgelöst. Heute Ruinenstadt in Nordost-Italien (Grado). Mit dem Zusammenbruch Westroms (476) fielen zahlreiche Städte Nordkroatiens, insbesondere Istriens, an das Patriarchat Aquilea.

● **Archidiaconus:** geistlicher Titel (Erzdiakon), ursprünglich erster Diakon und Vertreter des Bischofs, oft in Personalunion Dompropst, beteiligt an Vermögensverwaltung und Kirchenrechtsprechung.

● **Ban:** Vizekönig, Statthalter.

● **Byzanz:** Hauptstadt des byzantinischen Weltreichs (später Konstantinopel, heute Istanbul), gleichzeitig Bezeichnung für das oströmische Reich nach der Abspaltung von Westrom (Reichsteilung 395 n. Chr.). Während Westrom schon 476 n. Chr. von den germanischen Goten zerschlagen wurde (Odoaker), blieb Byzanz (Ostrom) bis zur Eroberung durch die Türken 1453 ein wichtiger Machtfaktor und Bollwerk gegen den Islam im östlichen Mittelmeerraum. Obgleich die kroatische Adria im Allgemeinen und Istrien im Besonderen eher dem weströmischen Einfluss zuzurechnen sind, war Ostrom nicht unbedeutend, was an der nur allmählichen Trennung von Kirche und Staat lag: Kirchlich unterstanden viele Städte weiterhin dem Patriarchen von Konstantinopel, während sie politisch an die Nachfolger Westroms fielen (etwa Venedig) und so erst später unter römisch-katholischen Einfluss gerieten.

● **Campanile:** Glockenturm, der abgesetzt neben der Kirche steht, sehr häufig in Italien und in vielen Kirchen Kroatiens, die während der venezianischen Phase errichtet worden sind.

●**Dalmatinac, Juraj** (1410–1473): Dalmatischer Innenarchitekt und Künstler aus Zadar in der Übergangsphase von der Spätgotik zur Renaissance. Seine Werke sind von außerordentlicher Bedeutung für Kroatien und sogar Italien, wo *Dalmatinac* in Ancona und Venedig (Kaufmannsloge) tätig war. Die Gesamtanlage der Stadt Pag, Wohnhäuser und Befestigungsmauern von Dubrovnik sowie die Kathedrale von Šibenik gehören zu seinen bedeutendsten Werken.

●**Exarchat:** Verwaltungsrat und Statthalter von Byzanz.

●**Frankopanen:** Kroatisches Fürstengeschlecht in Hoch- und Spätmittelalter sowie der frühen Neuzeit, welches insbesondere die Kvarner Bucht südlich von Rijeka kontrollierte und mit Wehrschlössern befestigte. Architektonische Musterbeispiele findet man in der Kvarner Bucht von Bakar bis Novi Vinodolski sowie auf den Inseln.

●**Garibaldi:** Nach der Kapitulation des faschistischen Italien (1943) schlossen sich etliche der bis dahin für die Achsenmächte auf dem Balkan kämpfenden Italiener den Partisanen *Titos* im Kampf gegen die Deutschen an. Diese italienischen Einheiten wurden als „Division Garibaldi" bekannt und erlangten einiges Ansehen in den befreiten jugoslawischen Landesteilen. Ihnen zu Ehren findet man in einigen Städten Istriens eine „Ulica Garibaldi" (Garibaldi-Straße).

●**Gespanschaft:** Die Republik Kroatien ist administrativ in 20 Gespanschaften gegliedert, die etwa einem Bundesland bzw. Kanton entsprechen (die Stadt Zagreb bildet zusätzlich eine eigene Verwaltungseinheit). Der Begriff stammt aus der k.u.k. Zeit und wurde 1918 übernommen (Königreich der Serben und Kroaten), nach dem Zweiten Weltkrieg abgeschafft und 1992 reaktiviert.

●**Glagolitisch:** altslawische Schrift, die im 9. Jh. entwickelt wurde, um Bibeltexte ins Altslawische zu übersetzen.

●**Gregor von Nin (Grgur Ninski):** Hochmittelalterlicher Bischof (10. Jh.) der Stadt Nin sowie Zeitgenosse und Berater, später Kanzler des kroatischen Königs *Tomislav*. *Gregor* trat für die Erhaltung der slawischen Sprache (statt Latein) in den Gottesdiensten ein, wandte sich stets gegen den dominanten Klerus von Split und wird als eine Art erster kroatischer Freiheitskämpfer verehrt.

●**Histrer & Liburner:** Im Nordwesten des heutigen Kroatien, insbesondere in Istrien verbreitete regionale ethnische Gruppe der Illyrer des Altertums. Der Name der Halbinsel

„Istrien" (lat. Histria) wird oft auf die dort einst ansässigen „Histrer" zurückgeführt.

● **Ikonostase:** dreiteilige, mit Ikonenbildern versehene Trennwand zwischen Altar und Kirchenhauptschiff in serbisch- und griechisch-orthodoxen Kirchen.

● **Illyrer:** Bedeutende indoeuropäische, staatlich organisierte Volksgruppe des Altertums, die im Nordwesten des Balkans und entlang der Adria beheimatet war; einzelne Stämme sind auch in Italien und sogar Griechenland nachgewiesen. Nach der Zeitenwende wurden die Illyrer schnell romanisiert; ab Mitte des 3. Jh. gingen zahlreiche römische Imperatoren („*Zeit der illyrischen Kaiser*", *Diokletian*) aus ihren Reihen hervor. Auf der Halbinsel Pelješac bei Dubrovnik wurde im Jahr 2000 in einer Höhle eine 8000 Jahre alte, unberührte Tempelstätte gefunden, deren Auswertung noch andauert. Die Annahme, dass ihre Herkunft in Mitteldeutschland (Lausitzer Kultur) liegt, blieb bislang ohne zwingende Beweise.

● **Lapidarium:** Für kleine Museen und Ausstellungen wird oft der Begriff Lapidarium verwendet. Es handelt sich dabei um Sammlungen steinerner Relikte (lat. *lapidarius* = steinern) wie Fußböden, Wandplatten oder andere Fragmente bzw. Bauteile (etwa Säulen).

● **Meštrović, Ivan** (*1883 in Otavice/Šibenik, †1962): Bildhauer und Urheber zahlreicher Büsten und Denkmäler in den Küstenorten Kroatiens. Er emigrierte wegen der italienischen Besatzung in die USA und gilt heute als bedeutendster kroatischer Vertreter des modernen Expressionismus und Neoklassizismus. Sein einstiges Atelier liegt in der Zagreber Altstadt (Gradec) in der Mletačka-Straße nahe des Markusplatzes.

● **Militärgrenze:** In der Zeit vom 16. bis 19. Jh. ein militärisch organisierter und mit zahlreichen Festungsbauten bestückter Landstrich an der türkischen Grenze Österreich-Ungarns (wurde 1849–1866 ein eigenes österreichisches Kronland). 1881 wurde die kroatisch-slawonische Militärgrenze mit Kroatien-Slawonien vereinigt. Die Grenzer waren örtliche Bauernsoldaten, die Wehrdienst in Grenzregimentern leisteten und dafür zu meist keine Abgaben zu entrichten hatten.

● **Polyptychon:** Meist holzgeschnitzte, baldachinähnliche Kirchenaltäre oder Seitenschreine mit einer Vielzahl von Bildnissen christlicher Heiliger. Das äußere Erscheinungsbild eines Polyptychon ist dem einer Ikonostase nicht unähnlich, man geht daher von einem byzantinischen Ursprung aus. Der für Kroatien bedeutendste Künstler ist *Antonio Vivarini*.

Anhang

●**Portikus:** Von Säulen getragenes Vordach einer Kirche, Kathedrale oder Basilika, das häufig bei Sakralbauten byzantinischen Ursprungs zu sehen ist.

●**Sanmichele, Michele:** Venezianischer Architekt, der Mitte des 16. Jh. im Auftrag der Dogenrepublik zahlreiche weltliche und geistliche Baudenkmäler in Nord- und Zentraldalmatien schuf (Zadar).

●**SFOR** (Stabilisation Forces Of Restjugoslavia): Internationales Kontingent unter deutscher Beteiligung zur Überwachung des Daytoner Friedensabkommens in Bosnien-Herzegowina. Das deutsche Kontingent in Bataillonsstärke ist bei Sarajevo (Rajlovac) stationiert und untersteht dem Kommando der französisch-multinationalen DMNSE (Division Multinationale Sudeste) mit Hauptquartier in Mostar-Ortijes. Das Divisionsgebiet erstreckt sich von der Gegend um Sarajevo über Mostar bis zur kroatischen Grenze. Die SFOR-Truppen wurden 2005 von einer EU-geführten internationalen Truppe („Operation Athea") abgelöst.

●**Štrossmayer:** Fast jeder größere Ort Kroatiens hat eine Hauptstraße mit dem Namen „Ulica Štrossmayera". Dahinter verbirgt sich *Josip Juraj Štrossmayer* (1815–1905), Bischof von Djakovo und Beichtvater Kaiser *Franz Josephs*. Er war ein Vordenker des Panslawismus (Streben nach Einheit aller Slawen von Russland bis Kroatien). Da aber hierzu die slawisch-orthodoxe und die römisch-katholische Kirche vereinigt werden mussten, war er ein Gegner aller die Kirchen trennenden Dogmen, v.a. der katholischen Theorie der unbefleckten Empfängnis, womit er in scharfer Opposition zum Papst stand (Erstes Vaticanum 1870).

●**Tesla, Nikola:** In vielen kroatischen Gemeinden wird der Besucher auf eine Ulica N. Tesla (Nikola-Tesla-Straße) treffen, wobei es sich um den Erfinder und Elektroingenieur *N. Tesla* (1856–1943) aus Lika bei Gospić (Dalmatien) handelt. Der Sohn serbischer Eltern machte den Wechselstrom nutzbar und gilt auch in Kroatien als einer der bedeutendsten Serben des Landes.

●**Uškoken:** Mittelalterliche Seeräuberbande, die sich gegen die türkische und die venezianische Fremdbestimmung auflehnte und entlang der norddalmatischen Küste mit Zentrum in Senj ihr Unwesen trieb.

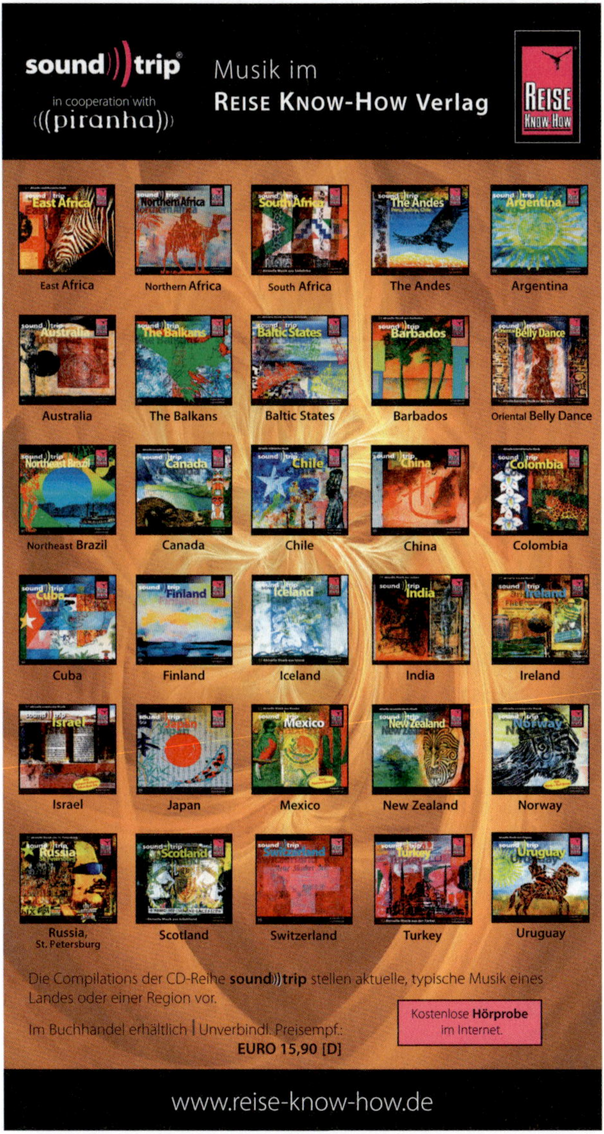
sound))trip®
in cooperation with
(((piranha)))
Musik im
REISE KNOW-HOW Verlag
REISE Know-How
East Africa
Northern Africa
South Africa
The Andes
Argentina
Australia
The Balkans
Baltic States
Barbados
Oriental Belly Dance
Northeast Brazil
Canada
Chile
China
Colombia
Cuba
Finland
Iceland
India
Ireland
Israel
Japan
Mexico
New Zealand
Norway
Russia, St. Petersburg
Scotland
Switzerland
Turkey
Uruguay
Die Compilations der CD-Reihe sound))trip stellen aktuelle, typische Musik eines Landes oder einer Region vor.
Im Buchhandel erhältlich | Unverbindl. Preisempf.:
EURO 15,90 [D]
Kostenlose Hörprobe im Internet.
www.reise-know-how.de

Register

Der Autor

Nach abgeschlossenem Studium (Slawistik, Sinologie, Geschichte) arbeitete **Werner Lips** u.a. als Offizier im Balkaneinsatz, Manager bei Markenunternehmen und Betriebsleiter in der Baunebenbranche. Heute unterrichtet er an Gymnasium und Hochschule die Fächer Russisch, Chinesisch, Geschichte und Sport. Nebenbei berät er als Osteuropa- und Asien-Experte wiederholt Fernsehen *(WDR, VOX)* und Behörden. Darüber hinaus engagiert sich der lizensierte Handball-Trainer ehrenamtlich im Vereinssport. Als Taucher, Motorradfahrer und Trekker ist er seit geraumer Zeit intensiv über und unter Wasser in Südeuropa und Südchina unterwegs auf der Suche nach interessanten Reisezielen. Kroatien fasziniert ihn landschaftlich, kulturell und in geschichtlicher Hinsicht, nicht zuletzt wegen der zahlreichen historischen Stätten, aber auch wegen der politischen Besonderheiten auf dem Balkan.

Danksagung: Zahlreiche Leserzuschriften trugen zur Verbesserung und Aktualisierung dieser Neuauflage bei. Mein herzlicher Dank richtet sich dabei an alle Leser für ihre Zuschriften und darunter insbesondere an: *Dr. Busch, P. Hall, M. Linke, M. Baluff, D. Schwarzat, B. Baudler, M. Krebs, M. Rahm, B. Stiehm, M. Schmidt, J. Hornstein, H. Hesse, S. Riska-Reichhold, G. Nau, H. Scheiter, C. Auer, M. Seethaler, M. Stotz, I. Schubert, A. Lechtenberg, N. Milkereit, W. Knoblach, G. Bautz, W. Gnauck, R. Schulze, K. Widiger und K. Henkel.*